PLAN PARA
DERROCAR
AL PRESIDENTE

Joe Barcala

Los tiempos cambian, las horas corren, los días vuelan. El devenir tiene bifurcaciones indefinidas que sólo los ojos atentos pueden predecir con apenas una insatisfactoria probabilidad.

La paranoia de Jacinto era tal que ni su amigo Lauro podía entender fácilmente. Un extraño sábado caluroso de enero asaban carnes en el minúsculo patio de la casa pequeña que rentaban. Un frondoso ficus sombreaba cuatro casas a la vez y con sus enormes raíces, levantaba las bardas y cuarteaba los ladrillos con grandes grietas. Y tras su barda, una casa y otra y otra más. Un pequeño conjunto de minúsculas casas habitación con los mismos vecinos de veinte años atrás, excepto Jacinto y Lauro, quienes apenas llevaban un año ahí. Lauro cargaba en la bolsa de su pantalón un par de boletos del cine que una semana antes usó con una amiga con derecho a todo, debido a su adicción a las mujeres de ocasión. Jacinto daba vueltas en su cabeza a pensamientos subversivos contra el gobierno, al que odiaba desde mucho tiempo atrás. Se preguntaba: ¿cuándo podremos acabar con los abusos y la corrupción? Y no sólo él, millones en el país se sentían igualmente desesperanzados, hartos y en peligro constante por las deplorables condiciones nacionales, culpa de un sistema político aberrante, indignante; una dictadura que robó el cuerpo de la verdadera democracia, ocupó sus espacios y su olvidada vitalidad.

Lauro tenía una vida. Dos hijos adolescentes comían con él los domingos y seguía impulsando en ellos una educación que les llevara a convertirse en un hombre y una mujer de bien. Trabajaba incansablemente por el movimiento rebelde pero también gozaba cada minuto. Jacinto no, luego de la desaparición de su amante Lorena, él sólo tenía un plan qué cumplir. Su mente, ocupada siempre en un mar de ideas milicianas, no descansaba, no se tomaba tiempo para liberar el espíritu; las carnes asadas o cualquier otra convivencia, sólo las aprovechaba para evaluar sus tácticas, reconocer a sus soldados. No en vano, él nació de la corrupción del gobierno, vivió una infancia atroz junto a una madre afectada por un sindicato pervertido, padeció una escuela adoctrinadora, huyó de casa sólo para encontrarse con un mundo lleno de injusticias, perder su única herencia en un sismo demoledor, huir de la capital para encontrarse con la cárcel y aprender a vivir a hurtadillas para librarse de un sistema político que le dejó sólo migajas para comer y sombras de un puente para dormir. Así aprendió que la muerte es indispensable cuando la vida es su sinónimo.

En un juego de jardín, que muchas veces tuvo casa llena, esa tarde se veía vacío. Sólo ellos pasaban el sábado bebiendo y comiendo el asado sobre el carbón. ¿Cuándo podremos dar el golpe definitivo?, indagó Jacinto Tomás Viveros al aire, al tiempo y a la vida. Nadie le respondía. Lauro, de haber escuchado la pregunta, quizá se habría animado a responder: Aún necesitamos gente, pero Jacinto no externó sus pensamientos, siempre absorto en el dilema de terminar, finalmente, con el desquiciante y corrupto sistema político que asola la nación desde muchas décadas atrás. Si se pudiera vivir en ácido, sería parecido. En realidad les faltaba muy poco para concluir su misión, mucho menos de lo que ellos imaginaban; su meditación les bajaba el ánimo, porque justamente antes de amanecer es cuando más obscuro se observa todo.

Varios meses antes, en ese mismo patio trasero se reunieron ellos dos y otros cinco líderes del movimiento disidente contra el gobierno: Germán Álvarez, Andrés Acosta, Juventino Orestes, Gabriel Astudillo y Manuel Flores. El primero de ellos era el principal líder del movimiento, con ellos, algunos empresarios y los demás, los más importantes integrantes de su todavía pequeño ejército. Allí discutían las ideas que sustentaban su lucha. ¿Por qué no matar al presidente con un francotirador y ya?, propuso Juventino. Eso también se escuchaba en bares, tiendas, debates escolares y sobremesas familiares, debido al recrudecimiento reciente de los conflictos sociales en todo el país. Metidos en la pequeña sala después de haber ingerido las carnes asadas, Lauro Torreblanca replicó: Ya sabemos que eso no servirá de nada. Germán tomó la palabra: En efecto, el sistema político entero está dañado, eliminar al presidente no es suficiente, pondrían a otro igual y aprovecharían la circunstancia para amedrentar a la población. Gabriel Astudillo, que hasta ese momento permanecía callado, replicó: Pero ¿cuántos ciudadanos necesitamos para derrocar al gobierno entero? Jacinto Tomás Viveros, con un par de cervezas circulando en sus venas, al igual que varios de ellos y visiblemente consciente de su papel en el equipo, comentó: Por eso necesitamos un arma. Manuel Flores cuestionó: Ya sabemos que el gobierno tiene vigilada cada ruta, cada esquina; si importamos armas, enseguida nos van a localizar. Jacinto replicó: Trabajo en ello, amigos. Encontraré el arma que necesitamos. Ustedes deben ayudarnos a reclutar muchas personas para capacitarlas en el plan que tiene Germán, que instruía: Cuando hablamos de poder nos equivocamos constantemente, porque en primer lugar no debe delegarse a otros; si se delega, se somete a él, si se conserva, se usa para mandar. El pueblo nunca debería delegar su poder. Queremos también, opinó Germán, salvaguardar la vida; no podemos ir matando gente como si fuera tirando cuetes. Hay un código de ética y nos comportaremos a la altura de nuestros valores, concluyó.

Poco después que Jacinto y Lauro se conocieron, unos siete años antes de las carnes asadas, a cuarenta kilómetros rumbo al sur de la ciudad, se encuentra un balneario al que Jacinto Tomás Viveros viajó, premiándose así de un descubrimiento que permitía causar daño al gobierno. Allá conoció a Lorena. Él tenía sus tácticas, usando un traje de baño más o menos típico, de color negro y ajustado, se paseaba por entre la gente en busca de alguna fémina hermosa o no tanto, que le dejara aproximarse. Pasaba por la pequeña tienda del centro recreativo a surtirse de un vaso largo lleno de cerveza y luego caminaba. Niños gritando por doquier al calor de los juegos en las albercas. Fue un verano caluroso, más de lo acostumbrado y el parque se hallaba abarrotado de personas. La costumbre de darse un premio luego de muchos meses de trabajo en su laboratorio de química y más recientemente de pequeños dispositivos electrónicos con los que volvía más eficientes sus descubrimientos, la adquirió muchos años antes, casi desde que vivía con su madre, pero esa es otra historia. Con el vaso de cerveza en la mano, caminaba entre las toallas castigadas por los cuerpos encerados y acerados por el sol, buscando una damita para degustarla en un bufet dominical, y quizá por más de un verano. No se enamoraba, era de esos tipos que conocieron el sexo antes que el amor y nunca le hizo falta consumir su nieve con recubrimientos melcochados por el corazón romántico. Pactaba con mujeres mayores. Las menores le causaban risa, un tiempo, un par de minutos, luego, las mandaba a volar cual gaviotas a otros nidos. Disfrutaba la compañía, no la etiquetaba, no la echaba a perder con compromisos mayores; para Jacinto Tomás Viveros, el amor contaminaba el aire. Pero gozaba a la gente, el sexo, los buenos amigos y sabía ser interesante en sus charlas, aunque estuviera ofuscado con una misión que cualquiera pensaría simplemente imposible: cambiar las circunstancias políticas y económicas del país. Una mujer se le quedaba viendo cuando él pasaba, desde un camastro a dos metros de una alberca gigante. Obviamente, él tenía puesta su atención a todo espécimen que dejara verse de cuerpo entero y aprisionando sus pechos con la parte más necesaria de un bikini, pues la otra parte era tan minúscula que nadie la podría considerar importante y usualmente la tapaban con pareos o toallas. Una sensible vibración de la esquina de su retina le hizo saber con discreción que ella le miraba... no era Lorena todavía. Habría de acercarse para cerciorarse de que esa mujer, la que le seguía de izquierda a derecha en su recorrido por entre los vacacionistas, sí tenía interés en él, pero el marido nadaba muy cerca de ahí, por lo que una frase como ¿Qué le hace pensar que mi esposo dejará que usted y yo nos vayamos al hotel? le invitó a retirarse de inmediato, perdiéndose por otros toboganes, cabañas donde servían comida, vestidores y finalmente unos chapoteaderos donde vagó por minutos, tratando de olvidar el incidente. Pero la tenacidad de Jacinto Tomás Viveros era épica. Luego de cuatro intentos infructuosos, se topó con las ligeramente abultadas piernas de Lorena sobre quien tropezó sin haberla visto antes y terminó dejando sobre el vientre de un hombre saturado de vellosidad, medio litro de cerveza con hielos, limón y salsas condimentadas. Ardido, el tipo corrió a la regadera para quitarse aquella sangre picosa, mientras que Lorena, nada recatada por cierto, carcajeando, le dio pie a conversar. Ahora que vayas a reponer tu cerveza, ¿me invitas una?, le dijo. Con la condición de que brindemos juntos. Y luego de preguntarle si la deseaba preparada o no, le conminó a acompañarle hasta la palapa de bambú donde las vendían.

Ella, luego que encontraron un sitio agradable bajo unas palmeras sobre unos troncos cortados como sillones para charlar, le preguntó: ¿a qué te dedicas? Ocultando sus planes para derrocar al gobierno, se transparentó con un oficio que le permitía ganarse la vida. Tengo un consultorio, y ella indagó: no tienes pinta de doctor. Él estuvo a punto de reírse por la confusión. Leo las cartas, el tarot, doy masajes relajantes y vendo ungüentos medicinales que fabrico en mi laboratorio. Gracias a una pareja de ancianos que ayudé, tuve pronto una larga lista de clientes asiduos. Eso era cierto. Jacinto

Tomás Viveros tenía buena fama en el barrio donde vivía y sus cremas lograban perfectamente el efecto placebo en sus clientes, porque conocía muy bien miles de fórmulas químicas para usos múltiples: un tiempo antes, inventó una tinta que incendiaba el papel tras dos horas de escribir en él; experimentaba con ratas, gatos, perros y gallinas para probar mezclas que por un lado le pudiera vender a sus clientes y por otro, inventar un arma química que le permitiera sublevarse contra la dictadura disfrazada de democracia bajo la que el pueblo padecía una esclavitud disfrazada de empleos de 8 horas al día. ¡Qué interesante!, señaló Lorena, escuchando la plática de Jacinto a quien ya estaba ansiosa de besar, luego de algunos años de abstinencia obligada. Ella le contó que era divorciada porque fue insoportable vivir con su marido luego de que su hijo muriera atropellado por un tren. Tengo una fonda, dijo, y al darse cuenta que vivían muy cerca el uno del otro, ese mismo día terminaron en un cuarto por encima de la cocina donde ella pasaba sus días. Tenían más de tres litros de cerveza dentro y una efervescencia sexual que desde el ingreso a su casa, ella le besó y él inició con una larga caricia a sus cabellos, sus mejillas y su cuello. Permitió, como el experimentado amante que era, elevar su pasión en cada contacto digital con la piel de Lorena. Ella hizo efervescencia y le fue conduciendo hacia las escaleras para que pronto estuvieran en la cama. Esa semana se vieron dos veces más y el fin de semana siguiente, y otro más. Juntos habrían de vivir los siguientes años, incontables aventuras, no sólo amorosas. Lo que empezó con una aventura para desahogar sus ímpetus naturales, terminó por convertirse en una relación más seria. Sus caricias se repitieron tantas veces que llegaron a amarse como nunca en sus vidas. Tener a quién amar en un cuarto obscuro sólo cambia la perspectiva. Se puede amar a plena luz del día y a millones sin conocerles.

Los primeros sentimientos de Jacinto, si alguna vez tuvo, murieron cuando él salió del departamento de los multifamiliares. Lorena, en cambio, le estaba despertando esa penosa angustia de llevarlos a buen fin. Se preocupaba por ella. Aprendió a cocinarle, como fórmula química, salsas y guisados de textura refinada. Le leía después del sexo algunos capítulos de novelas que conservaba gracias a su cleptomanía, al tiempo que fumaba y se bebían un par de cervezas cada uno. Eran los sábados de gloria, esos mágicos momentos de encuentro carnal y espiritual, acurrucando las tetas sobre las axilas y sosteniendo el libro con una mano mientras que con la otra exploraban sus cuerpos, los contrarios. Veían seguido caer las estrellas en la azotea con las brumas amarillas de las tardes. Se soplaban al oído y se acicalaban el cabello. Lanzaban poemas al viento con la esperanza de resucitar perros callejeros o ancianas moribundas. De vez en cuando construían castillos en el aire y decoraban con palabras la habitación que compartían casi todo el día. Se contaban fantasías eróticas o cuentos infantiles que recordaban de niños. Hacían más veces el amor con las palabras, que con el cuerpo y se bañaban tan juntos como el ying y el yang o las paletas bisabor. Dejaban correr su imaginación al ritmo de las canciones bailando desnudos, a veces incluso en el balcón. Salían al parque a dar una vuelta y olfateaban las hierbas, las flores y el aroma salino de la humedad. Volvían con una botella de licor a brindar por sus sueños y se chupaban tanto, hasta el dolor de labios. Eran los únicos momentos en que Jacinto no pensaba en su enemigo. Llegaba a olvidar que ese mundo lo aborrecía. Podía haber sido capaz de cambiarlo todo por quedarse con eso. Un día le dijo: Te amo, no porque te conozca, o porque vivas cerca, o porque te lo hayas ganado... te amo porque lo deseo, porque valgo más contigo que sin ti, estés cerca o lejos, me enriquece saberte feliz. Pasada la semana entera sin verla, recordaba su olor, podía sentir sus caricias por todo el cuerpo, se le iluminaba la cara y algunas otras alteraciones corporales. En esa misma época conoció a Lauro. Un encuentro definitivamente mucho menos interesante que el de Lorena, pero inevitable para la historia de todos ellos. Jacinto Tomás Viveros, con sus intenciones de conformar un grupo para hacer una revolución en el país, buscó por mucho tiempo una persona capaz de compartir sus ideales y ayudarle a completar la tarea. Ya unos días antes de conocer a Lorena, visitó discretamente la tienda de plásticos de Lauro Torreblanca, escuchaba en una cafetería cómo le contaba a un amigo suyo sus desengaños de la casta política, abusiva, invasora, autoritaria, represiva, demagógica, mentirosa, que valiéndose de los medios masivos de comunicación, mantenían engañada a la gente y fingían trabajar por el bienestar social mientras se enriquecían a costa del erario. Su amigo escuchaba los insultos y sensiblemente conmovedoras frases que Lauro usaba para desahogarse del enojo, catarsis de millones de ciudadanos en todo el territorio nacional: Son unos miserables malditos, era lo menos que se podía escuchar desde la primera hasta la última mesita de aquel café céntrico, a unas calles de su proveedora de plásticos, bolsas, polietileno, celofán y demás enseres elásticos. Entre otras cosas, Jacinto escuchó a Lauro expresar sus ideas sobre el país: Con cien millones, ganas otros cien; con tres monedas, apenas comes la mitad del hambre de un día. ¿Cuándo habrá igualdad? Jacinto no le conocía, hasta ese día; e ideó un encuentro que le permitiera echarse la amistad a la bolsa. Como cientos de encuentros en la historia de hombres insatisfechos, liberales, contra el conservadurismo imperante de su época. Aunque liberales y conservadores confunden su papel en la democracia. Esta no es una lucha para encontrar un ganador, es un método para alcanzar la ganancia de todos.

¿Te acuerdas cuando nos conocimos?, preguntó Jacinto a Lauro en la pequeña casa que compartían; en esa que asaban carnes y degustaban cervezas un sábado caluroso de enero. Luego de un sorbo, Lauro le respondió: Nunca me has dicho quién te disparó en la pierna. Jacinto inició una carcajada que extrañó a Lauro. Nadie.

Algo sucedió en las neuronas de Lauro que buscaban entre sus resquicios más enmarañados una explicación a aquella curiosa respuesta. ¿Te disparaste tú mismo?, fue la mejor opción que encontró. Tampoco. Jacinto en aquel entonces, siete años antes, había fingido el balazo para pedir auxilio a Lauro e ingresar a su casa. Él consideraba que charlar mal sobre el gobierno en la calle era peligroso. Le esperó por la mañana para que el futuro amigo saliera de su pequeño edificio de departamentos, donde vivía, para escenificar un ataque, una persecución y tener el pretexto ideal para escabullirse hasta la cocina de Lauro en busca de refugio. Corrió en cuanto le vio salir y cojeaba a propósito, para fingir la herida, y fue como Lauro se ofreció a ayudarle, abriendo de nuevo la puerta de metal con vidrio que separaba la calle de los departamentos. Le ayudó a subir tres pisos y abrió la puerta principal directo a la sala de Lauro, pero se sentaron en el antecomedor y mientras Jacinto le distraía con la curación de una herida falsa, en la que usó tintes de su laboratorio combinados con harina y tierra, un disfraz sumamente convincente, le contaba que la inseguridad en el país estaba desquiciando a las personas, con lo que dejaba abierto un abanico de opciones sobre el disparo: un asalto, un fuego cruzado, una persecución policíaca, un tipo loco. Lauro se tragó todo el cuento, pese a que creer en las mentiras no es ningún logro; peor aún es un retroceso. Lauro fue un pez fácil de pescar. Entonces le ayudó y terminaron siendo amigos, muy buenos amigos. Pero cuando le confesó que todo aquello fue una farsa, Lauro fingió divertirse, y terminó emborrachándose. Insistió en ir en busca de más cervezas y, como Jacinto no estuviera muy de acuerdo con su inusual comportamiento, le dio por buscar una botella de vodka y otra de ron en un anaquel de la cocina. Al final de la borrachera inesperada, había olvidado el motivo; no recordaba ni dónde estaba la cama que le recibía constantemente por las noches ni se acordó de ello cuando despertó.

Jacinto Tomás Viveros es hijo de una madre frustrada y un padre ausente. Eternamente ausente. El progenitor era un funcionario del gobierno del distrito, capital del país, que pertenecía al sindicato de trabajadores de las dependencias y durante un tiempo, tenía la nada despreciable tarea de asignar las casas a los agremiados en un, entonces nuevo, conjunto habitacional de multifamiliares. Era menester, para poder conseguir pronto un departamento, acostarse con el papá de Jacinto. Y muchas secretarias, barrenderas, jardineras y ejecutivas, con tal de adquirir un patrimonio para sus hijos, se acostaban con él más de una vez; incluso ellas facilitaban la botella de licor y el motel o la habitación para conseguir sus objetivos. Una vez que quedaban embarazadas, era una garantía que obtendrían, como herencia funesta, un departamento en aquellos edificios que en menos de tres años yacían descuidados, viejos, con fugas de agua, grietas en las paredes y los techos, las llaves del lavabo se rompían, el juego de baño se despegaba, las puertas se despintaban con las lluvias y las jardineras apestaban a basura. El sindicato se deslindaba de la responsabilidad aduciendo que el gobierno debía velar por la seguridad y el mantenimiento de los edificios, además que cada uno, con su salario, debía invertir en su patrimonio. Su madre, cuyo nombre es prescindible, luego de obtener el mugroso departamento del tercer piso, en una de las partes céntricas de los multifamiliares, fue despedida de las oficinas del sistema de aguas donde laboraba y pasó más de 12 meses asistiendo al sindicato en espera de un nuevo trabajo. Luego de eso, la mandaron a barrer calles también, pese a que sabía leer y escribir; todo el tiempo le trajeron a vuelta y vuelta hasta que la obligaron a aceptar un trabajo que no disfrutaba en lo más mínimo. Su piel envejeció prematuramente por la constante exposición al sol. Su baño era una exhibición de cremas de muchas marcas que mientras se las aplicaba cuando regresaba a su casa, se estacionaba frente a la televisión desde las 4 de la tarde hasta que terminaba la barra de telenovelas. Jacinto vio toda esa desgarradora escena por años hasta su adolescencia. Una enfermiza cotidianidad que le volvió un ente callejero, procurando huir de la temible letanía materna, combinación de frustración, coraje adicionado con insalubres dramas televisivos, cual si fueran instructivos de vida.

Lauro, por su parte, tuvo una infancia de clase media. Un padre contador y una madre hogareña que formó cariñosa y esmeradamente a un hombre con grandes posibilidades. Estudió la carrera de administración de empresas y mientras ellos pudieron, le apoyaron para abrir un almacén de productos plásticos, que gracias a unos clientes de su padre el contador, muy pronto le dieron ingresos suficientes para casarse con una mujer de familia acomodada. Con su esposa, Lauro tuvo dos hijos que ya rayaban la adolescencia. Les veía una vez por semana y en ocasiones les llevaba de viaje a una playa por quince días. Dejó de vivir con ellos luego del divorcio porque la mamá de sus hijos, acostumbrada a una mejor vida, exigía de él un gasto exorbitante, que la empresa de plásticos ya no generaba. Y en su soledad, Lauro se volvió adicto a las mujeres de la calle. Su corazón le dictaba no formalizar con ninguna para no tener mayores compromisos económicos con alguien y deteriorar aún más la gravísima situación financiera que atravesaba. Jacinto supo de eso en cuanto le conoció, escuchando la confesión de Lauro sobre la inminente quiebra de su empresa, siempre desmoronándose cuando lo contaba, porque sus sentimientos al respecto se mezclaban con la separación obligada de sus hijos. Lauro Torreblanca conocía al dedillo cada resquicio de su empresa, su competencia, sus proveedores, las ofertas que solía manejar para atraer clientes. Hubo una época en la que su almacén creció hasta el punto de emplear a más de diez personas. ¿Qué está pasando?, se preguntó por años, cuando las cosas empezaron a empeorar y, siendo un buen administrador, no podía creer cómo cada vez le alcanzaba para menos y a retrasar los pagos de sus proveedores, al grado que llegó a pensar muchas veces en cerrar el negocio, cambiarlo de giro, traspasarlo o venderlo, que resulta, a fin de cuentas, lo mismo. Durante los últimos años que tuvo su negocio, luego de revisar una y otra vez los números, obtuvo la conclusión: el gobierno estaba haciendo hasta lo imposible por que su empresa cerrara, quebrara y se fuera a la ruina. Aumentaron los impuestos a más del doble, el costo de las mercancías se disparó con las recurrentes inflaciones y devaluaciones de la moneda; el dinero circulante en las calles se volvió escaso, los más ricos, incluidos los políticos, lo retenían con fines de terminar con la infraestructura comercial del país y facilitando a sus allegados la comercialización de los productos en sus empresas; en pocas palabras, estaban acomodando las piezas para llevar agua a los molinos de los más poderosos. Las cifras siempre son peores en salario. Cada vez se gana menos. El país se está volviendo una fábrica de pobres. Leyendo y discutiendo con amigos y otros empresarios de la zona, Lauro Torreblanca logró entender que un grupo de magnates controlaba al país e imponía a sus amigos como políticos para favorecerles. Prácticas monopólicas que llevaron a millones de personas a perder sus patrimonios en poco más de una década. Lauro se sentaba a leer los periódicos en la cafetería esperando a alguien que le proporcionara una idea, esa vía necesaria para defender lo propio sin perder la vida. No era un tipo violento, pero la angustia, la dolorosa miseria económica en la que se encontraba, le orillaban a buscar alternativas realistas, inteligentes tal vez, de sacar adelante a su familia. Los hijos llegarían a la universidad y no tenía cómo hacer frente a las costosas colegiaturas y los libros especializados, muchas veces importados, que les requerían los catedráticos de las distintas materias de una carrera profesional. Y Jacinto fue la persona que él esperaba. Luego de maratónicos debates, sentados en el mismo café o en la oficina de su empresa, se sintieron atraídos por la idea de convocar a una revuelta que derrocara al gobierno y en especial

al presidente que resultaba un tipo corrupto y desconsiderado, am-
bicioso y mentiroso, hábil para vender baratos los recursos nacionales en beneficio de sus bolsillos y los de su grupo político impul-
sor, a quienes les facilitó las empresas del estado, privatizándolas a
precios ridículos; basados en un plan neoliberal que terminará, si
no se frena cuanto antes, esclavizando al mundo entero, porque no
es un mal nacional, sino una tendencia global. Ningún buen padre,
que se precie de serlo, puede quedarse tranquilo ante tal futuro para
sus hijos.

El clima de enero continuó siendo una interminable fila de vientos helados hasta que terminó, siendo reemplazado por un febrero
menos gélido pero más huracanado que de costumbre, como si en
lugar de calentar el planeta, en realidad se estuviera enfriando. El
grupo de milicianos contra el sistema de gobierno se reunía inter-
mitentemente en una bodega que Germán Álvarez les facilitaba.
Ahí montó Jacinto su laboratorio un año antes y experimentaba a
diario con químicos, mohos, sustancias de cocina o de limpieza,
para encontrar la fórmula perfecta que le permitiera socavar las
fuerzas del gobierno, en una o varias acciones conjuntas. Todo eso
lo pagaban Germán y un grupo de empresarios conocedores de las
incontables artimañas de la corrupción de cualquier nivel de gobierno. La bodega era fabulosa para la discreción. Enclavada en
una privada de poco tráfico, casi local, contaba con una nave amplia, de unos 400 metros cuadrados y que colindaba con otros espacios comerciales, gracias a los cuales, el movimiento de personas resultaba natural. Contaba además con un patio en la zona del
zaguán donde, con un techado de lámina, Jacinto podía generar
gases, incendiar botes con productos químicos y mezclar sustancias en busca de algún explosivo, como su tinta que incendiaba
papeles; necesitaba dar rápido con un tipo de sustancia que pudiera
reproducir fácilmente para armar a los soldados de un pequeño
ejército, dispuesto a arriesgar lo poco que les quedaba ya, con tal

de apostar por una mejor vida para la sociedad. Con más de 50 adeptos, las circunstancias apremiaban ya acciones, pero muchos de ellos apenas estaban en la fase de capacitación. Jacinto Tomás Viveros era el especialista en el manejo de químicos, pero también sabía mucho del perfil bajo que les libraba de las cámaras de seguridad, de cometer fraudes a las máquinas que expedían gasolina, de entorpecer los sistemas de control en las oficinas de gobierno y mucho más. Todo ello lo aprendió con Sansón cuando se salió de los multifamiliares porque le expulsaron de la preparatoria donde estudiaba y no quiso enfrentar a su desquiciante madre con dramas de telenovela. Sansón vivía también en uno de esos enfermizos edificios, quizá podía haber sido su hermano, considerando la promiscuidad del padre de Jacinto. Su amigo, sabía sacarle provecho a su condición de extrema pobreza en ese agonizante suburbio del distrito. Conseguía refacciones de autos robados y los vendía en un taller mecánico u obtenía placas apócrifas de taxi o creaba centros de vicio donde abundaban las bebidas alcohólicas. Sansón tuvo una vida muy difícil y aprendió a vivir en la clandestinidad, a desconfiar de las autoridades, a sobrevivir en la jungla selvática de las ciudades, cometía fraudes a grandes empresas y otras tantas joyas codiciadas en su mundo. Con él, Jacinto Tomás Viveros hizo escuela, la que nunca le dieron en las aulas los inocentes maestros que fungen, desde hace mucho tiempo, como promotores de un sistema perverso en donde la gente, en lugar de ser educada, es amaestrada. Lo primero que enseñan es a obedecer. Posición uno, posición dos, posición tres al más puro estilo conductista. "Porque lo digo yo" sustituye a los mejores argumentos. La autoridad es una lección imprescindible. Si no están de acuerdo es su problema. ¡Cállense ya! es un principio de orden, que evidencia la ineptitud inherente de quien la profiera, quien en lugar de provocar un enorme deseo de progresar y ser mejores como personas, inculcan en los niños y jóvenes el tedio y odio por los libros y el aprendizaje.

Esos maestros luego, conforme el tiempo pasa, adiestran a la manada de clase a cumplir con sus deberes, a no discutir las determinaciones de las autoridades de la escuela y del estado represor. Viene la dosificación de creer en la televisión y en los discursos políticos demagógicos como si fueran una religión y, desde luego, la esperanza de una vida mejor en un cielo, en una divinidad que traerá consuelo a sus afligidas almas; al morir, claro está. Mientras tanto, a padecer los errores humanos de los políticos. Ojalá la suerte, la lotería o la voluntad divina traiga el día de mañana el progreso al país. Así que Sansón le enseñó algo más valioso que todo eso: sobrevivir a la condena universal de trabajar como asalariado y a aceptar la constante alza de los precios y los impuestos. Nunca te creas lo que te dicen los políticos, entre un bocado y otro, mientras bebían un refresco bajo el toldo del taller mecánico donde Jacinto tuvo su primer trabajo a los 16 años. Con su sueldo, compartía la renta con otro amigo llamado Fernando. Jacinto entonces terminó durante tres años su preparatoria en una escuela nocturna, pese a sus bien cimentadas convicciones de creer menos de la mitad de lo que un maestro le decía. Si el mundo está de cabeza, para qué quiere que aprenda cómo llegamos a este caos, pensaba a diario. Le interesaba llegar a la universidad y para ello necesitaba tener un título de la preparatoria. Poco a poco, mientras tanto, aprendía con Sansón la forma de llevarse los rines, los detergentes, la ropa interior, las bicicletas o cualquier otra mercancía de los patios traseros de las casas que luego le compraban los locatarios del mercado. Así financió también sus primeras y únicas drogas. No podía con ellas y la escuela. Su aspecto físico en ese tiempo le redujo el sexo a cero. Tres años de incómoda abstinencia, pero como mecánico y ganando apenas para pagar su parte de la renta con Fernando, las comidas y las cantidades industriales de jabón y crema para presentarse bañado a sus clases, se le gastaba todo lo que ganaba. No tenía más ropa que unos jeans y un par de camisetas agujereadas, además de su overol para el trabajo. Pero, obstinado y terco como solía ser, logró conseguir el título de la preparatoria para ingresar a la universidad. La noche del día que le dieron sus papeles, se internó en los multifamiliares, en el departamento donde vivía su mamá todavía y se robó la sala de mimbre que tenía frente a la televisión. Llevaba tres años sin verla siquiera, pese a que vivían en la misma zona y no le importaba un comino su suerte o infortunio. Hay quienes no nacen para amar a sus padres. Eso sí, pensaba algún día reclamar la herencia del departamento cuando su madre muriera. Jacinto, en esa época, como muchos jóvenes, no valoraba, no respetaba, no sentía un ápice de conmiseración para con nadie, ni los maestros, ni los compañeros de la escuela, ni su jefe en el taller mecánico a quien despreciaba porque le hacía llegar tarde a sus clases y porque nunca le pagaba un centavo extra por las horas de más que siempre se quedaba a terminar de armar un motor o acomodar las piezas de una caja de velocidades o a limpiar un tanque de aceite para hacerle un servicio urgente a una señora que pagaba más al jefe, pero no a él. Aprendió de herramientas y de las distintas conexiones eléctricas, de tornillos, bandas, baterías, frenos y mucho más. Mientras que la escuela le reforzaba la química, que amaba porque respondía mejor a sus expectativas que los humanos. Pero por más que se esmeró en ingresar a la universidad pública, estudiando casi todas las noches para el examen, no lo pudo aprobar. Así que, aun con esas playeras de Somalia, Camboya o Sierra Leona, se armó de valor y, terco como ningún otro, se presentó en las oficinas de un maestro de la universidad suplicando la ayuda para preparar la próxima admisión. El susodicho, de nombre Gregorio Zafra, viendo la condición precaria del muchacho, estuvo a punto de mandarlo por un tubo; sin embargo, cuando le escuchó hablar, dándose cuenta de un insólito interés por aprender, le puso a prueba. Le prestó un libro y le dijo: cuando lo termines me vienes a ver. El maestro Zafra esperaba que él volviera una semana después, pero apenas la tarde siguiente, a la misma hora del día anterior, Jacinto Tomás Viveros se hallaba de pie junto a la puerta de su oficina con el libro en la mano; se trataba de *El elogio de la locura*, de Erasmo de Róterdam. Y discutió con el maestro cada uno de los argumentos que la estulticia usó para convencer a su audiencia de su valor como ser imaginario que era. Gregorio Zafra no conocía un solo alumno en su carrera como maestro que tuviera la agilidad mental de Jacinto, pero en especial el interés por responder al reto de un libro que él supuso, no leería, al menos, no tan rápido. Entonces le dio *El Príncipe* de Nicolás Maquiavelo con el mismo resultado. La tarde siguiente, ya con más confianza, Jacinto se sentó frente al escritorio con una enorme sonrisa en la cara, y le pudo decir santo y seña de la obra. Vas bien, creo que pronto podrás ganarte un lugar en esta universidad. Los pasillos fueron testigos de los brincos de emoción que Jacinto daba al salir esa tercera tarde con un nuevo libro entre las manos: *El contrato social* de Rousseau. Y así, libro que le daban, libro que devolvía al día siguiente con un excelso debate sobre su contenido y las lecciones adicionales que el maestro Gregorio Zafra le daba para comprender el entorno de las ideas que rodeaban a cada uno de esos ejemplares. *De la dictadura a la democracia* de Gene Sharp, *Política* de Aristóteles, *República* de Platón, *Sobre la libertad* de John Stuart Mill y muchos más que en poco tiempo, retumbarían en su mente como fórmula química de laboratorio. Jacinto Tomás Viveros empezó a comprender a la humanidad y los problemas que enfrentó durante la historia y los angustiantes métodos político-económicos de las sociedades contemporáneas. Aunque seguía muy pobre.

Jacinto y Lauro recordaron en los primeros días de marzo, en sus debates del micro jardín de la casa, al calor de una siempre repetida carne asada y de una primavera cada vez más perceptible, con las mismas carencias que por años padecieron, hecho que se notaba en su vestimenta, en la misma cortina que se desgarraba entre la sala y el jardín, en esas carnes nerviosas y mal cortadas de la parrilla, en la leña que terminaba carbonizándose porque no tenían para gastar en una bolsa de carbón y darle un mejor sabor a sus filetes de cerdo, el mismo *six pack* de cervezas baratas y amargas que podían comprar, en el cabello mal cortado por una inexperta aprendiz que cobraba barato en la sala de su casa, porque no tenía para abrir una estética, si ni siquiera le alcanzaba el dinero para comprar un afilador de tijeras. De vez en cuando se consentían con un chorizo para sus platillos. Sin embargo, casi todo el dinero que Germán les daba, se les iba en químicos para los experimentos de Jacinto en el laboratorio de la bodega, el pago de la renta de la casita húmeda y enmohecida por la falta de mantenimiento y su propia antigüedad, además del descuido natural de dos hombres más interesados en la revolución que en el arreglo y decoro de su casa. El hecho es que ya próxima la primavera, recordaron su estancia en la cárcel, de la que finalmente se libraron un año antes. Esto es la gloria, hablaba de los filetes de cerdo con nervios, en comparación con el alimento que les daban en la prisión. ¿Te acuerdas de aquella sopa espantosa que nos daban cada tres días? Los que cocinaban no se podían decir cocineros en ningún sentido de la palabra, eran más bien albañiles creando argamasas con palas que cuchareaban cualquier cosa que se les pusiera al frente. Creo que el gobierno quería que odiáramos la cárcel, bromeó Jacinto. Era preferible quedarse con hambre, le respondió Lauro. Y su mente viajó hasta aquellos días en que organizaban explosiones desordenadas por las ciudades, antes de ser detenidos. Jacinto había creado unas cajas con pólvora y las detonaba con su tinta fosfórica que luego de dos horas generaba una reacción química y causaba la ignición; con ello, el estallido de la pólvora. Estuvieron muy emocionados esos días, dándose cuenta del potencial de esos artefactos, pero su precariedad limitaba las acciones. En ese entonces, sólo Lauro y Jacinto tramaban la revolución nacional. Si concentraban sus explosiones en el mismo sitio donde vivían, la policía daría con ellos tarde o temprano. Por eso, en cuanto juntaban un poco de dinero viajaban a ciudades cercanas para crear el caos en oficinas de gobierno, en los bancos, en empresas de multinacionales, en líneas del metro o en la casa de algún político. Un comandante de apellido Gálvez les buscaba para meterles presos y les tendió una trampa. Pocos días antes de eso, cuando Jacinto y Lauro cumplían un año de amigos, estuvieron varias tardes diseñando un plan para derrocar al presidente. Sentados en la sala de Lauro, en el tercer piso del edificio de departamentos donde vivía, escribieron entusiasmados y con esmerados detalles, cada uno de los pasos que seguirían para cumplir su objetivo. No contaban con que pasarían más de 3 años en la cárcel por culpa de la artimaña de Gálvez, el comandante de policía. Paseando por un parque, un equipo de jóvenes repartía volantes para promover la asistencia de la comunidad a un concierto en ese mismo sitio una semana después. Se trataba de un evento que buscaba adeptos al partido engañosamente conocido como el mayoritario, mismo que gobernaba por décadas al país. Regalaban a la gente artículos de cocina o alimentos económicos y la gente sin conocimientos asistía efusiva a disfrutar las dádivas, además de llevarse una camiseta con el logotipo del partido. Jacinto y Lauro planearon colocar bajo el pasto del parque unos explosivos que detonarían poco antes de que se permitiera a la gente el acceso, de modo que se provocara un caos y la gente huyera en estampida. Por la noche del día anterior, usando una mecha en rollo que consiguió Jacinto y ayudándose de unas palas pequeñas, levantaban el pasto, incluían la caja, atoraban la mecha y avanzaban un paso. Así hasta que la espalda se cansara. En eso andaban cuando el parque se vio rodeado de luces que encendieron las patrullas de policía y de inmediato corrieron hacia el único lugar de obscuridad, con la intención de huir. Jadeaban ya cuando llegaron a la primera calle y en la esquina siguiente se separaron, quizá interesados en dividir la acción policiaca. Jacinto trepó una casa y desde la azotea vio cómo una patrulla le cerró el paso a Lauro y lo hizo prisionero. Jacinto corrió sobre las casas, de una a otra hasta que desde dos calles distintas le indicaron que le estaban apuntando. Finalmente, Jacinto también se entregó y ambos fueron recluidos sin juicio en un penal que no les fue presentado. Inicialmente, ambos fueron a parar a celdas de castigo por tres días. Sentados en el piso, en un cuarto cual caja de muerto, no podían ni ver sus manos. ¿Qué pretendían hacer en el parque? indagó el comandante Gálvez, que visitó a sus prisioneros uno por uno en busca de información que no obtuvo. Los reos no iban a colaborar, cuestión de sus ideales y principios; como un soldado francés confesando a Hitler dónde se encuentran los ejércitos galos que van a atacar un día más tarde. Has de saber, Jacinto Tomás Viveros, que sabemos todo sobre ti, y enseguida Jacinto pensó en Lorena, que en todo ese año de noviazgo, nunca conoció los planes subversivos de Jacinto contra el gobierno. Se frecuentaban semanalmente. Él la visitaba en casa luego que ella cerraba la fonda de los viernes y muchas veces no salieron de ahí en todo el fin de semana. No le llevaba ni flores ni chocolates, prefería comprar víveres y vino o cervezas, además de unos cigarrillos para después de hacerle el amor y no tener la necesidad de salir. Ese fin de semana no llegaría y ella no sabría el motivo. Le buscaría en su casa en la que vivieron juntos un par de días hasta que Lorena se dio cuenta que eso no iba a funcionar. Jacinto usaba una de sus dos únicas habitaciones como laboratorio y la otra como sala de consultas a sus clientes. En el laboratorio también estaba la cocina, y en el consultorio la cama donde dormía; la levantaba para crear un biombo y poder atender a sus pacientes. Para cuando Jacinto pisó la cárcel, el gobierno ya había cateado toda la casa y revisado cada uno de los papeles que tenía, manuales de química, matraces, mecheros, sustancias simples y peligrosas; en pocas horas no existía ni la construcción. Como en un estado de guerra, destruyeron todo, incluido un paquete de documentos que Jacinto guardaba dentro del colchón que su maestro Gregorio Zafra le regaló el día que lo separaron de su cargo porque había sufrido una metamorfosis repentina y perdió el apoyo de la comunidad académica. El día que lo supo, Jacinto lloró tanto que el cielo le ayudó con una tormenta atípica que no escampó hasta el final de un fin de semana. Pero Jacinto siguió llorando sin consuelo por más de un mes. Luego, cada vez que se acordaba y por último, cuando andaba deprimido por otras razones. El gobierno no encontró esos papeles, lo destruyó todo con una máquina demoledora. La dueña del terreno reclamó por meses su propiedad; pero las leyes, hechas especialmente para sacar partido de la miseria de la gente, indicaban que si un inmueble es utilizado para actos criminales, este debía ser confiscado. Obviamente, los políticos lo venderían o lo usarían para construir una dependencia. Jacinto, en realidad no perdió más que sus cosas. Lauro sí perdió su negocio de plásticos y ni los proveedores pudieron cobrar las mercancías que él les debía. También perdió la casa donde vivían sus hijos y su esposa, porque estaba a su nombre. Debo confesarte, Jacinto, explicaba el comandante Gálvez ante la negativa de su prisionero para colaborar, viéndole escasamente por la obscuridad de la celda; no habría ningún concierto, se iba a cancelar a última hora y, como balde de agua helada, concluyó, esta era una trampa y ustedes cayeron. Tenía meses siguiéndoles los pasos, observando su modo de operar, analizando cientos de horas de vídeos en las estaciones de autobuses para detectar a los criminales, a los disidentes, a los revoltosos. En la mente de Jacinto Tomás Viveros, la perspectiva era distinta. Ni él, ni Lauro, eran bandidos. Ellos se sentían líderes sociales, algún día serían los héroes que la patria demandaba para liberar al pueblo de la esclavitud y el abuso de los verdaderos criminales que empobrecían a la sociedad saqueando los recursos públicos, enriqueciéndose a costa del sudor de sus súbditos los ciudadanos, comprándose lujosas casas y liberando a los criminales por millones, metiendo a la cárcel a los inocentes a quienes les siembran evidencias para refundirlos y que no puedan estar molestando los negocios de los jueces, los legisladores, los dictadores y toda esa familia de trúhanes, viajando lujosamente, comprando terrenos por donde ellos aprobarán las avenidas, negociando con las constructoras un jugoso porcentaje al aprobar las obras públicas y muchas otras tretas por tantos conocidas, pero disimuladas con ya históricas mentiras, nefastas campañas mediáticas que siembran ideología. Los criminales ganan más que los políticos, por eso unirse a los primeros es una gran tentación para los segundos. Y sin olvidar que todos los recursos económicos del país los genera la gente y cuyos gobernantes exprimen de formas groseras. Tres días no probaron ni agua. Gálvez esperaba que confesaran pero no lo hicieron, su estoicismo era admirable y por ello aprobó los primeros alimentos al amanecer del cuarto día. Pero esos primeros días no sólo pasaron hambre y sed. Los arrastraban a cualquier hora hacia otros espacios del penal para torturarlos; las prácticas del gobierno para obtener confesiones no respetaban tratados internacionales o derechos humanos y Gálvez, un tipo duro como sus jefes y los jefes de sus jefes hasta la más alta jerarquía de esa dictadura, representaba al dedillo las características del sistema. Insensible, capaz de ver morir lentamente a sus víctimas que lloran y suplican compasión, no necesitaba parpadear mientras veía la sangre al golpearles a puño limpio, con los toletes de los policías que le ayudaban a obtener confesiones, con pistolas eléctricas, a patadas o cortando dedos en las mesas de esos recónditos sótanos del penal. Según sus más cercanos colaboradores, cargaba más de un centenar de homicidios intentando extirparle la verdad a los reclusos. Él, como muchos otros del ejército y la policía nacional o de los cuerpos del orden locales, posibilitaban la estructura del país, amedrentando, sembrando el miedo, imposibilitando a los milicianos como Jacinto y Lauro, alcanzar sus metas. Al final del tercer día dentro de sus celdas obscuras, contaban sus costras por docena en cada extremidad, en la espalda o el pecho y en la cara. Gálvez le arrancó a Jacinto un mechón de pelo a tirones, le causó siete fisuras en los huesos con el tolete y le quemó la pierna prendiendo fuego a su pantalón con un encendedor para que denunciara a otros revoltosos. ¡No había! Los destrozos acumulados durante el último año de acción eran autoría exclusiva de sólo dos guerreros valientes: Jacinto y Lauro. Así que no era necesaria la tortura, ellos no tenían nada que contar. Y Gálvez insistió un par de semanas creyendo que tendría una nueva pista para ejecutar disidentes. Era justo el trabajo más miserable para seres tan miserables como él.

Lorena Nazario Irigoyen, al no saber nada de Jacinto, fue en busca de su amante el sábado a mediodía, cuando una camioneta de policía permanecía estacionada con un par de elementos dentro, durmiendo una siesta. La casa no estaba, sólo un terreno circundado por una malla y una cinta amarilla sin leyenda, como en una escena del crimen. El sol podía estar escondido tras unas nubes, a punto incluso de llover, pero Lorena sintió sofocarse, como si fuera a desmayarse de la impresión porque, aunque nunca habló de la empresa revolucionaria con Jacinto, conocía perfectamente el proceder del gobierno. Coincidió en muchas ocasiones con su compañero de cama de los viernes y sábados, la realidad del prostituido sistema político que tenía al país en la ignominia.

Después del desayuno del día veinte, Jacinto y Lauro fueron trasladados dentro del mismo penal a otras celdas igualmente minúsculas e incomunicadas pero con un área para dormir y un servicio de baño tan indecente como las prácticas políticas del presidente. Sólo viendo esa pocilga, daban escalofríos. Sobre la cama, una cobija algo gruesa, sin almohadas, sin colchoneta, podían sentarse o acostarse sobre el camastro de concreto. Luego de tantos días en completa obscuridad, Jacinto sintió alivio. Lauro, sin embargo, pasó enfermo tres días por las temibles pesadillas que no soñaba, sino que vivía. Prefería dormir que darse cuenta del problema que tenía por resolver. ¿Volverían a ver la luz del día? Y cuando no se conoce esa respuesta, la mente produce una constante ansiedad que no se puede desahogar fácilmente, unos lo hacen con cigarrillos, otros golpeando paredes, creando vías alternas para escapar de ahí en cuanto fuera posible. Jacinto se recluyó en la esquina menos apestosa, sentado sobre la cobija para acomodar sus nalgas de modo que no se le durmieran o acalambraran y trató de imaginar a personajes de la historia frente a los mismos problemas que él y cómo lograron no sólo escapar de la cárcel, sino dar un giro a su historia, con una guerra, con un golpe de estado, subiendo la escala legislativa hasta entronarse en el poder, librando a sus pueblos de esclavitudes menos perversas que esta. Se inspiraba también en personajes que cambiaron ideológicamente no solo a su país, sino a la humanidad, con descubrimientos o inventos. Por siete eternos y desgarradores meses, ambos milicianos permanecieron aislados del resto de presos en el penal, conocido como "El corcovo", que cumplía con todas las características de un reclusorio de máxima seguridad. El sitio tenía una fama de ser agresivo con sus huéspedes, y su seguridad en algún tiempo se vio relajada, la corrupción de las autoridades evidenciada, cuando se les fugó un importante criminal. Lauro E. Torreblanca, por su parte, sufría cada minuto la separación de sus hijos. Ellos fueron los primeros que protestaron ante las autoridades, con el riesgo de ser detenidos también por obstruir la justicia, y a ellos se unió Lorena cuando, después de varios días, supieron que estaban detenidos por el gobierno acusados de terrorismo, subversión y una lista inimaginable de crímenes con los que parecían estar condenados de por vida. De nada sirvió todo lo que hicieron para conocer los detalles de las acusaciones o las pruebas que el gobierno presentaba. El hermetismo era tal que pasó mucho tiempo antes de que los hijos pudieran ver a su padre en la cárcel. Más de media docena de meses después de su ingreso, finalmente fueron enviados a otra zona del penal donde podían convivir con los otros prisioneros, sentarse en el comedor, salir al patio y recibir visitas bajo estrictas medidas de seguridad. Los guardias abusaban de su autoridad y, como siempre, se corrompían permitiendo las dádivas a cambio de canonjías. Durante los tres años sólo recibieron la visita de un abogado impuesto por el gobierno que deseaba formalizar su estancia en el penal por el resto de sus vidas y los hijos de Lauro que pudieron acceder un par de ocasiones a convivir por 30 minutos con su padre, siempre con la presencia de un par de guardias quienes le obligaban a conservar en silencio los asuntos sobre su caso. Salúdenme a su madre, les dijo Lauro a sus hijos mientras que su mente pensaba: Si pudiera decirles todo lo que nos están haciendo sufrir en este sitio, las tremendas injusticias; aquí las leyes no existen, no tenemos derechos. ¡Ni juicio hemos tenido!, pero todo eso debía tragárselo en espera de un momento más o menos conveniente para defenderse del gobierno, porque el presidente actual no permitiría siquiera una negociación ante los disidentes. ¿Cuántos había en el país en las mismas condiciones? Lauro sabía desde mucho antes, cuando estudió su carrera de Administración de Empresas, que más del 40% de los reos en el país eran gente sin culpa y, si los inocentes no podían salir, mucho menos ellos que sí tenían un motivo real para estar presos.

La sopa más repetida en la cárcel era una mezcla de todo lo que se encontraba entre las sobras de los platos de la semana, ya fuera pan, gelatina de sabor o un trozo mordisqueado de brócoli. El equipo de la cocina lo colectaba en un recipiente mosqueado y luego de dos días, cuando se juntaba suficiente, lo metían en la enorme licuadora industrial para volverlo una crema que suavizaban con agua y condimentaban con sal. Así, los cocineros y sus ayudantes, los libres, esos que por las noches tomaban su camión para volver a casa, se robaban los víveres que fueron comprados para la alimentación de los reos, pero que ellos "ahorraban" con su vomitiva sopa. Por eso, comer un trozo de carne nerviosa de cerdo, a Jacinto y Lauro, en su pequeña morada, les parecía un manjar delicioso. Jacinto nunca ingresó a la universidad, su maestro Gregorio Zafra, como tragado por la tierra, no pudo seguir apoyándole y no encontró a otro que tuviera la voluntad para impulsarle. Los rumores decían que se le llegó a ver un día como director en una escuela minúscula, pero la verdad de las cosas fue que las charlas con Jacinto lo cambiaron tanto, que sus ideas revolucionarias florecieron y el gobierno, como si fuera una cucaracha, decidió fumigarlo, como lo hacía con todo opositor, periodista incómodo, empresario pujante, legislador revoltoso o maestro insidioso. Ya con la escuela que su amigo Sansón le dio, los aprendizajes de la preparatoria, el tesoro que le dio su maestro en un conjunto de documentos que guardó por años dentro del colchón, y la adicción que adquirió por la lectura de obras sociales que obtenía gracias a una credencial que le dio su maestro Gregorio Zafra para sacar libros de la biblioteca de la universidad estatal, Jacinto dejó el taller mecánico, consiguió un trabajo como dependiente en una farmacia, donde no fue necesario entregar muchos documentos por una recomendación que Sansón le dio, nunca supo si era real o falsa; el hecho es que aprendió mucho sobre las diferentes familias de medicamentos y los efectos que causaban. Jacinto montó en una pequeña casa que rentó, un laboratorio para experimentar con la combinación de diferentes sustancias. Así por once años, mientras comprobaba las mezquinas y perversas telarañas de corrupción que el gobierno usaba como mecanismo de represión y engaño a la población, combinó sustancias sin cesar. Un día de aquellos, luego de conocer a una mujer casada de nombre Karla, que le invitaba a desayunar sobre su cuerpo los viernes por la mañana, cuando su marido el doctor salía para el consultorio, Jacinto supo por ella que el gobernador del distrito tenía un prostíbulo cerca de ahí. Como era natural, a Jacinto no le sorprendió; cada vez obtenía más y más pruebas de la innegable basura política que gobernaba al país. Hizo la costumbre de visitar un parque céntrico, los domingos, donde leía por completo los periódicos de la semana anterior, que salían más baratos porque ya no eran del día. Ahí seguía los pasos de escritores y periodistas que le enviaban a sus lectores mensajes ocultos donde develaban los misterios para muchos ciudadanos; Jacinto Tomás Viveros, sonreía, no por descubrir los descarados robos, los sucios negocios de los políticos de cualquier nivel, sino por ese delicioso sabor de deshacer el entuerto, de hallar al culpable del crimen, como Sherlock Holmes; gozó las revelaciones, la perspicacia mental; como niño que finalmente entiende el truco de la tabla del 9 o el adolescente que descubre para qué sirve su pene. Hallar dentro de una crónica periodística los pasos que está siguiendo el presidente para llevarse millones y millones del erario, de forma descarada para las esferas del poder, pero imperceptible para la población, salvo aquellos que, como Jacinto, entienden entrelíneas. Le daban ganas de gritar a los cuatro vientos esos descubrimientos, ¡eureka! se dijera en otro tiempo y latitud; sin embargo, era obvio que no podía hacerlo. Ya muchas veces le llamaron creyente de las conspiraciones paranoicas; gente que cree posible que un gobierno no esté trabajando por el bienestar social, locos que ponían en duda las noticias de la televisión, desquiciados que no confiaban en su propio banco, porque les estaba engañando y comprometiendo generación tras generación a una deuda impagable. Lo más ridículo era pensar que los maestros en las escuelas, los empresarios y los pastores de la iglesia estaban siendo pilares fundamentales para sostener al sistema porque con sus exposiciones en clase, con el pago de sus impuestos o sus sermones, orillaban a la gente a someterse como zombis a una marcha estúpida tras una zanahoria como anzuelo de sus voluntades. Pensar que unos nacieron para pobres y otros para ricos, unos sumisos y otros autoritarios, no es pensar, es seguir creyendo en dogmas dictados a favor de los beneficiados.

Para el mes de abril, tras unas vacaciones de Germán Álvarez aprovechando la Semana Mayor, el grupo de disidentes se reunieron en la bodega para planear la instalación de cámaras de seguridad privadas en diferentes poblaciones. Apoyados por Andrés Acosta, uno de los empresarios que patrocinaron desde el principio el movimiento rebelde, buscaron la forma de sembrar en los ciudadanos la desconfianza en el gobierno. La mecánica era, primero, actuar como delincuentes, saqueando escuelas, iglesias o dependencias. Luego Andrés y su equipo, ofrecía su servicio de cámaras de monitoreo y corrían el rumor de que el gobierno no daba seguridad, que los rateros estaban coludidos con las autoridades; eso no era mentira, en el territorio nacional se propagaron los crímenes por esa complicidad: Los rateros comparten con los policías o los políticos sus botines, explicaba Jacinto en todas sus ponencias para formar a los nuevos milicianos a quienes les enseñaba también las lecciones que le dio su amigo Sansón, su maestro Gregorio Zafra y la vida misma. Al cubrir con cámaras de seguridad gran cantidad de poblaciones, Andrés Acosta y el grupo conocía el movimiento de la gente, sus hábitos y los puntos débiles de la revuelta. Era también un medio para comunicarse entre ellos, haciendo señas frente a las cámaras. En pocos meses tenían suficientes recursos económicos, provenientes de los robos, del pago de las cámaras y las donaciones de los empresarios, además de contar con una red de seguidores molestos con el gobierno, con la noble cualidad de no estar expuestos a las garras del estado represor.

Además de las cámaras, planearon el robo de un camión con toneles llenos de químicos a una empresa en la que trabajaba Juventino Orestes, uno de los principales líderes del movimiento. Ya era mayo, con lluvias intermitentes y calor de cavernas, húmedo, sofocante, deprimente, asfixiante. Germán tardó varios días en dar su visto bueno pensando en los peligros y, sobre todo, en los beneficios del botín. Andrés Acosta, especialista en cámaras y sistemas, logró escanear el camión un par de días antes para asegurarse que no tuviera rastreadores y consiguió un dispositivo para distorsionar la señal, en caso de no haberlo detectado con el escáner. Rentaron una bodega y la saturaron de cámaras. Jacinto y Lauro lo robarían. Fueron los únicos valientes dispuestos a arriesgar el pellejo. Juventino explicó la ruta, el día y hora que debían tomar el camión por asalto y decidieron el punto de la ciudad más conveniente para hacerlo. Era un miércoles por la tarde cuando Jacinto y Lauro esperaban la llegada del camión; a lo lejos, varios pequeños grupos de disidentes, esperaban el momento para brindar su apoyo en caso necesario. El camión dio vuelta como se esperaba y fue cuando bajaron sus pasamontañas y sacaron sus pistolas. El chofer tuvo que frenar para pasar un tope pronunciado, siendo la oportunidad perfecta para abordar el camión y amenazar a los dos ocupantes. Ambos se bajaron y Jacinto arrancó el camión de nuevo para darse a la fuga. Durante cinco calles, usó el pasamontañas. Luego que se lo quitó, se puso una máscara tipo zorro para evitar que las cámaras de la ciudad dieran con su identidad. Finalmente, llegaron a la bodega que rentaron y, luego de cerrar los candados, corrieron un par de calles para subirse al automóvil que les esperaba. Iban empapados por la tormenta que llegó junto con la noche. El auto ingresó en la guarida y le quitaron la calcomanía a la placa. En una tableta, Andrés Acosta, mostró los diferentes ángulos de las cámaras donde estaba resguardado el trofeo hurtado. Por un par de meses no hubo más que gatos sobre el camión de tres ejes que guardaba los tambos con distintos químicos. Tenían miedo de ir a recoger los toneles porque la policía podía tener detectada la bodega y sólo esperaban que alguien se atreviera a recoger el camión. Gracias a la vigilancia constante con las cámaras en el exterior, podían estar tranquilos que nadie estaba interesado o vigilando el sitio. En unas camionetas, una por una, ingresaron y fueron sacando los toneles, de a dos o tres por viaje, hasta que no quedó ninguno. Luego Jacinto y Lauro, volvieron por el camión y lo sacaron varias de calles más lejos, dejándolo abandonado. Finalmente devolvieron la bodega a su dueño a sólo unos días que Jacinto descubriera un arma vital para su movimiento.

Escapar de la prisión donde Jacinto y Lauro estuvieron prisioneros resultaba prácticamente imposible. Ni túneles, ni motines, ni bombas en las paredes. Les quedaba el recurso de intercambiarse con algún guardia que estuviera dispuesto a vender su libertad y, si las visitas de los pocos que tenían autorizado ingresar trajeran algún tipo de químico que le diera a Jacinto la fórmula para noquear a los guardias, sin pelear contra ellos, pero nada de eso era posible. Lauro y Jacinto solían encontrarse en los baños un par de veces a la semana. Actualizaban datos y se separaban de nuevo el resto del tiempo. Cada uno urdía planes de escape, sin éxito. Llegaron a acostumbrarse como muchos a la rutina aburrida de ver pasar las horas ensimismados tras las paredes de sus celdas, caminando sin hablar por los pasillos, salones o el patio. El tiempo se alargaba como la piel al engordar, creando bolsas en los ojos, manchas en las retinas y blanco en los cabellos. No apostaban a crear caminos para sus futuros. Y sin juicio, sin defensa, sin derechos, los guardias les repetían a cada paso su interminable condena. La comida, arrugada y seca, inaceptable, insípida, pasada, de cualquier modo rechazable. Las noches idénticas, frías, la mar de veces interrumpidas por escándalos, juegos perversos, guardias indiscretos, gritos quejumbrosos por las palizas, macanas acariciando los barrotes con penosa maldad; dolores reumáticos en las caderas, la espalda o los oídos, restregándose por la fuerza de gravedad en el incómodo ataúd que eran sus camastros. Estando siempre a un paso de la locura, de la rabia descontrolada, del temor invasivo, confundidos, nerviosos, afectados.

34

Cada minuto, Jacinto seguía pensando en la posibilidad de escapar de la cárcel. Analizaba los productos que tenía a su alcance, en la carpintería o en la clínica a la que visitaba con cualquier pretexto de dolor. Sin sus apuntes era inútil, y tampoco le era posible encender fuego para provocar reacciones. Así que, en busca de posibilidades, entabló amistad con un personaje al que los demás apodaban el tuerto, aunque tenía bien puestos los dos ojos en su lugar. Y se divertía mucho conversando con él, jugaba con las palabras y el doble sentido. Se decía cristiano y juraba que su dios le hablaba todas las noches. Le contó que mató a un ratero en defensa de una mujer indefensa que cargaba a sus tres niños y comentó que no se arrepentía de ello. De tez morena, el tuerto tenía por cuero cabelludo un espejo brillante por continuos rapes algunos años antes; sus orejas, por tanto, sobresalían como dos alas al volar, sus labios eran carnosos y la piel de su cara cacariza leve. ¿Y tú? ¿Por qué llegaste a este infierno? Jacinto le contó con algunos detalles una vez que le tuvo confianza. En esos sitios es fácil alcanzar niveles de amistad fraterna y también odios profundos, enemigos de gran calibre. Ya excedido en familiaridad, le habló sobre su vida en los multifamiliares, los embarazos colectivos que causó su padre y la caída de los edificios en el sismo. El tuerto quedó pasmado. Jacinto creía que la sorpresa de su amigo se relacionaba con la tragedia de los muertos en el terremoto. Pero el tuerto le aclaró: no puedo creerlo; mañana te voy a presentar a tu padre. ¿Cómo? ¡Sí! Tu padre está recluido en esta prisión. Jacinto no alcanzaba a controlar la infinidad de pensamientos que rebotaban dentro del córtex de su cerebro. ¿Quién era en realidad su padre, al que no conoció jamás, ni le interesó, ni tuvo la oportunidad, ni lo cuestionó? Si algún día llegó a saberlo le fue indiferente.

El padre de Jacinto, un malparido líder del sindicato de trabajadores del gobierno en el Distrito, capital del país, al que todos podrían imaginarse como un gordo de bigotes obscuros y calva prolongada, era en realidad un ser gracioso de buen aspecto que se ganaba a la gente con chistes superfluos y miradas provocativas a las empleadas de todos los escritorios de los edificios públicos, ganando adeptas fácilmente y logrando posicionarse como jefe máximo del organismo creado para defender los intereses de los burócratas. Durante su gestión, al llegar al cargo superior, contando con una abrumadora mayoría de servidores públicos, negoció la construcción de un conjunto de multifamiliares para beneficiar a sus trabajadores, si pudiera llamársele así a la casta corrupta que conformaba al gremio aquel. El padre de Jacinto, también dicho con mesura, porque nunca fungió como tal, tenía la adicción del sexo y se dedicó a repartir departamentos en los edificios del conjunto a las mujeres que resultaran embarazadas por él. Así que, más de mil pequeños, fueron el anzuelo que muchas madres engendraron para pescar una casita de ridículas dimensiones, y que de cualquier forma deberían pagar con los años de trabajo en el gobierno con un descuento en su nómina raquítica desde épocas inmemoriales. Ese era el grado de miseria y degradación humana que imperaba bajo la dictadura de un partido emanado de la revolución que encadenó a millones, castrando el futuro de todos los hijos de esta tierra rica, magnífica, sublime, prodigiosa. La sangre que regaron era suficiente para teñir los campos y ciudades de un rojo incandescente y, cual catapulta, dispararon a millones a vivir en el exilio, para sufragar los gastos de sus familias radicadas por aquí. Así, Jacinto, creció sin padre y fue vecino de mil hermanos y otros cuantos para disimular la adicción sexual del líder sindical. Su madre, por el embarazo, perdió su puesto de secretaria y durante casi un año asistió a la oficina de colocaciones del sindicato para ser reubicada. Eran muchas madres en la misma situación. Lo único que pudo obtener para mejorar un poco su precaria economía, fue un empleo como barrendera, ganando menos que como secretaria, pero un poco más que como desempleada. Contaba con guardería para el pequeño Jacinto que nunca enfermó de nada gracias a los miles de anticuerpos que generó en aquella estancia de niños sucios, además de los microorganismos que su propia madre llevaba a casa desde los contenedores de basura. Vivían en cuartos muy pequeños, incómodos hasta el infinito, enjutos, sobrevaluados al pagar, devaluados al año de vivir ahí y en constante depreciación por la inseguridad, el bajo mantenimiento, las bandas de pequeños criminales de selva salvaje que fueron creciendo a la par que los impuestos e inversamente proporcional a los beneficios sociales. Jacinto se desarrolló en ese ambiente tóxico, plagado de argucias para sobreponerse a la nula atención de los policías, segregados por su mermada situación económica, de una patética educación pública que pretendía amaestrar a los estudiantes con metodologías conductistas de programación cerebral. ¡Sobreponerse a todo ello es ya un acto de heroísmo digno de reconocimiento!

Lo cierto es que esa noche, al platicar con el tuerto, su perspectiva era algo distinta. Tener la oportunidad de conocer a su padre y no aprovecharla, sería insano, casi lo mismo que pedirle disculpas a su madre por robarle la sala de mimbre frente a su tumba. Y después de proferir una docena de improperios irrepetibles, debidos más al choque psicológico, le satisfizo concelebrar con algunos recuerdos, la presente oportunidad. ¿Qué decirle a un tipo que nunca vio? Ni siquiera sentía deseos de recriminar la burla a tantas mujeres con las que procreó una colonia entera de niños sin padre. Le resultó divertido, un hecho fortuito que festejaba. ¿Habría repetido las acciones de su padre de hallarse en las mismas circunstancias? Al parecer él también tenía una hija, Jacinta, a la que abandonó a su suerte. ¿Cuántos hijos regó también Jacinto por el mundo? Al menos su padre era consciente que embarazaba a las mujeres. Jacinto trató de recordar a un par de docenas de mujeres con las que se acostó. ¿Todas ellas quedaron en cinta gracias a Jacinto? El tuerto le contó que el viejo pagaba también una pena por homicidio y unos meses antes le habló de la historia de los multifamiliares que él inseminó a diestra y siniestra. Por largo rato, esa noche, rieron como niños, imaginando los inconcebibles asuntos del destino y la suerte. Ya en el desayuno de la mañana siguiente, Jacinto fue llevado por el tuerto a donde se sentaba su padre. El hombre sí que era un viejo. Casi senil. Sería por eso que ya no platicaba con el tuerto. Se presentó como su hijo y el viejo se alegró de conocerle, al principio casi sin poder proferir palabras porque no dejaba de comer, pero atinó a buscar entre los reos a otro. Una vez que le localizó, pidió con algunas señas que le hicieran venir a su mesa. Entre dientes, cuando el otro hombre llegó, dijo: mira, otro de tus hermanos. ¿Qué decirle al viejito desvergonzado? Seguramente así fue toda su vida. Aunque Jacinto desde niño le imaginó como un burócrata aburrido y sin chiste y resultó ser un tipo más bien encantador, travieso, cínico y gracioso a la vez. Tenía gestos amigables, mirada profunda y sus facciones dejaban ver que el personaje tuvo pegue sexual. Su medio hermano, que al saludar se presentó como Abraham, se notaba más bien tímido, como deseando que la incómoda situación terminara cuanto antes. Demostró que no tenía interés por conocer a su pariente Jacinto y se despidió en cuanto pudo. ¿Cómo no le recordaba? Nunca le vio por los multifamiliares, quizá porque era unos años menor o su casa quedaba más lejos o su escuela no era la misma. Luego de que Abraham se retiró, Jacinto se quedó expectante, esperando que su padre pudiera hablar; había perdido casi todo el cabello que tuvo alguna vez sobre la cabeza y la piel del rostro ya sobraba, dejando a su paso una serie de pliegues típicos de un abuelo. Pero en el cerebro de Jacinto, las cosas no iban nada bien, aunque por fuera estuviera disfrutando un poco el cinismo de su padre; trataba de ubicar en sus neuronas las respuestas a tantas dudas de una historia que poco conocía. Tenían la misma sangre, quizá compartían gestos genéticos, expresiones naturales que él, subconscientemente trataba de descubrir mientras enfocaba su mirada en la profundidad de sus ojos, más claros que los suyos. Memorizaba al mismo tiempo las canas de sus cejas y las filas onduladas de sus pestañas, las pequeñas verrugas de su cuello y las manchas en la piel de sus manos, grandes y más fuertes que el resto del cuerpo. El uniforme de presidiario que usaba le quedaba justo, por donde se adivinaban los huesos de su ya escuálida musculatura. Jacinto se dolía, sin saberlo, de esa derruida imagen de quien siempre supuso como un tipo duro, más parecido a los cientos de burócratas que conoció y que se caracterizaban por ser indolentes, ignorantes pero autoritarios, mafiosos refugiados en hordas dentro de las dependencias y más pagados de sí mismos de lo que podían estar el resto de los ciudadanos, por tener un empleo robusto, casi inexistente en otras esferas. Nació ese día, en su mente, un nuevo odio, más incontrolable que los demás, que ya de suyo eran irrefrenables, pero que conocía conscientemente y por ello los canalizaba de mejor manera. Este nuevo resentimiento surgió en la confrontación entre la imagen que él se formó de un padre, escuchando en su memoria algunas conversaciones con su madre en los inicios de la adolescencia y las charlas de las azoteas con sus medios hermanos y amigos, y el personaje longevo que tenía enfrente. Sus pensamientos comenzaron a confrontar causando daño, arrebatando los tomos de su biblioteca cerebral y deshojando cada página, causando un incendio que consumió cada uno de los estantes plagados de recuerdos. Antes de acabar con ellos, los revisaba de nuevo, con la misma velocidad que las imágenes que se suceden una a otra frente a la muerte, pero reescribiendo en sus sentimientos nuevas cicatrices, golpes indelebles de la vida, capaces de girar 180 grados la forma en que se toman decisiones.

Al crecer, Jacinto Tomás Viveros, con su innata cualidad de hurgar, observó en aquel monstruo con más de mil cabezas que eran los multifamiliares y clasificó su primer legado de parentela a través de las madres solteras que encontraba, notando que surgían como ratas de una alcantarilla por docenas, a quienes él mismo, sin esperar los exámenes de ADN, les fue adoptando, sabiéndoles víctimas del mismo venenoso padre, quien les condenó al olvido en aquel inframundo nauseabundo de los multifamiliares, en uno de los miles de rincones mezquinos del distrito capital. Escuchaba las noticias que le presentaban un círculo social muy distinto al suyo. Caminaba por las calles de la ciudad, de día y de noche, mirando un progreso que atravesaba las avenidas en vehículos último modelo. Se preguntaba si sólo ellos eran víctimas del olvido o, sin comprenderlo del todo aún, unos cuantos pasaban por encima de los demás. El sistema fallaba, porque no alcanzaba a beneficiar a todos, no con programas sociales dadivosos infructuosos, sino por la marcada injusticia, que no permitía a todos alcanzar el bienestar que a unos cuantos, evidentemente, profería con autos y casas pomposos, zonas de edificios descomunales y centros comerciales lujosos inalcanzables para él y su gran familia. Pudo ser vital para Jacinto tener tantos hermanos. Consideró seguramente que así, los más jodidos del país, podían ser sus parientes, su fraternidad, por quienes debía velar como aquellos hijos mayores que sustituyen a sus padres a falta de uno o ambos, responsabilizándose prematuramente de las necesidades de los más pequeños. Este es otro acto heroico de Jacinto, quien visualizó tempranamente las enormes desigualdades y como sacrificados a su propia familia. Por las noches de su adolescencia, en las azoteas de los edificios, se reunían a platicar entre varios de ellos de las experiencias, de la insoportable escuela, de su parentesco, de las estrellas y lo que el cura de la iglesia insistía que era pecado. Bombas que minaron el cerebro, forjando las prácticas cualidades que se requerían para apuntalar la revolución. Jacinto no tuvo más remedio que apechugar en su corroído corazón, esas duras pruebas de la vida, con algo de fe y demasiado coraje a cuestas, siendo sumamente vulnerable a la durísima escuela de la calle.

El incendio de su biblioteca parecía forestal, pero él sólo intentaba ver en él un intersticio de salvación. Deseaba, en lo más profundo, que su padre tuviera un buen pretexto para haber sido así, ansiaba encontrar una justificación para sus crímenes porque quizá así, él también tendría perdón por los propios. No era de suyo, el esqueleto que tenía en la mira, quien debía ser más o menos bueno de lo que era, sino la perspectiva de Jacinto la que hurgaba para sí, una mínima aureola sobre la cabeza de su progenitor. Quería ver su lado bueno, porque nunca lo encontró. Los libros sólo guardaron rencor; no tuvo antes nunca la oportunidad de hacer un juicio más justo. En la cárcel lo intentaba, pero pese a carbonizar todas las hojas, se quedó una herida peor: no tenía remisión, no alcanzaba fianza, le condenaba ferozmente y con ello, sepultó su propia defensa. Nada le liberaría de aquella condena. Selló el cofre con las cenizas de su padre en él y lo colocó en el centro de su inconsciente, para que fuera un signo memorable del desagravio por el que lucharía hasta su muerte. Debía acabar con esa escoria, incluida la parte que él cargaba por herencia, se autodestruiría por contener los genes viciados de la degradación engendrada de ese sistema social y político. ¿Qué se puede rescatar de lo que ha sido inseminado en aquellos multifamiliares? ¿Cómo crear una nueva patria con seres programados para rendir tributo a la corrupción? Una comezón social no es igual a tener ya sarna; por todas partes queremos quitarnos la inquietante rascadera; ya no se quita rascando, se requiere una atención médica especializada: debemos atenderlo ya o nos vamos a arrepentir.

Lo que su padre habló, no hizo más que confirmar lo que su mente había determinado. He tenido muchos hijos; me agrada conocerte a ti también. Estadísticamente, era lógico que teniendo tantos hijos, un par de ellos terminaran en la cárcel ¿no crees? Jacinto no respondió. Lo cierto es que ya pronto moriré y no voy a alcanzar el cielo, ni siquiera el purgatorio, así que no va a ser necesario que ores por mí ahora que me vaya. ¿Orar? ¿Quién te dijo que yo pensaba orar por ti? Ni siquiera aprendí a hacerlo, tú tuviste una vida llena de comodidades mientras condenaste a miles de tus hijos a la más deplorable esclavitud. Eso no es cierto, todas mis mujeres recibieron una casa para darles cobijo, no seas ingrato. ¿Cuántos hijos tuyos has conocido? Sólo a tres: Abraham, Plutarco y tú; Plutarco es el único hijo que vi crecer, con la mujer con quien me casé; pero él murió asesinado en un bar y yo me encargué de ajustar las cuentas con su homicida, por eso estoy aquí. ¿Y crees que por vengar la muerte de tu hijo mereces mi compasión?, ustedes los políticos son una casta asquerosa, no sé lo que hago aquí, tratando de entender tus actos repugnantes y de paso, desgraciando lo poco que yo he logrado de bueno en esta vida.

Jacinto, completado el encuentro, realizó un retiro violento. ¿Para qué rascar en el estiércol? Pasó varias semanas de duelo, platicó ocasionalmente con Lauro de la nueva captura de un cliché tan tenebroso como la conciencia del presidente del país. Algunos podrían pensar que esa mañana frente a su padre, invocó al destino, hizo un llamado a la ley de atracción para llevar consigo el resto de su vida la meta de recrear a los hombres y mujeres de la nación; desafiando a la razón, se impulsó con el corazón. Sentía que les debía la redención, porque no todos tuvieron lo que él acumuló por años; millones hacían, pese a la dictadura, una vida más tranquila; él nació de la corrupción, vivió bajo la tutela de la televisión, sufrió el escarnio de la escolaridad sometiéndole a la degradación y tuvo la suerte de romper con ello, de leer, de entender, de experimentar con químicos para armar un nuevo futuro, y de enfrentar el incendio de los recuerdos; también de ser como su padre, un adicto a las mujeres.

La vida sexual de Jacinto empezó pronto. Desde los once años perdió la virginidad con una vecina mayor que él en el piso debajo de su departamento en los multifamiliares donde creció. Si su memoria no le fallaba, esa chica se llamaba Martha. Se paraba en la puerta de su departamento luego de haberle seguido con la vista desde la parada del camión cuando Jacinto bajaba. Ella se insinuaba y él sólo disfrutaba de su amistad. Hasta que un día le invitó a pasar, procurando tocarle con fuerza el pantalón para hacerle emocionarse y pasarse el tiempo, esas aburridas tardes de adolescencia en un multifamiliar esperando a las madres trabajadoras que llegaran cansadas a revisar las odiosas tareas. Y así aprendió el oficio de abrazar a las mujeres ante la menor provocación.

Un par de semanas antes de abandonar el distrito, casi a sus 30 años de edad, visitó el parque en el que se convirtió el conjunto de multifamiliares donde vivió de niño, luego que el sismo de un año antes destruyera la mitad de los edificios y dejara inservibles a la otra mitad. Varias hectáreas eran ahora el cementerio conmemorativo que guardaba tantos gritos y dolor de los deudos al llegar a ver la devastación que dejó a su paso el terremoto. Llegó en su vehículo y lo estacionó mientras mordía el último trozo de una torta que compró en el trayecto. Bebió también el último sorbo del jugo enlatado de mango antes de bajar. Algunos de sus medios hermanos murieron en el edificio junto con sus madres o sin ellas. Jacinto sepultó ahí a su progenitora. No asistió a la ceremonia porque la organizó el mismo gobierno y ya odiaba cualquier asunto relacionado a la autoridad. Nunca vio su cadáver, pero no le hizo falta; se despidieron por última vez cuando él se fue de la casa, harto y molesto con las ideas cuadriculadas que ella tenía, gracias a la enajenación televisiva, las revistas de espectáculos y las noticias amarillistas. Con ella no se podía discutir nada, porque todo era pecado y la última palabra la tenía el cura de la iglesia. Pasó, entonces, junto al monumento de las víctimas del sismo lleno de suciedad de las palomas y cubierto de hojarasca, vasos de unicel, botellas plásticas de refresco y contrastada con un par de parejas indiscretas que acariciaban sus partes entre los árboles cercanos. No hizo más que una remembranza de los tiempos pasados, las mujeres que pudieron ser sus hermanas con las que se acostó tantas veces en los parques o en las azoteas de los edificios. Los amigos que supuso murieron en los escombros de los edificios con quienes compartió las bachas de un cigarrillo de marihuana, las películas que vieron juntos, las aventuras al saltar las bardas traseras de los patios donde robaban balones, escobas, enjuagues de ropa, bicicletas, rines de automóvil, taladros o herramientas que usaban en casa o que vendían en los comercios donde pudieran estar interesados a cambio de unas monedas para comprar cervezas o droga con sus proveedores de la zona.

Caminó por el parque y se le inundaron los ojos de lágrimas al saberse liberado de las torturas psicológicas que los docentes en las escuelas les aplicaban por medio de castigos, gritos e inútiles correctivos. Prefería cien veces la circuncisión sin anestesia antes que volver a pasar por las cárceles culturales, llamadas escuelas, dosificadoras de ideología partidista del odiosamente siempre ganador en las elecciones del gobierno. Y aunque era un secreto a voces, porque todos sabían la fraudulenta imposición de los gobiernos, quizá se sentían seguros pensando que más valía malo por conocido que no nos queda otra más que entrarle al juego, o esa es la idea. Las elecciones son los cheques en blanco que todos firman gustosos para aceptar el saqueo de sus cuentas.

Supo por Sansón, su amigo y desde luego, vecino, unos meses después de abandonar los multifamiliares, que su madre, de cualquier modo, estaba muy enferma y que a pesar de eso, ella se inyectaba sola. Jacinto Tomás Viveros no se inmutó, ni siquiera con el sismo de los multifamiliares, mientras no recibía confirmación de la muerte de su propia madre. Él no tenía, ni tuvo en otro momento de su vida tampoco, una relación con ella.

Caminando por el parque, esa tumba descomunal de los multifamiliares, encontró a Cornelia, una de las mujeres con quien se agasajaba algunas mañanas de ocio, al fugarse de la escuela. Casualmente sus padres, porque ella sí tenía ambos, no la mandaban a la enajenante terapia de cerebros que eran (y son) los centros educativos. Eligieron una hija burra que una borrega del sistema. Los padres de Jacinta pensaban que si se educa para formar analfabetos es con un fin perverso, pues quieren dominar a cada uno desde su propio cerebro. La verdadera educación forma críticos, no animales condicionados. Así que la casa de ella era un perfecto escondite de los profesores de su colegio. Desde luego, tenía que pasar alguna vez, y dado que Jacinto no fue un santo, ni devoto de la castidad desde los once años y medio, se vestía de semental para desvestirse frente a ellas. Y Cornelia seguía enamorada ciegamente de él, pasados los años. Paseaba con su largo cabello y usando patilla larga y bigotes de sombra, de la mano de una jovencita un poco más agraciada que su madre, pintada desde la sien hasta la pechuga y con aretes largos. Cornelia le saludó como suele suceder en estos casos con cierta efusividad, abrasándole y besándole en el cuello primero y luego en la mejilla, muy cerca de la boca; de esas veces en que se siente húmeda una gota de saliva y se desea quitar por las cosquillas que provoca. La jovencita que le acompañaba, sorprendida, esperaba una explicación que no llegaba, mientras Cornelia y Jacinto compartían historias antiguas e indirectas sobre la posible paternidad de esa niña. Él no captó el mensaje, pero saludó a la acompañante preguntando su nombre. Jacinta, fue la respuesta. No tuvo más que decir y se despidió cortésmente. Sorprendido al saber el nombre de la joven, padeció la efervescencia de una fobia obnubilada que le hizo huir. Otros habrían llegado a casa con ganas de vomitar, o tal vez las invitarían a cenar para conocer más de su prole. Jacinto se puso a pensar en nuevas posibilidades sobre su plan de tirar el sistema para acabar con aquellas incómodas historias de vida; su confusión le causó angustia, cierta congoja por verse atrapado ante una paternidad que podría fastidiar sus

45

planes de derrocar al gobierno; además, había que empacar para viajar más de 600 kilómetros por las montañas del país para llegar a la nueva ciudad, un poco más tranquila que el distrito, pero no por eso menos manipulada e infestada de fieles al sistema; de la misma forma empobrecida, con marcadas diferencias sociales entre los poderosos y dependientes de la burocracia y uno que otro magnate de medios enriquecido con los convenios para promover la imagen de los candidatos. Tenemos un gran reto como ciudadanos, pues ya no podemos creer en los medios de comunicación; nos han traicionado y decidieron jugar con el equipo contrario. Tendremos que usar una táctica distinta, leer mucho es una de las mejores estrategias contra el enemigo, repetía Jacinto en sus charlas cuando estuvo formando milicianos algunos años después. Y al llegar a su nueva ciudad, tristemente, aunque sin sorpresa, encontró los mismos bancos abusivos, el mismo sistema económico, la misma formalización de impuestos, el mismo asco y repudio de Jacinto Tomás Viveros.

Discutían con Germán cuándo sería oportuno dar el golpe definitivo y él, generalmente, argumentaba que era necesario tener más adeptos en los pueblos y después en las ciudades para pensar en una posibilidad de acción contra el gobierno. Germán los tranquilizaba diciéndoles que sus logros eran muchos, tenían bastantes personas unidas en las redes de defensa de los derechos de los pueblos, pero que era muy poco comparado con los más de cien millones de habitantes del país. Jacinto estuvo pensando mucho en eso, casi se le quemaban las neuronas, platicaba con Lauro y con sus ayudantes en el laboratorio que ahora ya tenía paredes para evitar que las lluvias le hicieran otro desastre, y creaba ideas que luego desechaba. Una mañana, después de beber un café en su casa, surgió un chispazo de luz en su cerebro. La gente de los pueblos estaba lista para atacar, y podía ayudar a tejer la madeja. Cuando le contó a Germán y a Lauro su plan, éste resultó fallido. Lauro se dio cuenta que esa gente estaba unida contra el gobierno porque fue atacada por él. Si descubrían que no fue el gobierno, todo estaba acabado para ellos. Pero Germán le vio posibilidades. Todo era tan fácil como involucrarlos en otra dinámica de ataque. Y los convenció para participar en manifestaciones contra el sistema. El problema fue que el gobierno empezó a matar gente para que se estuvieran tranquilos. Incluso usaba balas de goma contra los manifestantes y llegó a matar niños. Que corra la sangre es un riesgo, pero es inevitable: se puede desangrar en una revuelta o bajo el yugo de un látigo en la esclavitud. Sólo en la primera se puede sembrar un mejor futuro; así pensaban todos ellos.

Y por culpa de eso, Jacinto Tomás Viveros, aquel revolucionario que intentaba cambiar al país y que por lo mismo podía ser considerado un héroe nacional, se recluyó de nuevo en una depresión severa, como cualquier suegra en defensa de sus hijos, una agonizante y desgarradora como las llantas al llevarse el pavimento. El camino a recorrer parecía más largo que el recorrido. Desde antes de ingresar a la cárcel, además, no tenía sexo. Ansiaba encontrar a Lorena pero la tierra se la tragó y ninguna otra mujer le consideró valioso. Él, que no importaba la estación del año, el calor infernal en esas tierras costeras o en los pueblos que visitaba, que igual dormía bajo un puente o en una celda congelada de la prisión, soportaba con estoicismo los hedores de sus mezclas químicas, que durmió con cuanta mujer quiso, no podía con la tristeza de haber causado problemas a Lorena. Procuraba comer en diferentes cocinas para ver si alguna era de ella. Y el tormento de ver diariamente los abusos del gobierno, limitando al pueblo a panes de miseria, moldeando en ellos conductas pasivas, clamando la independencia de un pueblo dependiente, montando verdaderas representaciones teatrales para adormecer; ese tormento era también infernal, agobiante, extenuante, desgastante y vomitivo. De milagro se mantenía saludable, cuando su química cerebral producía constantemente los venenos del estrés y el enfado. Y se recluía voluntariamente a la cárcel de su fosa cerebral a purgar la condena en novenarios continuos y frecuentes. Cuarentenas de nado en la mierda diarreica del gobierno. Lunas de miel con el enemigo más poderoso que suele vivir en la cabeza propia. Purgas inevitables en su vida que cobraban el precio de romper con su mundo. Lejos de la emotividad engañada de la gente. Como lo notó aquella noche en la que Lauro, con la bondadosa intención de apoyarle a sobrellevar los traumas de vivir bajo una dictadura perfecta, le impulsó a celebrar la noche de independencia en la plaza pública de la ciudad. La discusión previa fue casi eterna. Pero Lauro le decía: debemos sentir orgullo de nuestra nación, no de nuestros gobernantes. Con todo y su capa caída, Jacinto se vistió y fue con Lauro a recorrer los puestos del centro. Una feria anual se instalaba quince días ahí, como pretexto para la venta de productos artesanales, alimentos típicos, importaciones chinas de figuras variadas iluminadas de multicolor, sombreros y diademas, pelucas y demás fetiches indispensables para celebrar. Bombas estomacales de grasa y azúcar que aplicadas con alcohol generaban una euforia temporal para gritar en recuerdo de los héroes que lograron construir a la nación. Debido a la esclavitud actual, nadie podía sentirse orgulloso, salvo unos cuantos que estaban idiotas o los que recibían jugosas ganancias del negocio particular del gobierno. Y Jacinto trató de perdonarse el día. Puso de su parte, sabiéndose orgulloso luchador de esa nación ingrata. Visitó los puestos y olfateó las frituras de exquisita nube de sabores. Valoró a la gente. Se dejó seducir por los cuerpos enervantes que se lucían entre los puestos, por encima del pasto recién colocado para tapar el hueco que dejó el retiro de las rejas de protección. Meneos de cintura y cabellos. Bailables y música típica de la patria. Veía cómo la gente se gastaba los pocos billetes que llevaban. Jacinto prefirió usarlo en las cervezas, caras y necesarias. Su espíritu se relajó. Se dejó llevar por la ocasión. Sintió cansancio y se sentó en una banca a ver las caras de las personas que ilusionadas deseaban celebrar un hecho de cartón. La puesta en escena del rito de libertad. Los borrachos se acercan a saludar entablando una indeseable comunicación con la intención de pedir un sorbo de su cerveza o un cigarro. Los padres inculcando a sus hijos la excelsa tradición de rendir pleitesía a los innombrables gobernantes del país. El costo de los productos era excesivo porque debían pagar el uso del suelo en la plaza ¿a quién creen?, al gobierno, que recaudaba el gasto de los fuegos pirotécnicos y las ambulancias de emergencia, los bomberos y policías que franqueaban o quizá tenían sitiado el lugar para evitar revueltas que pusieran en riesgo la forzada paz nacional. Como si no tuvieran recursos con los impuestos altísimos que cobraban. Mientras que el pueblo caminaba entre peligrosos cables eléctricos para la iluminación de los puestos y suelo húmedo, entre los negocitos de fritanga y bajo la amenaza de lluvia, los políticos celebraban fuertemente custodiados en las salas del palacio de gobierno, con viandas y banquetes, vinos y licores, pagados con el presupuesto público, en finas ropas y lujosos helicópteros que les transportaban sin tráfico desde las azoteas de los edificios. Nunca se mezclaban, nunca escuchaban el hambre y el dolor de las personas que lamentaban la pérdida de sus seres queridos por culpa de las balaceras que las mismas fuerzas públicas ocasionaban. Y Jacinto observaba a las madres pasar con sus niños disfrazados de Superman o de cualquier personaje. Niños que en berrinche se tiraban al suelo sucio y lodoso para decirles a sus progenitores que las botas de Superman les quedaban grandes y les estaban lastimando sus pequeños pies. Mercaderes que tenían la cara de moribundos, cansados por madrugar para preparar los antojitos que venderían esa noche, con la esperanza de recuperar el doble de su gasto y retirarse exhaustos con apenas la mitad de lo que invirtieron porque no vendieron como esperaban, porque el gobierno asignó tantos espacios que las ganancias se diluyeron en la desesperanza, noche miserable. Una más. Otro engaño típico del sistema político. El funcionario salió por un balcón a conmemorar el aniversario de la independencia nacional. Se fue de espaldas cuando le gritaron pestes y le chiflaron muerte. Le subieron el volumen a los micrófonos para silenciar las quejas ciudadanas. Terminó el ritual y los fuegos artificiales ahogaron las penas. La emotividad y las cervezas hicieron la tarea de enfocar la concentración de los presentes en una fiesta de bailable y gritos, era el día de la patria. Se tenía que celebrar, pese a todo. Jacinto se emocionó también. Jugueteó con la posibilidad de ir a una orgía con todas las mujeres que llenaban el perfil de su gusto definido por una larga abstinencia, esto es, con todas y cada una de las mayores de edad. A lo lejos, otro baile que se lograba escuchar cuando callaban las canciones del más inmediato. Pero el corazón de Jacinto no alcanzaba a percibir los sentimientos de las personas, ni los propios. Infortunadamente había educado, gracias a la inteligencia emocional, toda expresión que festejara, sobre todo al gobierno; lo malo es que en el país el gobierno invade todo. Tiene reglas para abrir un negocio, para conseguir un préstamo, para fumar, viajar, comer, vestir y dormir. En todo está metido de una u otra manera. Incluso para limitar la velocidad al viajar por las avenidas o para disponer de un espacio en la cafetería que permita fumar a los clientes o para emitir una factura o pagar un permiso de construcción, ampliación o remodelación de la casa. Sólo falta que legislen la siembra de frutos y hortalizas, o generar energía eléctrica solar, aunque no pasará mucho tiempo antes de ver un nuevo impuesto para ello. Porque contra el adagio del menor gobierno posible y la mayor participación del pueblo necesaria, ellos lo hicieron a la inversa con sus infinitos reglamentos, controladores, ensordecedores, abrumadores, que cada día se volvió un reto por pensar en cómo evadir su omnipresencia. ¿Nos equivocamos en la ruta? ¿Dejar que el Estado dirija nuestras vidas es una buena idea? ¿Sería mejor la anarquía? Si los ciudadanos fuéramos más adultos y maduros para responsabilizarnos de lo que podemos fumar o ver, cómo queremos vivir y compartir, dónde trabajar, qué decir y pensar ¿podríamos lograrlo sin gobernantes? ¿Si nosotros ahorramos para nuestra jubilación y vivienda en lugar de permitir que el Estado lo haga con tan malos resultados? Con los pésimos resultados de la administración pública, queda claro que el Estado no ayuda a los pobres, sino a ellos mismos.

Y fue la patria, sin duda, tan necesitada de héroes como Jacinto Tomás Viveros, quien le dio un hermoso regalo. En el día de asueto posterior a la noche de celebración de campanadas y luces de colores, retomados los ánimos que le dio la jornada, visitó su laboratorio en la bodega. Le acompañó Lauro, dispuesto a apoyarle en los experimentos del día. El regalo fue bello. La patria se lo debía. Justo en la conmemoración, no podía ser de otro modo, le otorgó el premio que merecía. Jacinto retomó el proceso de fermentación de un viejo experimento y le adicionó dos o tres viscosas fórmulas que reaccionaron de inmediato. Lauro se hallaba en el baño de la bodega, pero él se encontraba en el quicio de la puerta del laboratorio. En breve, el sol llegaría a su lugar de trabajo, cerca de las doce del día. La fórmula logró lo impensable. Aunque hubiera deseado que Lorena apareciera para alegrar su vida, su invento fue también un gran aliciente, como adolescente al final del curso escolar, como la sorpresiva llegada de un amigo, como el regalo esperado en un cumpleaños, como un depósito inesperado en la cuenta. La fórmula bioquímica fermentada reaccionó de inmediato, instantáneamente, en menos tiempo que lo que tarda un sonido en llegar; así, ambos quedaron inconscientes tirados en el piso. Lauro incluso quedó embarrado por su propia suciedad a un lado del retrete mientras limpiaba con el papel sus nalgas. Jacinto tuvo más suerte, quedó tirado entre la puerta, la mitad dentro del laboratorio y la mitad fuera. Una vecina algo lejana también quedó aniquilada por la fórmula, junto a su ventana. En cuanto el sol hizo presencia sobre Jacinto, pasadas las doce del día cuando se superaba la sombra de la bodega sobre su laboratorio, se levantó y trató de hacer consciente lo acontecido. De inmediato tomó un papel y apuntó las primeras observaciones, los químicos utilizados y el fermento biológico que empleó, los días que pasaron para llegar a convertir las inertes sustancias invadidas por el moho y convertidas en una especie pegajosa de seres casi invisibles. Luego caminó por la zona, buscando los cambios del efecto causado por la reacción. Al poco entró en la bodega y buscó a Lauro, quien aún se encontraba en el baño, pero no dio muchos pasos antes que él mismo cayera desmayado en el piso entre el patio y la bodega. Pasaron tres horas más y cuando el sol volvió a darle sobre la mitad del cuerpo, despertó de nuevo. Entonces notó que la peculiaridad de su producto perdía fuerza con la luz del sol. Lo anotó y trató de ingresar de nuevo a la bodega. En cuanto abandonaba la luz solar se sentía desmayar. Fue en busca de un espejo y trató de enfocar el reflejo sobre su amigo, a quien no podía ver, pero suponía que estaba en la oficina de la bodega. Tomó el espejo e iluminó todo. Procuraba detener a los gérmenes fabricados con el reflejo del sol. No hallaba forma de ingresar. Regresó a su laboratorio a estudiar la fórmula, algún reactivo podía ser aniquilador de las bacterias que tenían dopado a su amigo en la oficina. Pensando en la reacción que el sol, de forma natural, consumía los efectos, probó con linternas, químicos y nada. En todos los casos tenía mareos invasivos al ingresar a la sombra. Finalmente tomó de un bulto un puñado de cal y lo regó por el piso de la bodega. Esa fue la solución. Con cal logró llegar hasta Lauro que quedó atrapado dentro del baño. Rompió la cerradura y se sorprendió al ver su desnudez. Procurando cierto pudor, roció cal alrededor de él y de inmediato se incorporó. Una vez pasado el penoso proceso de dejarle consciente a cargo de su problema, le esperó sentado en una de las tres sillas de la oficina, bañado en cal. En cuanto Lauro salió Jacinto le explicó lo sucedido. Casi le golpea. No sabía que ese accidente asqueroso en el baño se debía a sus inventos locos. Llegó incluso a decirle que le patinaba la pera. No obstante, cuando Jacinto le detalló cómo se podía emplear su nueva arma, y la forma en que los pueblos podían atacar al gobierno, la cara de Lauro cambió. Ambos festejaron más que los políticos en el palacio de gobierno la noche anterior, más que el pueblo. Brincaron emocionados. Y de inmediato se comunicaron con Germán que estuvo en diez minutos en la puerta de la bodega. Explicaron los hechos de la forma más precisa posible y rápidamente comprendió los alcances del invento para terminar de una vez por todas con la dictadura de partido que consumía a su país desde muchas décadas atrás. Fue cuando Germán Álvarez acuñó su famosa frase: Acabar con el mal sólo es posible con perseverancia, inteligencia y claridad de objetivos; no lamiendo sus heridas. Con lo último de su frase, hacía clara referencia a las depresiones continuas de Jacinto. También creó un panorama del futuro inmediato procurando calendarizar sus quehaceres. Jacinto debía encontrar más elementos que sirvieran para neutralizar los gérmenes. Debía estudiar si causaba algún daño permanente en las personas y lugares. Si sólo con cal podían eliminarlos. Enlistó varias otras posibilidades: a cuántos metros o kilómetros se afectaba y con qué cantidad de ingredientes de la fórmula, si involucraba a muchas personas o tenía un límite, si quedaban rastros del germen y si existía alguna forma de eliminar cualquier pista que los delatara, si algunas personas serían inmunes a esos químicos, si afectaba igualmente a los animales y plantas, el costo de los ingredientes para ataques mayores y la protección de la milicia enviada a provocar los desmayos masivos, si existía alguna forma de hacer resistente al sol esas bacterias, cuántos días podía pasar el animal sobreviviendo en la sombra, etc. Este descubrimiento, Jacinto, comentó Germán, nos puede ayudar a acabar con el gobierno en tres o cuatro meses, y no sólo al presidente. Por varios minutos, también instruyó a Lauro, quien pondría a trabajar a los equipos en la investigación de posibles contraataques del gobierno, de los lugares que serían estratégicos para un solo asalto fulminante, el costo de las esposas metálicas para detener a los políticos o si se podían trasladar aun inconscientes a cárceles y muchas otras ideas. Les propongo que en un mes como máximo, liberemos algunos prisioneros de la cárcel de "El corcovo". Jacinto se emocionó, pero Lauro tuvo dudas: ¿Cómo haremos eso? Germán, que desde el principio vio todas las posibilidades, explicó: Llegamos hasta la puerta con el rostro cubierto y accionamos la fórmula de Jacinto; todos caerán a dormir. Entramos, despertamos sólo a los presos convenientes y nos vamos. Consideró que todos esos reclusos serían elementos valiosos para su ejército; además, explicaba, un preso político es la muestra más clara de una dictadura, como justificante de sus acciones insurrectas. Por eso, indicó, era necesario que investigaran todo lo posible para ejecutar su acción aprovechando el nuevo invento de Jacinto a quien le dijo seriamente que escribiera bien la fórmula y la guardara celosamente, dejando sólo a unos cuantos las pistas para hallar el escondite, en caso de que él no estuviera. Un gran logro sería cumplir años en Plutón, esto apenas es un respiro del tiempo; el principio de un gran reto, insistió Germán.

Una mañana como cualquier otra, luego de tres años en prisión, uno de los reos se acercó a Jacinto y le pidió que le acompañara a una de las alas del complejo menos visitadas. Confió, como lo hubiera hecho cualquiera. Siguiéndole los pasos veinte metros atrás, Jacinto caminó por lugares que los guardias normalmente no le permitían, extrañado y con cierta excitación confusa, aterrado por el pánico que implicaba salirse sin permiso del área estipulada, perplejo por la inquietante cita, caminaba tembloroso procurando no levantar sospechas, haciendo movimientos sobrios, mostrando su inseguridad a cada paso. Ahí, a ras del piso, se encontraba una puerta demasiado simple. Ingresó y caminó varios metros antes de llegar a una pequeña sala, conservando su temor. Desde ahí recibió la llamada del reo, quien le esperaba al final de un pasillo, y le condujo dentro de una suite. Después de recorrer dos lujosas habitaciones con refrigerador, estufa, estancia y desayunador, llegó a otra sala mucho más amplia, con mesa de centro, lámparas de piso, ventilador de techo y aire acondicionado encendido. Una pantalla de cincuenta pulgadas enmarcaba la pared de enfrente y transmitía un partido de fútbol americano. Entrando Jacinto, el volumen del televisor fue silenciado por un tipo riquillo que ostentaba joyas y fumaba un puro de aroma exquisito. Tenía sobrepeso y una pierna, con todo y pantalones, calcetines de rombos y zapatos nuevos relucientes, estaba sobre la mesa de centro. La otra pierna en el suelo. Una mano sostenía el control remoto y la otra un vaso corto con hielos y el resto de una bebida: whisky. Junto a él, Lauro Torreblanca. Tome asiento, aseveró el hombre. Lauro le indicó, con el semblante ciertamente alegre, que le convenía ejecutar la acción de sentarse. Lo hizo junto a Lauro, rodeando la mesa del centro. Jacinto no salía de su sorpresa. Tanto tiempo encerrado en una celda cicatera, encontrarse de pronto con un hotel de lujo dentro de la misma prisión. Impedido para caminar por el edificio sin derecho a pasar por esa zona del reclusorio y encontrarse ahora con su socio revolucionario junto a un millonario ostentoso. Años de sillas incómodas, sentarse en un sofá de piel, acojinado y hermoso a sus ojos, a su tacto y además exquisito al oído. Ahí parecía no llegar el gran hermano. Los colores de las paredes eran maravillosos, contrastaban con las áreas grises de la cárcel. ¿Se encontraba a un paso de la salida? ¿El tipo aquel era el jefe de la cárcel? ¿Era un prisionero con derechos? ¿Era el hombre de la máscara de hierro? Hoy ha llegado su salvación, indicó Francisco Cervantes, el rico de la prisión. Voy a darles una posibilidad de escapar. Obviamente, Jacinto, se cuestionó la veracidad y conveniencia de esas frases. Explicó con palabras obscenas, que él era pariente del presidente. Compraba ese espacio por millones al año y gracias a algunos otros importantes políticos que le apoyaban desde fuera. El gordo quería que Jacinto y Lauro le ayudaran a convertirlo en presidente, derrocando a su hermano y a cambio les ofrecía importantes puestos en el gobierno. Él les daría armas, accesos y el apoyo de varios círculos de poder, incluidos regimientos del ejército para hacer un golpe de estado. ¿Por qué nosotros? Preguntó Jacinto. Le he contado nuestros planes para derrocar al presidente, explicó Lauro. Los felicito, argumentó el gordo Cervantes; miren que haber luchado con todas sus fuerzas en favor de la revolución, es loable. Dentro de la mente de aquel pervertido político, se fraguaba desde meses atrás la idea de vengar la traición de su hermano; le encarceló porque al presidente se le iba de las manos un homicidio y prefirió culpar a su propio hermano que permitir a la prensa seguir investigando. Al gordo le sembraron evidencias falsas para limpiar la imagen de su hermano. Luego de una oportuna pausa, continuó: Ahora tendrán todo para alcanzar sus metas. ¿Qué le dice que no lo traicionaremos?, preguntó Jacinto, levantando con ello los párpados asustados de Lauro. Una traición me la pagarán con sus vidas, las de sus hijos y toda persona que lleve su apellido, sea o no su pariente. Y el gordo concluyó: ¿Queda claro Jacinto? Asintió con cierta fuerza mientras el sudor escurría en la entrepierna, las axilas y las patillas, tomando en cuenta que el aire acondicionado estaba encendido a su máximo poder. Se abstuvo de preguntar qué les garantizaba a ellos que él no les traicionaría después. Esta noche podrán salir por la puerta del servicio en el camión de los alimentos. Ustedes quédense en el comedor al terminar. Siguió explicando: No es necesario pasar lista en sus habitaciones. La alegría les invadió, a pesar del alto costo de su libertad. Si hablan con alguien de esto, quedarán acribillados antes de la salida. Y amenazó: ¿Les ha quedado claro? Pidió a un ayudante una tarjeta de presentación y se la entregó a Lauro. Llámenle mañana mismo, ella les dirá qué hacer. Se incluyeron con sus grupos y no se volvieron a ver sino hasta la cena. Jacinto, sentado en distinta mesa que Lauro, tiritaba de frío, denunciando el terror que le invadía con cada movimiento. Pensaba: Prefiero dudar de ellos a confiarles; no voy a darles un arma cargada para que me maten, al menos que les cueste trabajo acabar conmigo. Un guardia le preguntó si se sentía bien. No podía decirle que moría de miedo, ni que sus ansias le rebasaban. Sólo atinó a decirle que sentía algo de fiebre. Siguió comiendo, con sus manos temblaba la cuchara con la que tiraba toda su comida al plato de nuevo. Procuró respirar profunda y repetidamente, jalando el aire por la nariz y expulsándolo por la boca. Se relajó un poco y terminó de cenar. Cuando vio que la población de reos se retiraba, él permaneció sentado en su lugar, esperando el momento para ser llamado por el cocinero que les indicaría el camión donde debían esconderse. Necesitaba tranquilizarse. La impaciencia podía más. Al salir el último de la sala, seguido por los guardias, se les indicó desde la cocina que se apresuraran, debían desaparecer de inmediato de ahí. Los ayudantes de cocina estaban también nerviosos. Recorrieron dos pasillos para salir directo al camión donde subieron y se ocultaron saltando cajas plásticas vacías en el fondo del transporte. El camión arrancó poco después y a pesar del pánico, que Jacinto resolvió mordiéndose fuertemente el brazo, pudieron salir del reclusorio. Una media hora después, les hicieron bajar y les cambiaron a una camioneta. De ahí no supo más hasta que les bajaron. Ambos quedaron profundamente dormidos después de la terrible descarga de adrenalina que vivieron.

Lorena y los hijos de Lauro no estaban localizables por teléfono esa noche cuando se sentaron en un bar de una ciudad cercana al distrito, que fue donde la camioneta les dejó, a casi cuatro horas del penal. Pasaba la una de la mañana. Se sentían deseosos de fornicar a una de las mujeres del servicio de bar; a cambio de eso, platicaron sobre tantos temas retrasados y novedosos. La música no les impedía conversar porque se sentaron en la zona exterior donde fumaron desesperadamente. Ambos eran un manojo de nervios. ¿Cómo contactaste al gordo?, pregunto Jacinto. Su nombre es Francisco Cervantes, explicó Lauro. Me mandó a llamar ayer y me explicó que me había investigado. ¿Pero quién es? Se trata, nada más y nada menos, que del hermano del presidente. ¿Cómo? Sí, me dijo que tuvo que sacrificarlo por asuntos del poder, indicó Lauro. ¿Eso es sacrificio? ¡Pero si vive mejor que yo en toda mi vida!, sugirió Jacinto. ¿Te sorprende algo? Jacinto estaba al tanto, perfectamente, cómo era el mundo de los influyentes en el país. Sabían, y lo platicaron, que ahora tendrían la posibilidad de formar parte de ese círculo aristocrático e influyente o volverse los héroes de la nación, si no terminaban muertos con toda su parentela. No nos precipitemos, afirmó Lauro, veamos cómo se presentan las cosas y entonces tomaremos la decisión más conveniente. Existía en sus corazones el ferviente odio por la clase política y les sería difícil convivir con ellos, pactar bajo sus términos, obedecer sus instrucciones para derrocar al presidente y poner en su lugar al gordo Cervantes; siempre que ellos lo permitieran y tuvieran la facilidad para aliarse con gente que les diera un viso de "borrón y cuenta nueva" en las políticas del país. Serían como *El villano en su rincón*, la obra literaria de Lope de Vega, comentaron, pese a que un tiempo atrás coincidieron en que ese mundo de poder no lo deseaban. Pero la pregunta que ellos no se hicieron era si en realidad estaban cerca de cumplir con sus objetivos o era el principio de otra serie de adversidades propias de la magna empresa a la que se comprometieron muchos años antes. Tampoco imaginaron la importancia de la química que Jacinto dominaba para salvarse de morir tan sólo un año después. Entre copa y copa aunada al cansancio terminaron dormidos sobre la mesa hasta que un personaje, tipo "gerente del sitio", les echó a la calle. Exhaustos y alcoholizados terminaron dormidos cabeza con cabeza en la banca de un parque apretando sus brazos para cubrirse del frío. Cerca de las cinco de la mañana sintieron congelación y despertaron; mareados y todavía cansados se pusieron a bailar para quebrantar el entumecimiento. En el distrito predominan las bajas temperaturas y allá donde vivían, en su rancho grande, y en la cárcel donde estuvieron presos, era otro clima, uno más tropical. El cambio de ciudad les cobró factura muy pronto.

La vida de ambos inició un cambio vertiginoso, de permanecer todo el día mirando la pared de sus celdas y deambular por el patio, a caminar entre paladines del poder político del país, muchas veces sin entender un ápice de los diálogos. Conocieron a la autora del plan para derrocar al presidente, Maricela Berriozábal, que se desempeñaba como jefa del organismo encargado de monitorear los acontecimientos nacionales para mantener su estabilidad; investigaban empresas, grupos o dependencias para evitar levantamientos armados o golpes bruscos al sistema, como si le hiciera falta y sin considerar que desde ahí, desde su propia trinchera, desde el centro de comandos de guerra, se estaba gestando el golpe de estado, como bajarle los calzones en una boda, como introducirle un supositorio en público y con su permiso. Maricela les tuvo paciencia en el aprendizaje. Desde el principio les dejó claro que ellos sólo serían asesores de los métodos subversivos que emplearían y esperó a que entendieran el plan. Ella era la principal estratega del gordo Cervantes, pero no la única. Fueron conociendo a muchos otros involucrados en el golpe de estado, era como pretender saludar al público de un estadio en persona. Lauro se mareaba en la rueda de la fortuna, no entendía cómo acabarían con aquel aparato gubernamental lleno de tentáculos, ni con la tinta de Jacinto lograrían agotar el mecanismo poderoso que conformaron. El diez por ciento de todos los habitantes del país eran burócratas. Eso significaba que diez millones de personas dependían del presupuesto público, diez millones de posibles defensores del mal, diez millones de posibilidades de fracaso del plan. Quizá noventa millones harían la diferencia pero con un aparato político que controla celulares, pantallas y cabinas de radio e impide la comunicación, incluso trabajan por limitar el internet por su llamada seguridad nacional, Lauro se sentía cada vez más confundido. Jacinto en cambio, acostumbrado a la mala vida, dispuesto a morir, terco al buscar la fórmula más conveniente, encontraba entre los escritorios del gobierno, en los pasillos de las dependencias, en las ceremonias cívicas, patrones, conductas sociales, metodologías y fue estructurando su propio plan, una visión más clara del ataque, en dos vertientes: la destitución del presidente y la traición al gordo Cervantes y su adicta Maricela, dominante, controladora, previsora.

El traje le quedaba muy bien. Ya desde la cárcel, la piel se le empezó a aclarar. Se volvió ferviente conocedor de los vinos y viandas de las mesas; animoso y bailador, Jacinto caía bien a donde fuera. Era un falso rico comiendo con ellos. Con esa vida, no necesitaba un cambio de gobierno. Le importó poco que el plan se prolongara por tanto tiempo. Sostenía, sin embargo, que quien posee más riqueza de lo que debería tener, produce seres que no tienen lo suficiente para subsistir. Inspirado en muchas novelas que leyó, adoptaba personalidades diversas. Un día era Edipo preguntando el móvil del crimen, otro era el joven unitario del matadero entre el pueblo hambriento de carne, luego hablaba como el principito de todos los mundos que visitó y remataba con el villano en su rincón, procurando no inmiscuirse en los asuntos del palacio. Ahora no leía los domingos ni vendía mugres. Leía cuando podía, intentando comprender a la clase política de su país. Temas que hablaran de la silla presidencial y el escudo nacional, de los desnudos del poder, de las biografías supuestamente no autorizadas que circulaban entre las curules de los mismos diputados. Los leía por la noche o la mañana, en la *limousine* que les transportaba, en la silla de los comedores mientras iniciaban los eventos, en la sala de espera del centro de monitoreo. La experiencia le enseñó a ser observador del entorno, a evaluar como maestra de escuela, a poner en la balanza las nuevas relaciones. Escuchaba con los ojos los sentimientos de los políticos externados con su mímica, su comunicación no verbal, sus poses de hartazgo o liderazgo, su capacidad de mentir, su hipocresía o los deseos genuinos de mejorar al país. Enlistó a sus enemigos y posibles aliados en momentos futuros. Memorizó a los cronopios y a las famas. Se enroscó, se acopló, se integró, se enfiló, se agregó, se mimetizó, al estilo de Girondo. En sus conversaciones privadas con Lauro, día a día, confirmaban su interés por derrocar a todos los gobernantes del país; una típica revolución mataría a "los de abajo", como la novela de Azuela, y los de arriba seguirían cómodamente sentados en sus banquetes, cambiando, en todo caso, la fachada. Un golpe de estado, como lo planteaba el gordo Cervantes, hermano del presidente, era exactamente lo mismo, en grado de idéntico. Mucho ayudaría apoyarse de algún poder externo, con el riesgo de vender a la patria a los mismos propietarios. Como llegar con el banco y venderle la casa, la propia, cuando ya la tenía hipotecada. ¡Ya era suya! Los bancos y oligarcas internacionales ya se adueñaron del país, de los políticos, de sus leyes. Pedirles armas a ellos para eliminar al gobierno era como suplicarles que se dejaran matar. Jamás permitirían que alguien cambiara su esquema de ganancias. Los poderes fácticos como las iglesias estaban igualmente involucrados en el sistema, manipulando las conciencias. Por ello les llaman jodidos. Lo están. Sin remisión. Ahogados en el hambre eterna. En la pobreza cultural, en la insignificancia. Siendo los dueños de su propia tierra. Debían ser soberanos, autónomos, ricos, sabios. Son basura, estorbo, mano de obra barata, esclavos del sistema, todo por renunciar a su conocimiento, a su propiedad. Les robaron las tierras con espejitos. Porque la importancia del placebo depende de la ignorancia de quien lo toma.

De todo lo malo del sistema político, quizá lo peor, aunque Jacinto no quisiera reconocerlo, era la monstruosa y descomunal diferencia de vida entre pobres y ricos. El insultante gasto público frente a las crecientes necesidades de las personas comunes. Mientras aquellos despilfarraban el dinero de las arcas nacionales haciendo construcciones de fanfarronería, decoración y atractivo, la desgracia de la gente iba en aumento, endeudándose hasta perder el conocimiento, y siendo comprometidas las próximas generaciones por los políticos ineficientes e ignorantes también de fórmulas de administración del gasto. La administración en sí no define hacia dónde debe ir el dinero de la nación, es la legislación la que debería poner fin a las injusticias sociales, pero en el país, eso no pasa. Cuando las leyes se crean para beneficio de una clase privilegiada, se impone la forma de gobierno de la oligarquía, que no es otra cosa que una dictadura de élite. Criminales con corbata, desparramados en sus curules o en las dependencias, tirando millones de billetes al retrete para limpiarse las nalgas al cagar. Groseras fortunas de unos cuantos, aquí y en China...

Conocieron las mil formas que los gobernantes tienen para engañar a la población y enriquecerse a costa de ellos. Para empezar, sus salarios eran exorbitantes. En cada programa de ayuda a la población siempre sacaban ventaja, ya fuera quedándose con una parte de lo repartido, la mar de veces más de la mitad y, ya que estaban en el viaje repartiendo despensas de ayuda, jornadas de salud, reparto de libros de texto para las escuelas, iban reclutando adeptos para sus ideologías políticas. Nunca era de gratis. Y si de obra pública se trataba, construir puentes o carreteras les dejaban más ganancias a ellos que a los ciudadanos de la zona. Retiraban millones de la obra y se compraban casas que luego rentaban a los gobiernos como edificios para las dependencias a precios gigantes. Si antes ya estaban asqueados de los manejos políticos de los gobernantes, ese año fue una escuela que les abrió los ojos; pero también les dolía en el alma. Se sentían indignados a cada paso viendo cómo, cada uno de ellos, mostraba lo peor de la raza humana; confirmaban que si la gente del pueblo podía ser mala, muchas veces orillados por las circunstancias, los políticos, los magnates y los guardianes de la justicia y el orden, solían ser mucho más malditos, hitlerianos; raza insensible de seres inmundos, egoístas, ladrones y asesinos encumbrados en el verdadero crimen organizado que resultaba ser ese gobierno.

En otras circunstancias, ellos dos estarían pagando un cuarto en la zona más pobre. Llevaban meses viviendo en un hotel de lujo extremo y cada uno en su propia habitación. Maricela finalmente un día, fue por ellos al hotel y les invitó a desayunar en un restaurante, también de lujo, en una zona de fumar, en un patio y pidió no ser molestada. Las siete mesas contiguas debían permanecer vacías. El lugar tenía tres hermosos y frondosos árboles y se trataba de un patio en donde podrían platicar sin ser escuchados. Los ademanes decían más para Jacinto que sus palabras. Su vestido, su peinado, los accesorios. Ella llegó a solicitar apoyo para ejecutar el plan esa misma semana. El primer café salió volando y llegaron de igual manera el segundo y el tercero. La boca se movía en cámara lenta, dejando entrever las gotas minúsculas de saliva al saltar sobre su parte de la mesa. Había un plan secreto ejecutándose de tiempo atrás, gracias a las ideas que ellos fueron externando con el paso de los días. Con el control que ella ejercía sobre la información que llegaba a la Presidencia, estuvo movilizando a diferentes organizaciones que tomarían el control de áreas estratégicas en el momento del golpe, que en pocas palabras, explicó, sería el fin de semana inmediato. También les hizo saber que ellos acompañarían a Francisco Cervantes, el gordo, en todo momento; esa fue su petición. Quería estar prevenido por si algo malo pasaba. Tenían incluso varias tareas que realizar, antes y durante el momento crítico. Jacinto y Lauro no eran indispensables, el cambio de poderes en el plan sería de un hermano a otro. Lo que no supieron es que el gordo Cervantes no ocuparía el cargo de nuevo presidente; resultaba demasiado obvio. Primeramente un General del Ejército tomaría el control del país y mantendría las estructuras estratégicas funcionando de la misma forma. Los medios de comunicación seguramente se dividirían y ya tenían un plan para ejercer presión sobre los detractores del sistema. Un nuevo modelo basado en el viejo. Lo que quería decir en términos que Jacinto entendía, es que sería la misma gata, pero revolcada. El gordo Cervantes controlaría el país como el dinero que domina todo lo demás, sin fungir como protagonista. Como Calles en el Maximato o Fidel a Cuba después de su retiro, como Chávez mientras estuvo enfermo, como Salinas a Peña, como la FIFA a los países sede. Tras bambalinas, dejando que otros se cuelguen las medallas, pero recibiendo las ganancias y ejerciendo el poder.

Luego de esa extenuante dosis de café, Lauro y Jacinto caminaron por el centro, buscando un lugar donde platicar sobre un asunto que carcomía por dentro al químico. Finalmente hallaron el espacio perfecto: una fonda, entre las innumerables que hay en el centro. Mientras la gente se distraía viendo un partido de fútbol que tenían sintonizado en una televisión, ellos se explayaron expresando sus miedos, verificando no ser vigilados por Maricela Berriozábal y su equipo de investigadores de alto nivel. Después que Lauro Torreblanca Specia mencionó emocionado ¡Finalmente veremos libre a este país!, y agregó: esta será una oportunidad para que la gente despierte. Sentados frente a la pequeña mesa al fondo de la fonda, junto al paso de los baños, Jacinto y Lauro vislumbraban el futuro, cuando una mesera les sirvió la sopa que estaba muy caliente; luego de la interrupción, Jacinto desilusionó a su amigo: Basar tus decisiones en mentiras es cavar la propia sepultura, ¿notaste los nervios de Maricela? Primero explicó cómo se dio cuenta, por medio de los ademanes, de las expresiones y las miradas, el mensaje oculto que expresaba Maricela Berriozábal al tomarse sus cafés uno tras otro, y después de las interrupciones de un par de vendedores ambulantes que ofrecían figuritas de barro en una oferta inigualable de dos piezas por el precio de una y una viejecilla que vendía bolsas elaboradas meticulosamente con material plástico reciclado, Jacinto continuó su explicación: todo esto es una trampa; sospecho que ella va a traicionar al gordo Cervantes. Lauro preguntó: ¿Tú crees? Ella quiere eliminarlo y quedarse en la Presidencia. Un silencio mortuorio acompañado del sopeo continuó por un momento. Eso o quiere eliminarnos a nosotros, remató Jacinto. Los mensajes son claros, explicó: siete cafés, parpadeos constantes en los mensajes críticos, manos sudorosas en un sitio fresco. Era de notarse la voz entrecortada en una persona que tenía todo planeado desde un año antes. No hay duda, o el gordo Cervantes va a ser traicionado por Maricela, o nosotros desapareceremos de la escena. Lauro le sugirió entonces: pues tenemos dos opciones, huimos o nos sacrificamos por este país. Jacinto respondió emocionado: cualquiera que tomemos, ten por seguro, me habla de tu lealtad para conmigo y te lo agradezco. Lauro respondió: Hace muchos años hicimos un trato, amigo: acabaremos al gobierno, cueste lo que cueste. Lo habían escrito en papel y en el corazón antes de ir a la cárcel. Incluso se repitió muchas veces que sería mejor una anarquía que esa esclavitud *ad infinitum*. Lauro le dijo que todo eso le recordaba a *Los miserables* de Víctor Hugo, pero Jacinto, siendo conocedor de ese tema, lo discutió: Antiguamente, el conocimiento no alcanzaba a la población; era lógico que los doctos se aprovecharan de eso. En la época actual, sin embargo, siendo que la población lee y escribe, tiene además el conocimiento a su alcance, y es increíble que este sea el momento en que existen más abusos de poder, control y manipulación. Es absurdo necesitar la defensa de los derechos humanos cuando de suyo debieran darse en una sociedad del conocimiento. Esas frases se las robó

Jacinto a su maestro de la universidad del distrito, irónicamente sostenida por el gobierno, que manifestaba siempre ideas revolucionarias, liberales. Lo veía siempre que cambiaba sus libros en la biblioteca. Jacinto no recordaba de quién las tomó, ya las consideraba propias. Tras las acaloradas discusiones que les proporcionaron las cervezas que acompañaron la comida en esa fonda, terminaron decidiendo que seguirían adelante, tomando precauciones. No tenían otra opción. El gordo Cervantes acabaría de cualquier forma con ellos dos y con el directorio telefónico donde apareciera cualquier Viveros o Torreblanca. Para empezar, Jacinto prepararía un dispositivo de ácido bórico con hipoclorito de sodio y el ingrediente secreto para llevarlo entre sus pertenencias y fumigar a quien quisiera hacerle daño; así que, saliendo de ahí, juntando el poco presupuesto con el que contaban en efectivo, compraron tapabocas y los químicos necesarios para llevarlos entre sus ropas de ahí en adelante. Si alguien amenazaba sus vidas, podrían escapar fabricando la bomba lacrimógena.

Al caminar por el centro del distrito, después de beber cerveza, pudieron ver detalles que pasaban desapercibidos en sus cinco sentidos. La suciedad de las palomas caía al ralentí, notando incluso los cambios en las tonalidades. Estar cerca del Palacio de Gobierno permitía observar el movimiento de los seres influyentes, la casta divina de ricos inescrupulosos, los reyes aterciopelados dueños de la voluntad, ocupando de forma prepotente los espacios que estaban restringidos al pueblo, al que todo debían, pero sin el contrato bancario que exige tarde o temprano la devolución. Por ahí se celebraba año con año la independencia y se montaba el teatro de la farsa, acarreando borregadas de inocentes manipulados; al pueblo pan y circo, porque eso de las marionetas es un engaño muy viejo, tan antiguo como el Coliseo romano. Si el banco pide tantos requisitos para prestarnos dinero, ¿por qué nosotros no exigimos al gobierno la garantía de que nuestros impuestos se gastarán responsablemente?, dijo Jacinto viendo el edificio del gobierno. Y recorrieron también innumerables librerías de viejas publicaciones, sin librarse de avasallantes franquicias extranjeras adueñadas de las banquetas y espacios públicos con sus zonas de fumar y estacionamiento para influyentes. Un paisaje rematado por la casa madre de la iglesia que pretende colgar en cada cuello un crucifijo para espantar a Jesús el día que vuelva y que bajo el agua da el mensaje del mismo redentor: denle al César lo que es del César. Paguen sus impuestos, que para eso son. Sólo hay que ver lo caro que está el litro de agua bendita. La inflación es un asunto que no se discute, se aplica. Aunque el crecimiento sea un asunto de suerte y los salarios, uno postergado a conveniencia. Las cifras siempre son peores en los sueldos. Por los detalles observaron a la gente, a los robots del sistema, trasladándose ante las maravillas arquitectónicas como muertos, desesperanzados, acostumbrados a un ritmo veloz para no llegar tarde a sus eternos trabajos mal pagados, sincronizados para no atropellarse, maleados también como la cabeza, ambicionando migajas que dejaban caer de sus platillos lujosos, los poderosos. Un hombre nunca debería sentirse superior a los demás; del mismo modo que nadie en su sano juicio debe sentirse menos que otros.

Jacinto invitó a Lauro a dar un recorrido por el parque que dejó el sismo de los multifamiliares. En esta zona pasé mi infancia, explicaba a Lauro. Recorrieron el camino de piedra que les llevó a la misma placa conmemorativa, la que seis años atrás no había sido víctima de las pintas y el pandillerismo, la que aún permanecía sucia y abandonada. Apostábamos con el señor de los helados a doble o nada con un volado. Contó cómo probó por primera vez la marihuana, alucinando que él era el presidente de la Nación, repartiendo órdenes a sus súbditos y metiéndose en el *jacuzzi* con cinco preciosas modelos al mismo tiempo. Una de esas noches terminé desnudo en medio de una calle que pasaba por aquí y una vecina

67

que me duplicaba la edad me tomo de los testículos y me metió a su casa, en toda la noche estuvo aprovechándose de mí. Lauro rio como nunca. Jacinto había olvidado a la hija de Cornelia, aquella que llevaba por nombre el suyo, teniendo la suerte de no verla al pasar tras de ellos mientras reían. No la vio porque quizá su subconsciente no quería verla. No deseaba confrontar una paternidad. Tal vez era muy valiente para morir en una batalla, pero impotente para los lazos familiares. Ardiente y lujurioso para engendrar prole, pero tímido y mezquino a la hora de enfrentar la paternidad. Sólo faltaba que por encima de ella aparecieran las mariposas amarillas de Mauricio Babilonia. O quizá sobre él, para ser identificado con facilidad. Y caminando, Jacinto y Lauro, pasaron junto al vendedor de algodones de azúcar, del chicharronero, del globero y de todos los demás. Aquella alameda, por donde se le viera, no despertaba más que tristeza. Los árboles que llegaron alto se hallaban desramados, los pequeños florecían desanimados, al pasto se lo llevó el viento y la tierra parecía polvo. Honrosa conmemoración a los cientos de fallecidos miserables.

Volvieron al hotel por la noche a descansar, porque a la mañana siguiente se precipitaron las actividades, el chofer les llevó a una residencia estilo americana donde se encontraron con el gordo Cervantes quien escuetamente les impuso una agenda de acciones, desde el mismo centro de control de Maricela Berriozábal. Jacinto se atrevió a opinar que ese no era un lugar seguro para el futuro presidente del país. Pese a ello, Francisco Cervantes se dirigió allá; él sabía que no sería el siguiente presidente. Hizo un recorrido como incógnito por las instalaciones, usando un sombrero de ranchero como el que usaba un viejo paciente de Jacinto y unos lentes obscuros. ¡Como si nadie fuera a reconocerle! Por suerte, la gente del plantel estaba muy ocupada en sus labores como para reparar en la presencia del gordo como guía de turistas. Lauro explicó: en este lugar puede haber muchas personas que defenderán heroicamente al presidente, dijo, conviene mantener la distancia de aquí. Francisco Cervantes revisó nuevamente las instalaciones y finalmente aceptó la retirada. En coordinación con sus tres guardias de seguridad que le acompañaban de cerca, regresaron a las camionetas y emprendieron un camino desconocido, pero sería cerca de la zona militar, por el rumbo que tomaron. Era un edificio tipo empresarial. Un sitio que dosificaba, a través de cientos de filiales en el país, las enormes cantidades de azúcar para la población; uno de los ingredientes que más dóciles volvían a las personas, las extenuaba, las engordaba y adormecía, posterior a la carga de energía descontrolada. En ese complejo, el gordo, previo a su encarcelamiento, promovió muchas empresas con el único fin de poner al alcance de la gente, los productos más dulces; ahí donde cobraban su salario, colocaban máquinas expendedoras de panqués, refrescos y botanas. Era menester que los productos contuvieran extra de azúcar por un interés político de las altas esferas del gobierno; casi por decreto presidencial. ¡Increíblemente el gordo es víctima de su propia estrategia empresarial!, opinó Lauro. Y Jacinto, siempre atento a los detalles, miraba a uno y otro lado a una gran cantidad de gente que, sin haberla visto antes, estaba participando en el golpe de estado. Le causó sorpresa que el gordo propagara con tal facilidad las tácticas, y se inquietó por el modo tan vulgar de descuidar su seguridad. ¿Realmente todos ellos son de confianza? No podía menos que impacientarse por la temeridad de los golpistas.

Esa misma noche se llevó a cabo la invasión al palacio presidencial. Un verdadero regimiento militar acompañó al presidente al aeropuerto para expulsarlo del país. Primero lo detuvieron con un grupo de soldados y lo subieron a un helicóptero; aparentemente viajaba con gente de Maricela Berriozábal, por los comunicados que llegaban al edificio empresarial donde Jacinto permanecía sentado, espantado, como lo estuvo cuando se fugó de la cárcel, de los acontecimientos narrados en diferentes versiones en los equipos de radio. No tardó en llegar otro enorme grupo de militares, pertenecientes a la guardia del presidente que se enfrentó al equipo golpista en el aeropuerto y corrió la sangre. El gordo monitoreaba desde su oficina al enjambre de noticias, aún privadas, de los acontecimientos. Los medios de comunicación pedían permiso para transmitir el suceso, sólo que la oficina de la presidencia estaba tomada y nadie les respondía. Era necesario que el presidente estuviera fuera del país para hacer público el cambio de mando. Algún día, las noticias en el país dejaron de ser informativas en beneficio de la población y se volvieron moneda de cambio para legitimar a los poderosos, manipulando las conciencias de los ciudadanos. Jacinto y Lauro estaban incómodos, pues temían ser asesinados cuando todo terminara, pero las cosas no salían como se esperaba y el gordo sudaba preocupado, gritaba ante la radio instrucciones alteradas por su tensión. Una hora después del inicio, llegó la noticia que puso como loco a Francisco Cervantes: el Palacio de Gobierno está rodeado por miles de soldados, emitió una voz en el radio. No había forma de contrarrestar las instrucciones que recibieron del Estado Mayor, responsable de la seguridad del presidente. El gordo se jalaba los pocos cabellos que tenía y daba vueltas desesperado. Exigía que Maricela o algún otro miembro importante de su equipo le respondieran pero era inútil. Jacinto se acercó a él y le pidió la radio. Empezó a decir: ¡Autoricen a los medios masivos transmitir la noticia! ¡Háganlo ahora! Pero en ese momento, las luces del edificio se apagaron. El gobierno anterior estaba tomando control del mismo. El gordo, salió corriendo de la oficina y oprimía el ascensor con desesperación. Como no lograra hacerlo funcionar con rapidez, se animó a subir las escaleras, con el objeto de fugarse en helicóptero desde la azotea pero en pocos minutos todo el edificio se vio cubierto de militares. Jacinto y Lauro corrieron por pasillos y bajaron escaleras cuanto pudieron, hasta que un par de soldados fuertemente armados les apuntaron y colocaron frente a la pared;

faltaban dos pisos para llegar a la calle. Lauro espantado y tenso, no atinaba a decir palabra; Jacinto, buscaba un instante de distracción para dejar caer su bomba lacrimógena. Un mensaje que se escuchó por radio decía: ¡Elimínenlos a todos! Ahí fue donde salvaron la vida, porque de inmediato Jacinto armó su bomba, se puso el tapabocas y ambos, tan pronto como les dejaron de apuntar con el rifle, huyeron del edificio. Eran, por ello, prófugos de una incierta justicia. Esa bomba lacrimógena le relacionaba con el suceso. Mientras corrían, Jacinto se preguntaba: ¿qué habrá pasado en el aeropuerto? ¿Maricela Berriozábal traicionó al gordo? ¿Qué ganaba ella con eso? Por lo pronto, no era seguro volver al hotel. Recordaba que la instrucción por radio a los militares en el edificio fue la de matar a todos; con ello, quien dio la orden, podía creer que ellos murieron. ¿Quién estaba al mando del contragolpe? ¿El hermano del gordo, es decir, el presidente Cervantes? ¿O fue Maricela Berriozábal? Decidieron hospedarse en un hotel pequeño y escuchar las noticias. Nada. Esperaron informes que nunca llegaron, hasta que amaneció. Entonces escucharon las mentirosas noticias que explicaban lo sucedido en el aeropuerto: el presidente tuvo un ligero percance al tomar un avión y, por precaución, el ejército acudió a custodiarle. Dio un mensaje de agradecimiento a quienes se preocuparon por su estado de salud. Jacinto y Lauro creyeron que, para ese entonces Maricela y el gordo Cervantes debían estar muertos. El poder del Estado Mayor pudo más que una gran cantidad de políticos y gente adinerada. Al menos Jacinto y Lauro estaban libres. Era momento de volver a ver a su familia, habían pagado su libertad.

Compraron unos boletos de camión con un par de sillas que Jacinto vendió, robándoselas primero a una cafetería del centro. Viajaron varias horas mientras Jacinto lloraba. Su depresión volvió justo cuando el camionero encendió las noticias; hablaban de asuntos triviales, sólo que él recordó el fundamental. Tantos años trabajando ya para acabar con el suplicio de una sociedad ingrata que nunca le agradecería la lucha y el entusiasmo por despertarles de la resaca de una droga dosificada con azúcar y mentiras. De haber sabido el desengaño por sufrir, viviría eternamente encerrado en el cuarto de Lorena, fabricando flores de papel y escribiendo poemas halagadores para su mujer. Ahora podría encontrarse de nuevo con ella. Sin embargo, el pobre estaba desconsolado, tanto que ni Lauro le pudo levantar el ánimo. Deseaba, por una parte, mandar todo al carajo y por otra patear cualquier objeto para descargar su rabia y coraje. Estaba como una bomba nuclear a punto de estallar, en ese instante en donde la reacción en cadena se ha desatado y la presión acumulada va a romper en millones de partes el contenedor. Sin embargo, se sentía debilitado, un muñeco de trapo sin fuerzas para levantarse, como si la bomba estuviera echada a perder. Volvía a llorar desconsoladamente. Menos mal que el autobús llevaba pocos pasajeros y el chofer tenía alto el volumen de su radio; si no, los pasajeros tendrían un claro panorama de sus sentimientos angustiantes, de su rabia contenida, del odio que sentía y la radioactividad emanada por la bomba. Algún día su agonía acabaría; por lo pronto, lo que terminó fue el viaje. De inmediato corrió en busca de Lorena, pensaba encontrarla en su casa pero estaba vacía, abandonada y su negocio de comida se convirtió en una papelería. La dependienta no tenía idea del paradero de Lorena. Por eso, volvió a llorar, sentado en una banqueta alta cercana al negocio que fuera de su mujer. No tenía credenciales, ni tarjetas de crédito, ni ubicaba a Lorena. Debía empezar de cero. Corrió a ver la casa que él habitó con su consultorio y ¡qué raro! era una oficina bancaria. Los negocios del gobierno eran fáciles: incautar bienes a los ciudadanos y convertirlos en eso, empresas vende sueños. Entonces Jacinto se puso a pensar en todo lo perdido, después de 4 años y medio de ausencia: su laboratorio, su viejo automóvil, sus apuntes de química y dentro del colchón un importante documento que guardaba celosamente ahí desde muchos años atrás. Lo demás no le interesaba, pero ese fajo de hojas era para él, de un valor incalculable que le soltó más de una lágrima. De pronto, como caído del cielo, un bolso de mujer le golpeó fuertemente la cabeza. Cubriéndose y moviéndose para no seguir siendo atacado, volteó para ver a su agresor. No necesitaba más explicaciones, sabía por qué ella le estaba pegando, así que pedía disculpas mientras se alejaba para no recibir más golpes. La que fuera dueña de la casa estaba molesta con él porque el gobierno le quitó su terreno con la pequeña construcción de dos habitaciones y un baño; no le pagaron un céntimo a cambio de los ahorros de muchos años. Jacinto corrió cuanto pudo y no volvió a aparecerse por ahí.

Entre Jacinto y Lauro tejieron un plan por si las cosas salían mal. Se verían por la tarde, pasara lo que pasara, en un negocio que ambos conocían. Así que se encontraron cerca de las cinco, bajo una lluvia de granizo y viento. Lauro tampoco encontró a su familia en casa, el banco decomisó sus bienes, incluido el negocio de plásticos que estaba en un local rentado. Jacinto le contó lo sucedido frente a la nueva sucursal bancaria y ambos rieron. Pero él si vio a los suyos: su ex esposa e hijos; su familia ocupaba la casa de su ex suegra, quien recientemente falleció.

El encuentro de Lauro con su familia fue muy duro. La ex esposa estaba francamente disgustada con él, quien no sólo perdió su empresa y su casa, sino que puso en riesgo a todos en la familia por revoltoso contra el gobierno. A ella le causó serios problemas con su madre al meterse a vivir con ella todos esos años. Sin embargo, los hijos, que le vieron un par de ocasiones en la cárcel, sentían tranquilidad al ver libre a su padre. ¿Cómo pudiste salir? Durante un año estuvo pensando qué decirles cuando los viera, así que tenía una respuesta convincente: Siempre hay un abogado más corrupto que el gobierno. Nunca supieron que su padre, un año antes, se fugó de la cárcel.

Por la tarde, volvió para encontrarse con Jacinto en el negocio ese. Tampoco tenía dinero, ni sitio a donde llegar, por lo que se sentaron a pensar en un café de esa zona. Era tiempo de planear su venganza. Se daban cuenta que necesitaban una fuente ilimitada de recursos económicos para llevar a cabo sus planes y fue cuando Lauro Torreblanca se acordó de un amigo empresario con mucho dinero y además tenía experiencia en la política. Él sí tuvo éxito con los negocios, aunque hasta cierto nivel, desde luego; especialmente sabiendo cómo se las gastaba ese gobierno. La lluvia, sin embargo, no amainó hasta entrada la noche y no contaban recursos para un hotel de mala muerte siquiera. No tenían dinero ni para otro café, ni para tinta incendiaria, ni para bombas lacrimógenas. Su situación era crítica. Porque ni para robar dos sillas.

Como pudieron, llegaron bajo un puente donde se acomodaron para dormir porque estaban cansados y el clima era fresco, sobre un pasto verde. Lauro soñó con una cabaña en la montaña donde encendía sus fogatas y comía conejo. Jacinto deliró un viaje al pasado, saliendo de la casa de Viviana en los multifamiliares y pasando desnudo a la casa de Hilda, al terminar con ella, sin saber cómo, llegó a casa de Karla, la que le daba de desayunar sus propias carnes y al salir ya estaba en casa de Lorena. Amaneció mojado. La lluvia dejó toda la nube en la zona. Jacinto se espabiló y empezó a urdir un plan para dormir esa noche en un hotel, al menos. Lauro deseaba darse un baño y apoyó la propuesta de recuperarse un poco, antes de ir a ver a su amigo con dinero. Y después de varias peripecias, esa noche durmieron en un hotel económico llamado *Foreign* (foráneo). Ese nombre es importante porque esa noche planearon la ruta de la venganza, con o sin la ayuda de su amigo adinerado; aunque sería mejor si él los apoyaba. Escribieron en unas hojas, que encontraron en el cajón del tocador en ese hotel, un esquema detallado del plan, muy parecido al que escribieron antes de ir a la cárcel, pero con más experiencia. Terminó siendo un laberinto con flechas que señalaban indicaciones de arriba, relacionándolas con las de abajo. En sus neuronas quedó grabado con sangre. Se juraron cumplirlo, pasara lo que pasara. En momentos parecían niños jugando a las escondidillas, soñando a vencer el mal con el bien, con sus capas rojas o azules, como príncipes de la justicia. Si se les viera de lejos se antojaba un panorama empresarial. Una junta de negocios determinando el FODA de su mercadotecnia. Para la historia, si tenían éxito, esas eran citas de la conspiración para derrocar la dictadura que serían recordadas en los libros de texto. La literatura consideraría el evento como parte importante de una leyenda, pero en el fondo de su corazón, era la luz que iluminaba su camino; la llama que guiaba a sus pasos, su único motivo de existencia. El cuarto de *Foreign* fue testigo de aquel pacto, del tratado que levantaría en armas al país para recuperar su libertad, quitarle a los políticos el control de sus vidas, de sus tierras, de sus hijos, de sus carteras, negocios y futuro. Y esa habitación también testificó un ineludible baño de agua caliente con buen jabón que ambos necesitaban urgentemente. El pago también incluyó un desayuno llenador que les supo a gloria, a gasto gubernamental justificado.

Hicieron una plegaria a la suerte para visitar a Germán Álvarez, su amigo adinerado, a quien pensaban pedirle apoyo con la esperanza de un sí por respuesta. Subieron a varios camiones con la intención de no perderse, pero lo lograron. No recordaban la esquina que daría orientación a Lauro. Y al sentarse en una banqueta de un rincón perdido de la ciudad, se sintieron tristes. Un auténtico laberinto de la soledad. Lauro contaba sólo tres visitas a casa de su amigo y no le era fácil orientarse. Jacinto, en cambio, al haber recorrido entera la ciudad, ubicaba las zonas perfectamente, aunque no conocía la casa de Germán Álvarez, por lo que, al menos, sirvió de consuelo. Intentaron encontrarlo en un directorio telefónico que les facilitaron en una boutique de ropa para dama, desorientándose aún más por el cúmulo de Álvarez que encontraron. Así que decidieron recorrer completamente la colonia que a Lauro le parecía más adecuada. Cerca de las cuatro de la tarde, con un hambre atroz y las ampollas en los pies al tener todavía los zapatos húmedos de la lluvia vespertina del día anterior, intercambiando miradas de "posiblemente aquí", se animaron a tocar en una residencia. Ahora el ¡eureka!, retumbó fuertemente en la cabeza de Lauro. Fueron recibidos por la esposa de Germán quien les invitó a pasar. Más tarde averiguaron que la casa incrementó su seguridad y por eso tenía una nueva barda perimetral; eso hizo que Lauro no distinguiera los jardines. Germán llegaría como a las seis de la tarde, así que no faltaba mucho. Mientras, devoraron las galletas que les ofrecieron y agotaron el refresco también. Lauro platicó con ella sobre los hijos de ambas familias y la suerte que les deparó el destino. Omitió, temporalmente al menos, su estancia en la cárcel. Dijo que su empresa, con todo y el éxito que un día tuvo, se vio en la necesidad de cerrar, debido al alza en los impuestos. En eso estaban cuando llegó Germán, y Lauro le recibió efusivamente. Hizo la presentación de su amigo y lo primero que platicaron fue de los recuerdos que atesoraban de su amistad muchos años antes, cuando eran vecinos en las casas de sus respectivas madres. Jugaban bote pateado y quemados con una pelota. Se reunían hasta altas horas de la noche brincando en la calle, cuando la seguridad y los huesos lo permitían. Uno puede extasiarse al viajar por esos recuerdos de infancia, justo como los rostros de ambos lo mostraban. De no ser por las arrugas en la piel y la escasez de sus cabellos, cualquiera juraría que ellos eran unos chiquillos esa noche. Luego pasaron a la cena y ahí, empezaron a platicar de los problemas sociales y políticos del país. Las ideas de Germán Álvarez coincidían en todo, excepto en que no deseaba perder su estabilidad económica. Para él, esa situación le era favorable. Ya que su esposa se retiró para dormir, porque debía dar clase temprano y, después de vaciar la primera botella de vino, Lauro lanzó la propuesta: queremos organizar un cambio en el país, y deseamos con toda el alma nombrarte a ti el líder de este movimiento, haciéndote al final, el nuevo presidente. Mientras Germán asimilaba las palabras de Lauro, este continuó: te conozco y sé que es tu liderazgo, capaz de generar el cambio que tanta gente necesita. Incluso las gemas del candil vibraron tanto como las fibras más escondidas del cuerpo de Germán. No era capaz de embarrarse las manos de sangre, no deseaba deshacerse de su casa y sus empresas, pero ambicionó tanto como ellos querían el cambio; él se ilusionó con la silla presidencial. Un tiempo atrás, Germán fue alcalde de esa ciudad costera; debido a la difícil carrera por la gubernatura prefirió separarse de su partido, uno de los más importantes. Nunca llegó a pensar en seguir subiendo la escala jerárquica, menos por la vía revolucionaria; masticó la idea, junto con la degustación del vino, y sus sueños le empezaron a picar la cresta. Aparecer en los libros de historia como el héroe nacional no era una propuesta fácil de rechazar. Poco a poco empezó a valorar sus opciones. Tenía los recursos, los contactos, el liderazgo y la facilidad de palabra, el tiempo para realizar las gestiones sin descuidar sus empresas, algo de experiencia en la política y la administración de los recursos públicos y además, una edad envidiable para ese perfil. Una parte de sus nerviosas ideas le dictaba ¿Estás loco?, sintió temor también, pero estaba harto de la hipocresía social, del abuso de los políticos a quienes conocía perfectamente, fue testigo de descarados delitos cuando gobernó la ciudad y desde entonces se gestó un asco que poco a poco se convirtió en odio.

Germán Álvarez amaneció de un humor diferente al que se acostó. Jacinto y Lauro también. Durmieron de nuevo bajo el puente. Germán, pensando en lo sucedido por la noche, calculó mejor las opciones para sacrificarse por la patria. Supuso que su esposa estaría en contra de la idea, así que decidió mantenerlo en secreto por un tiempo. No daré pasos a ciegas, si las cosas no van bien, no lo hacemos, se consolaba. Inició por ubicar un lugar para las reuniones, luego empezó a convocar personas a quienes, con la ayuda de Jacinto y Lauro, iban detectando si estaban listos o no para transmitirles la idea e ir consiguiendo adeptos. Con el paso de los días fueron estableciendo claves para hablar y mensajes dejados en la ventana de la bodega con pañuelos de colores. Jacinto seguía robando para tener un lugar dónde establecerse y finalmente pudo rentar la casita donde ambos se quedaron a vivir, esa que les permitía organizar reuniones para asar carnes bajo la sombra de un ficus. Luego montó de nuevo su laboratorio en el patio de la bodega, ya con el presupuesto que les suministraba Germán, para hacer nuevos experimentos de uso masivo. Así, enseñó a la gente a causar daño al gobierno: quemar oficinas de gobierno con su tinta fosfórica, hacer estallar artefactos con pólvora en sitios públicos, etc. Germán los detuvo. El gobierno tarde o temprano va a encontrar a los revoltosos, y tenía razón, lo mejor es trabajar por obtener un arma poderosa que podamos distribuir para hacer un ataque contundente y en varios frentes. Llegó un momento en que cincuenta personas se reunían secretamente a planear la caída del gobierno. La mitad de ellos contaban con recursos para llevar a cabo algún tipo de atentado importante. Sucedió, sin embargo, un tiempo en que nada pasaba. No se ponían de acuerdo con el método de atacar. Germán, superando en conocimientos y liderazgo a los demás y estando interesado en la silla grande, les indicaba los pasos básicos que debían completar antes de pensar en una acción de confrontación. Primero vamos a conocernos bien entre nosotros. Germán caminaba mientras los demás le seguían con la vista, atentos desde sus sillas o sentados en los desniveles de la bodega. También debemos aprender de nuestro país, cómo es la gente, de qué forma la convencemos para unirse a la lucha y encontrar con ellos una forma de comunicarnos sin que el gobierno pueda intervenir. En la mente de Germán germinaba la idea de crear una familia, apoyándose, aceptándose; era lo que a él le daba fuerza como persona y pensó que así lograría la cohesión del grupo. Por eso organizaban reuniones sociales con carne asada. Mientras Jacinto Tomás Viveros se mantenía absorto en la creación de un arma robusta, usando su química. Lauro se emocionaba con el resto del grupo, explicando la dura vida que tuvo, el trato que les dio el gobierno en la cárcel, el secreto del golpe de estado al presidente en el que nadie podía creer, porque no se supo en los medios de comunicación. Ni siquiera se hablaba de la muerte del gordo Cervantes, el hermano incómodo del presidente. Les platicaba del despilfarro gubernamental, sus gastos personales, los millones de billetes que gastaban en tonterías, la buena vida que llevaban a costa del pueblo. Uno de esos días, en algún otro sitio del país, un periodista investigaba los negocios del hermano del presidente cuando fue asesinado. Corrían grave peligro. El gobierno castigaba severamente a cualquier disidente; a muchos los lincharon, a otros los desaparecieron; a los menos, les encarcelaron. Al caminar por las calles, algunos de ellos sufrían delirio de persecución. Al ver a un policía, daban media vuelta. Creían que todas las cámaras les enfocaban para vigilarles. Y queriendo ocultarse, se disfrazaban, con lo que llamaban más la atención. Poco a poco, Jacinto fue instruyéndoles para mejorar sus tácticas y pasar realmente desapercibidos al moverse por la ciudad; pero sus actividades verdaderamente eran de alto riesgo.

Llegó el tiempo de las elecciones. Sabían que ganaría el partido mayoritario porque repartían despensas y pagaban por el voto. En los medios de comunicación mostraban imágenes de progreso, tradición y apoyo social, educación de calidad y muchas otras parodias de la vida real. Por sugerencia de Germán, acorde con su forma de pensar, decidieron no involucrarse quemando boletas o robando urnas. Estaban a pocos meses de dar el golpe. Se dedicó, además, por un tiempo, a darles detalles del plan, a prepararlos. No vamos a desbaratar un gobierno si no tenemos clara una nueva forma de gobernar. También explicaba que lo primero era tener una propuesta seria, un proyecto de nación de cara al porvenir del pueblo. Sin eso, explicaba, no sería posible conseguir el apoyo de la gente, ni el recurso económico, ni las armas. Era necesaria una filosofía clara, el conocimiento perfecto de los poderes fácticos que evitarían a toda costa perder su dominio sobre la gente, como las universidades y las iglesias, las grandes corporaciones, los líderes sindicales y los medios de comunicación. Si somos inteligentes, contaremos con el apoyo de esos importantes grupos, si no, ellos nos van a aniquilar antes de que podamos parpadear. Un gobierno que resuelve todo con leyes adquiere el carácter de déspota. Si por el contrario, busca educar a la gente, es legítimo y digno de reconocimiento. Así, que Germán daba cuerpo a la construcción de un nuevo país, él ya se sentía el nuevo presidente. De 50 personas preparadas, hizo 200 adeptos. Los fueron reclutando conforme se integraban y permanecían inactivos en el sentido revolucionario, mientras el país se veía envuelto en riñas por las elecciones. El gobierno dejaba pasar cierta información contraria para darle credibilidad a su falseada democracia. Jacinto Tomás Viveros conoció nuevos productos subversivos. Llenó su cabeza de armas, balas, bombas y químicos desestabilizadores de gas, gasolina y otros combustibles, detonadores electrónicos y se hizo de un equipo de aprendices que le apoyaban en sus experimentos en el techado del patio junto a la bodega. A veces, especialmente cuando la humedad les abrazaba con cariño, sacaba la lengua y enderezaba la quijada quinientas veces por minuto. Y las noches de frío, se rascaba el cráneo como perro pulgoso. Tenía un nuevo celular que le regaló Germán para comunicarse con ellos, desde su empresa; no sabía usarlo más que para contestar; ni siquiera aprendió a marcar un número telefónico. Pero sí de cables de colores y detonadores tecnológicos, resultaba más habilidoso que quienes le enseñaron; estuvo participando en un curso de electrónica que ofrecía una escuela nocturna para tener las bases del aprendizaje. Luego, como todo lo que hizo en su vida, continuó a su ritmo, sin descanso. La casa que rentaron Lauro y Jacinto olía a humedad, no recibía los rayos de sol porque nunca abrían las cortinas y las ventanas ya se habían soldado con óxido. La casa, originalmente contaba con una habitación, pero ellos adaptaron otra en lo que debía ser la cocina. Contaban con un baño completo, y una estancia del doble de espacio porque se suponía que un día habría unas escaleras cuando se construyera el segundo piso; ahí, instalaron una estufa y su frigo bar nuevo, cortesía de Germán, quien, sabiéndolo, destinaba también recursos para mantenerles la comida y la ropa. No sólo Germán Álvarez gastaba en la revuelta, pacífica hasta ese momento. Convenció a cinco amigos del club deportivo al que pertenecía y con los que formó alianzas para convertirle en dirigente de la República. El riesgo se ampliaba, pero también los logros. Los tres empezaron a viajar con destino a las capitales de los estados buscando conseguir adeptos a la causa. Luego de lograr equipos, regresaban pasado un mes para capacitarlos. Germán lideraba las sesiones, pero Lauro levantaba los ánimos, cargaba de emoción y entusiasmo a los participantes. Jacinto mostraba las estrategias químicas y tecnológicas al tiempo que les enseñaba a comprar los elementos en las droguerías evitando la detección del gobierno.

Germán no pudo dormir la noche que Jacinto descubrió el arma de las bacterias que desmayan a las personas, pensando alegremente en que finalmente su sueño se volvería realidad. El estómago lo tenía revuelto, las ideas también. Marejadas de imágenes sobre su futuro presentaban panoramas angustiantes, desgracias posibles, descuidos inesperados; como era su costumbre, repasaba los planes una y otra vez en busca de errores, para subsanarlos antes de cometerlos. Pensó también, que su familia estaba en riesgo y caviló en posibles acciones para defenderla, esconderla y protegerla.

Decidió no decirles nada y llevarlos al extranjero para salvaguardarlos ante posibles complicaciones. Jacinto y Lauro amanecieron hasta las doce del día siguiente, porque no pudieron dormir temprano. Platicaros por horas, hasta entrada la noche, bebiendo sólo agua y agotando tempranamente sus arsenales de tabaco. Los sucesos se precipitaban y no querían perderse ni un solo detalle del futuro promisorio que venía de frente. Les emocionó liberar a algunos de sus amigos de la cárcel, camaradas obligadas, compañeros de celda con la mirada perdida en el infinito de las minúsculas ventanas, pensando en sus familias, repasando los actos que cometieron una y otra vez; unas veces, arrepentidos, otras, orgullosos de su valor, de su audacia. Cualquiera de ellos soñaba con salir y reunirse con sus hijos y en esas celdas frías y solitarias, perdían la esperanza al no poder ver a sus seres queridos. En su dolor y tristeza, descargan su coraje sobre la inocente pared, desangrada por sus puñetazos, los rayones con navajas o cuchillos que compraban en los talleres del penal, con mafiosos más perversos que ellos. Jacinto y Lauro pensaron en el gordo Cervantes, se preguntaban si seguiría en su cómoda celda vacacional o quizá en peores condiciones por la traición a su hermano el presidente, o quizá muerto desde aquel día en el edificio de azúcar. Fue una noche de sentimientos nostálgicos, repasaron su historia, cargada de culpas y decepciones; muy parecido a una madre que por años no ha visto a sus hijos porque partieron a otras tierras en busca de una oportunidad para sacar adelante a sus familias, Jacinto y Lauro se internaron en la angustia depresiva de llegar nuevamente al penal de El Corcovo, porque ahí vivieron momentos terribles, golpes, maltrato y la desesperanza más terrible. Cierto es que en ese tipo de charlas, también hay instantes de liberación, pequeñas alegrías por ya no estar en las mismas circunstancias, desahogando las penas; pero ellos dos, lo sabían bien, aún no lograban su plan; el país seguía caminando al borde del precipicio, a punto de ser absorbido por el agujero negro de la esclavitud. Recordaron a Maricela Berriozábal, aquella que fuera responsable del centro de investigación nacional y quien quisiera traicionarles a ellos o al gordo Cervantes. Ella traía a su memoria otra época, menos difícil, pero de grandes decepciones, como haber conocido a un par de políticos súper poderosos que controlaban verdaderas mafias sindicales o empresariales; ellos dos, con su poder, estaban en una posición privilegiada porque no cambiaban con el gobierno en turno, sobrevivían ya décadas de poder y acumulando riquezas; Jacinto les repudiaba más de la cuenta, sólo pensar en ellos le causaba dolor de cabeza y corajes bucólicos. Esos líderes sindicales garantizaban los votos necesarios al candidato que les rindiera pleitesía, quienes se sometieran a sus condiciones. Si pagaban el precio de su apoyo, les facilitaban los medios para llegar a la Presidencia, les garantizaban acarreados en los mítines y espacios gratuitos en los medios masivos. Lauro les detestaba enjundiosamente, Jacinto los odiaba mucho más; en su imaginación se veía atacándoles cual cavernícolas a sus presas, quería atravesarles una lanza, babeando de rabia, con el corazón trepidante hasta alcanzarles y darles una muerte más que merecida. Para él, eran el símbolo más puro de la más asquerosa mierda humana, seres monstruosos y pantagruélicos; por sus actos, manipularon la historia del país, engañando a sus agremiados, pactando criminalmente la escabrosa pobreza de millones de personas. Lo menos que merecían era la muerte, pensaba Jacinto; pero no una simple, antes quería rodarlos por una colina llena de púas, vejarlos, torturarlos y quemándoles los testículos, romperles los huesos y abrir heridas con navajas por todo el cuerpo hasta desangrarlos. Ni juntando todos esos dolores pagarían el oceánico sufrimiento que causaron por su ambición al dinero ajeno.

El calor se suavizó por esos días de finales de septiembre, y las lluvias cesaron. Los baches, producto de la miserable inversión al respecto, finalmente fueron cubiertos por las cuadrillas, las calles lucieron más decentes, aunque parecían terracerías mal pavimenta-das, con un parche encima de la mitad del anterior. La gente se animó a barrer sus entradas y se vieron florecer los balcones colo-niales o modernos. Antes, también estaban ahí, pero nadie los veía. Paseaban por las calles con paraguas, cubriéndose con los techos bajo la sombra. Ahora se podía caminar sin quemaduras de cuarto grado por el arroyo vehicular. Las personas paseaban por las tardes tomando la nieve o el helado, la paleta o la bolsa de hielo con sa-bores, tomados de la mano o cargando las bolsas del mandado, al niño de tres años o al de meses en carriolas. Los muchachos animo-sos del grupo se pusieron a pintar el zaguán de la bodega. Seguía sin indicativos, sólo que ahora lucía un extraño color verde. La solidaridad de las personas con la causa mantuvo en secreto las reuniones que realizaban ahí. Ya muy pocos toleraban la represión aunque fueran indiferentes a la participación. El cambio era un de-seo social reprimido, como el sexo, como ponerse idiotas con alco-hol, como las vacaciones al inicio del curso escolar y desde luego, como la limitación del gasto público derrochado, como la caída del partido mayoritario que en realidad era comprado, cínicamente im-puesto. Por eso, cuando el clima cambiaba, la gente también ajus-taba sus horarios, sus hábitos, los colores de sus fachadas, organi-zaban eventos o rompían la rutina más de una vez por semana. Incluso el menú de sus mesas.

El ánimo de Jacinto también se alteró demasiado. Volvió su amado estrés, procurando cumplir con las exigencias de Germán y la tarea de asaltar la cárcel de El Corcovo. Debía perfeccionar su fórmula y para medir las variables de su invento se llevó varias veces al grupo a un estudio a campo abierto. Encargó análisis en laboratorios clínicos para medir las alteraciones en la salud de sus conejillos, y descubrir los antídotos a la fórmula. Le apoyaban los milicianos inscritos en el grupo y avanzaron en la planeación del asalto a la cárcel de alta seguridad, conocían los planos, y en su momento fueron informados de la estrategia a seguir. No obstante el espíritu emprendedor de todos ellos, volteaban a verse entre ellos por su inseguridad, esperando validar sus justificaciones. ¿Verdad Jacinto que tendremos máscaras para todos?, preguntaba un quinceañero del grupo. Obviamente hijo, pero no todos entrarán al penal; algunos de ustedes ni siquiera estarán en el camión, por la tarde dividiremos el trabajo en equipos. Durante un tiempo, previo al descubrimiento bioquímico de Jacinto, las asistencias eran limitadas. En cuanto se tuvo el arma, las asistencias de los participantes superaban el noventa por ciento. Unos meses atrás, los nuevos voluntarios se realizaba reclutaban en un edificio separado de la bodega, para no poner en riesgo su seguridad. Si pasaban las pruebas, se les capacitaba y era entonces cuando se les involucraba con el resto del grupo, junto a los demás.

Desde el autobús que el equipo alquiló para llevar a los equipos a la cárcel, se pudo apreciar el desierto que rodeaba la prisión. Jacinto se encogió de hombros que parecían cargar piedras pesadas. Sobre ellos sintió la enorme responsabilidad que recaía en él. El sueño mágico estaba cerca, pero de la fuga de reos ese día dependía el futuro de la revolución. Jacinto y Lauro se fueron con el líder en una camioneta antigua que Germán consiguió prestada con sus amigos para acercarse el último tramo de la ruta al penal; ahí llevaban las cubetas con químicos que adormecerían a los guardias y los necesarios para despertar y liberar a los reos. Alteraron las placas para no dejar evidencia en las cámaras de vigilancia cuando se acercaron. Conforme se acercaron, se cubrieron los rostros y Jacinto junto con un par de ayudantes activaron la bomba biológica; las manos les temblaban. En cuanto juntaron los químicos con la bacteria, se acercaron más y llamaron por medio de radio al autobús para que se aproximara. Al parecer, todo ser vivo dentro estaba dormido. Ellos usaban un repelente para los gérmenes que produjo Jacinto con unas lociones astringentes combinadas con limón, que ahuyentaban a cualquier organismo adormecedor y así pudieron evitar el uso de máscaras para tantas personas. Hasta la suegra más molesta se mantendría lejos de aquel menjurje, porque despedía un escandaloso olor a amoniaco. Algunos de ellos apretaban los dientes para no volver el estómago. El equipo responsable forzó las diferentes puertas de acceso con un ácido que de inmediato vencía cualquier cerrojo y otro grupo pintaba las cámaras que podían alcanzar con un spray de pintura. No supieron que sólo un par de personas en el comedor quedaron despiertas: estaban trabajando con mucho limón para preparar el agua de sabor de la comida y al ver cómo todos caían desvanecidos al suelo, salieron corriendo por un patio y quedaron expuestos al sol, que también atenuaba los síntomas del ataque biológico; se arrinconaron en un sitio que los visitantes milicianos nunca vieron y ni sirvieron de testigos para el gobierno cuando procuraron investigar el inexistente motín de los reos. Fuera de ahí, desde el camión, seis de ellos permanecían fuertemente armados, en espera de que alguna patrulla de policía se acercara, o quizá alguna aeronave. Dentro, Jacinto, caminando en los pasillos, buscaba a los reos que deseaban rescatar. Escuchaba algunas comunicaciones de radio para saber por dónde encontraban a los reos y de inmediato se encaminó hacia una sala de recreo donde algunas veces les dejaban ver películas en una televisión. Algunos de los prisioneros estaban sentados, otros tirados en el piso. Uno por uno, después de reconocerlos, les despertaron rociándoles el químico en aerosol que servía de antídoto. Luego de frotarse la nariz por el asco inicial que provocaba la sustancia, les explicaban brevemente sobre la fuga y los acompañaron en fila hacia la salida más próxima. A los demás presos les dejaron dormidos, incluido el medio hermano de Jacinto; no encontró a su padre, ni le importaba; aunque Jacinto estuvo pensando en esa sombra de vida que embarazaba mujeres y les daba como premio de consolación, un departamento en los multifamiliares. Los reos liberados eran más de treinta, incluido "el tuerto" con dos ojos sanos. El plan incluyó sólo a los amigos conocidos de Jacinto y Lauro. Sin mayor problema, subieron a todos los reos en el camión y se encaminaron al norte. Al llegar, abandonaron el autobús en un terreno, reportándolo más tarde como robado. Ahí todos se embarcaron en diferentes medios de transporte con el objeto de despistar a las autoridades que contaban con rastreo satelital y observaciones documentadas en vídeo de la secuencia registrada en el recorrido del camión. Libres todos, se reunirían tres días después en la bodega de nuevo y extraño color verde. Jacinto, Lauro y Germán provocaron un incendio en una oficina de administración y vigilancia buscando destruir evidencias en vídeo, nunca supieron si lograron ese objetivo, pero les tranquilizaba. Luego tomaron la camioneta y se marcharon a otra ciudad.

El plan resultó exitoso y por varias horas el penal se convirtió en un desierto, porque no despertaron a los dormidos. Los dos cocineros se desmayaron al regresar a la cocina. Los gendarmes de las torres fueron los primeros en espabilarse y bajaron para averiguar por qué los compañeros no respondían a sus llamados, corriendo la misma suerte que cualquier otro: cayeron de nuevo bajo la sombra. Un par de patrullas llegaron primero y siguieron el camino de las puertas hasta que el germen los alcanzó y quedaron varados. En poco tiempo la policía, con cientos de patrullas, el apoyo del ejército y los helicópteros, rodearon el penal y esperaron al amanecer para tomar decisiones. Las luces de los patios se encendieron automáticamente. Cualquiera que se alejara del sol sufría las mismas consecuencias. Llegaron entonces analistas químicos para conocer la fórmula que permitió la fuga de muchos reos. Usaron trajes especiales para ingresar y recoger muestras, pero cuando llegaron a sus laboratorios las bacterias habían desaparecido, dejando a su paso un ligero rastro de talco inocente. La bacteria se vaporizaba. Todos los involucrados en la investigación estaban sorprendidos porque no se explicaban qué sucedió en ese lugar. Tenían claro que se trataba de una fuga de reos perfectamente bien orquestada, desmayando a todos dentro del penal, pero sus pesquisas no tenían pies ni cabeza. Mucho menos pudieron descubrir el antídoto. Los cocineros nunca hablaron del agua de limón y el gobierno en general se lamentaba por lo sucedido. La fuga de reos del penal apareció en todos los medios, mostrando fotografías de los fugados, con la intención de provocar denuncias de la gente. Nadie habló, aunque alguien les hubiera visto. Jacinto, luego de la fuga, le impartió un curso a los ex presidiarios poco después de la fuga; les adiestró sobre las técnicas para no ser descubiertos a través de las cámaras, a usar disfraces, a evadir cercos policíacos y algunas otras tácticas.

La celebración por completar el plan de liberar a los presos fue discreta, aunque muy efusiva. Los líderes, valoraron el poder de su arma. Se daban cuenta que ese gobierno caería tarde o temprano. Contaban en su equipo con acérrimos enemigos de la dictadura y eso les alegraba aún más. Se otorgaron abrazos mutuamente; en aquella horda de revolucionarios se improvisaron mensajes de agradecimiento, palmadas en el hombro, vivas y vítores, planes e ideas de ataque. Un discurso que impulsaba el ánimo de pelear contra todas las instituciones de ese insalubre y agreste gobierno basura. Luchar contra él por el lado amable era una agotada fórmula que contaminó de poder y negociación a muchos precursores de la democracia. Partidos políticos que nacieron como oposición llegaron a venderse y a formar parte de lo mismo. Incontables sacrificios de pequeños ejércitos que surgieron y fueron desmembrados por la insultante fuerza del estado, engañados en negociaciones, encarcelados, contratados por la policía, diluidos en el mar de corrupción. Tuvo que llegar Jacinto, con su tenacidad, dañado de por vida, conocedor de las patrañas mediáticas, capacitado por su amigo Sansón a caminar en la clandestinidad, ahogado en centenares ocasiones con vómitos recurrentes de alcohol y drogas, subsumido en depresiones, harto y decepcionado; nunca cejó en su convicción de acabar con el mal que consumía a su país. Con esa emoción acumulada, al intentar tomar la palabra frente al silencio de los asistentes que esperaban un discurso, se soltó a llorar en brazos de Germán que le facilitó el altavoz. La garganta se le cerró. Después de tantos años, le abrumaba la historia de padecimientos; se sabía vital para aquel movimiento que sin duda cambiaría el rumbo de millones de habitantes, renovaría el ánimo de progreso y bienestar de tantos, siendo un protagonista que aparecería en las biografías de historia que venden en las papelerías y que viajan por el mundo explicando a las distintas sociedades cómo se logró derrocar a un absurdo gobierno manipulador, estancado y opresor, perverso e indecente. Ese que no quitaba su ambición al dinero ni por salvar la vida de miles. Estado homicida, represor, causante del hambre y la perversión moral de la sociedad entera. Megalómano. Engatusador. Despilfarrador. Vende patria. Su mente se nubló de tanta alegría, quizá también provocada por un cofre en el inconsciente donde guardaba las cenizas de los recuerdos dolorosos que le orillaba a insistir diariamente en la creación de un nuevo país, cambiando el rumbo y la forma de gobernar, ofuscado por acabar con las historias desgarradoras que lo formaron como prócer, y llorando, lo único que le hizo tranquilizarse fue la inaplazable necesidad de ir a orinar.

¿Habría bajas en el enfrentamiento? Desde luego que las habría. Jacinto entendía que la muerte no es un trance ni un nuevo camino, es tan solo dejar a los vivos pisotear su tumba, la oportunidad de destruir lo que el muerto construyó; también puede usar sus templos como bibliotecas o su casa como cuartel de guerra. Su tarea en los días siguientes fue la de minimizar el peligro, permitiendo que los cientos de miles de habitantes lucharan coordinadamente en un único y certero golpe, lograran de herir a muerte al gobierno y detener a los políticos más influyentes; reemplazarlos de inmediato, con el menor número de muertes posible. Cambiaremos al país, no les quepa duda; pero cuidemos mucho nuestro secreto, o nunca verán a sus hijos correr con libertad, conminaba Germán tomado de los brazos con los otros líderes: Lauro, Andrés, Juventino y los otros. Las cárceles eran la parte más importante del plan; ahí quedarían recluidos los traidores de la democracia, pero no todos los actuales reos podían ser liberados sin un plan de amnistía. Muchos de ellos eran locos, homicidas, violadores. Ellos no debían ser reinsertados en la sociedad. El caos se desataría. No obstante, aquellos que se encontraban encarcelados por robo y oposición al sistema, volverían a ver la luz del sol una vez que llegaran a derrocar el sistema.

Un mes después de la primera liberación de la cárcel, intentaron la segunda, en un reclusorio al sur del distrito, la capital. El viaje era de casi seis horas en una zona poblada, optaron por trasladarse sin vehículos hasta el lugar y liberar a los reclusos. Era una cárcel mixta, en el ala poniente estaban las mujeres y Jacinto no perdió la oportunidad de ingresar para despertarlas. Quizá una de ellas se estuviera bañando. El operativo inició en la madrugada. Activaron la bomba biológica y durmieron a todos. Entraron y empezaron a animar a muchos prisioneros y prisioneras. Una de ellas, resultó ser Lorena, quien llevaba más de cinco años encarcelada. Fue el propio Jacinto quien la reanimó con su rociador anti gérmenes. Al caminar por un pasillo, cuando todos los cerrojos se habían liberado, él caminaba celda tras celda rociando el cuerpo de las mujeres. Él no se detenía a explicar, tenían a uno de los jóvenes gritando por todo el recinto la liberación y las instrucciones para salir cuanto antes. Ya estaba en el tercer piso cuando empezó a rociar a su mujer y fue entonces que la reconoció. ¿Lorena? ¿Eres tú? Ella apenas se incorporaba. La celda era un reducido espacio de dos metros por tres, sin luz, apenas llegaba del exterior una luminiscencia raquítica gracias a las luces de los pasillos; el sistema para abrir las puertas de las celdas fue operado por el equipo responsable de los disidentes. Las paredes eran de un gris obscuro azulado, deprimentes por donde se les quiera ver, sucias, pintadas con plumones y con decenas de puntos blancos que asomaban al yeso del recubrimiento; una ventana con barrotes gruesos de cincuenta centímetros se alcanzaba a ver en el fondo y que daba a un comedor. El camastro era de concreto con un par de cobijas como colchoneta y una sábana que cubría a Lorena. ¿Jacinto? ¿Tú? ¿Qué haces aquí? Es hora de escapar de la prisión, debemos darnos prisa. Pero antes que ella se levantara, se estaban besando apasionadamente; él sintió que era uno de los más impulsivos y adorables besos que recibió en toda su vida. Acumulaba ya varios años sin uno solo. Animándola a levantarse sin dejar de besarla, cada postura hasta que ella logró estar de pie, fue sin soltarse los labios, con una alegría y excitación vibrantes. Ambos sabían que debían escapar pronto, pero no querían soltarse. El corazón de ambos pretendía la ebullición, esa oscilación propia de los cigüeñales sobre los pistones de un motor. La frescura de la madrugada se alteró torno a ellos, convirtiéndose en una fosa de lava, en un clima sofocante de costa tropical. La marea de pensamientos amenazaba por convertirse en un tsunami, arrasando con infinidad de recuerdos cimentados desde su niñez. El encuentro fue muy efusivo, sin embargo, la oportunidad de salir ilesos dependía de su velocidad para actuar. La felicidad le embriagaba. Las otras mujeres que despertaban los miembros del equipo se espantaban y no todas querían colaborar, a pesar de ofrecerles su libertad. A lo lejos empezaron a escuchar las sirenas de la policía, por lo que Jacinto heredó la tarea a Lorena y se apresuró a llegar al ingreso de la avenida principal. Su corazón palpitaba mucho más de lo normal; de suyo, el momento era excitante, como cuando liberaron a los presos de "el Corcovo"; ahora, siendo una liberación masiva, las venas se le atrofiaban de sangre por la adrenalina y sabiendo que Lorena, su amante, su confidente y cómplice, corría el mismo peligro que los milicianos durante el rescate. Él cargaba más químicos para rociarles, pero los y las reclusas ocupaban mucho espacio en los pasillos de salida y él no podía llegar. Esos momentos angustiantes que uno quisiera saber volar. Por más que se explicaba que debía llegar primero, los reclusos abrían paso lentamente. Las sirenas que escuchaba entre la muchedumbre de reos indicaban que estaban llegando ya. Se empezó a desesperar, olvidando cualquier tipo de cortesía, empujando y abriéndose paso, uno a uno. El tiempo le parecía infinito y el avance se detuvo en cierto momento, señal de que los reos estaban siendo retenidos al frente y pidiendo apoyo, inició el armado de su bomba. Cuando llegó finalmente a la zona exterior, era demasiado tarde. Delante de él había unos 100 prisioneros y los policías les estaban apuntando con largas armas. Un helicóptero estaba cerca. La luz del día no llegaba, los reflectores deslumbraban. Se metió detrás de los más altos y combinó las sustancias para que una nueva bomba se activara. Los reos de la primera fila se armaron de coraje y se enfrentaron a los policías usando las armas que, al ser despertados, tomaron de sus escondites para salir del reclusorio. Algunos llevaban pistolas, otros cuchillos y navajas que aventaron a los uniformados con gran puntería. Pero en cuanto la policía abrió fuego contra la ingente masa de excarcelados, varios de ellos cayeron víctimas de sus balas antes que Jacinto combinara los reactivos y pusiera a dormir a los policías. Habrían muerto más de 50. El caos fue total. Los reos iniciaron una carrera para librarse de los disparos y muchos caían muertos, heridos o atropellados, justo antes de activarse la nueva dosis de químicos en manos de Jacinto. Los prisioneros no se afectaron, pues tenían rociado el antídoto cuyo hedor de antes fue neutralizado en el laboratorio de Jacinto unos días antes. Como el helicóptero volaba muy cerca, también durmió a sus ocupantes, provocando que la enorme máquina terminara desplomándose en el patio principal de la cárcel dejando tras de sí una enorme explosión y un estruendo espantoso. Todos los presos y las reclusas se aterrorizaron al grado de generar una estampida humana; tanto al interior como el exterior, se podía apreciar gente corriendo para protegerse de las esquirlas de la aeronave que volaron en mil pedazos. Como vieran que la policía quedó inutilizada, continuaron la huida; algunos les quitaron las armas a los uniformados antes de salir. Les intrigaba cómo ellos podían estar despiertos y los policías no; a muchos incluso, el hecho les pareció divertido y aprovechaban la oportunidad para escupirles, patearlos o golpearles a puñetazos según el rencor que cada uno acumulara. Cuando despejaron la entrada, se vio el desastre. Unos, heridos, recibieron auxilio de sus propios compañeros y otros querían quedarse a llorar por los que cayeron muertos. Jacinto y los demás de su equipo les urgían a huir, porque no tardaba en llegar otro grupo de policías. A los heridos los cargaron entre al menos dos que se ofrecían y los subieron a los vehículos que llevaron los libertadores. Aunque les dolía, los muertos quedaron ahí. El operativo, pese al enfrentamiento, logró su meta. Liberaron a más de trescientos de los dos mil que residían ahí. Una vez despejado el penal, emprendieron el regreso. Una célula de disidentes del distrito participó en el proceso de selección de reos, para obtener de ellos el apoyo en las acciones futuras; estuvieron durante la liberación, explicando a cada uno lo que debían hacer y dónde se congregarían para unirse contra el gobierno. La mayoría de los reclusos escaparon metiéndose entre las calles de la ciudad hasta desaparecer. Un segundo retén de policías frenó al vehículo de Jacinto, donde también viajaban Lorena, Lauro, Andrés y Germán. El tráfico de la zona estaba complicado, pero esperaron a quedar al frente y Jacinto activó otra bomba para que los policías del retén quedaran fulminados al instante. Con ello bloquearon la huida a otros que venían en vehículos más atrás, por lo que varios ex presidiarios que viajaban en un transporte público tuvieron que bajarse para continuar a pie la escapatoria. Y así, hasta que llegaron a un sitio seguro. En el enfrentamiento de la entrada a la cárcel murieron cuatro policías atacados ferozmente por los hombres del penal. El gobierno no tenía más que unas cuantas imágenes que envió el helicóptero antes de desplomarse y podía verse en ellas a un enorme grupo de reos huyendo de la cárcel; los funcionarios y agentes se daban cuenta que debían reforzar la seguridad de los penales porque la guerra ya estaba declarada, como los americanos que hasta el segundo avión estrellado en las torres gemelas, supieron que debían buscar un culpable, si es que aquello no fue planeado.

Las acciones de inteligencia no se hicieron esperar. Cincuenta reos fueron recapturados en pocas horas. Pero ellos, los líderes de la revolución, ya estaban muy lejos de ahí para cuando eso sucedió y no supieron el destino ni las declaraciones que dieron al gobierno. Germán decidió que ya era el momento de llevar a cabo el plan definitivo. Viajaban emocionados, excitados aún por lograr su cometido, asombrados de la enorme cantidad de gente que rescataron; era una fuerza interior que les daba seguridad, sentían el poder en sus venas, como si ningún rival pudiera vencerles. Iban por caminos asegurados por la vanguardia: un automóvil con una familia común, viajaba delante de ellos tres kilómetros adelante, para evitar que fueran sorprendidos por retenes policíacos. También les admiró ver que Jacinto encontró a Lorena como prisionera del reclusorio; les llevó a platicar mil historias, y sintieron indignación cuando supieron que ella fue hecha prisionera un año después que Jacinto y Lauro, sólo porque ella insistía en verles. No le hicieron juicio, no le permitieron tener un abogado, simplemente la encerraron ahí y se olvidaron de ella. Ese hecho provocó indignación y coraje; Jacinto llegó a la ira y golpeaba la camioneta para descargar la cólera ante tal humillación. Platicaron durante el viaje de las posibles consecuencias del suceso en la prisión y Lorena se actualizó sobre el plan para derrocar al sistema de gobierno, el arma química y la organización en células que tenían en todo el país. Por fin, ella se enteraba que Jacinto era un revolucionario desde la infancia y que se dedicaba a elaborar químicos de destrucción. Por momentos, ella quiso golpearle; Lorena estuvo en la cárcel muchos años y el causante de todo era él. El daño hecho por el gobierno a su propia vida en el pasado, sin embargo, bien merecía un ajuste de cuentas demasiado personal. Deseaba quedarse con su Jacinto en el primer hotel que pasó velozmente al lado de la camioneta y recuperar en trece días las enormes noches de soledad y abstinencia sexual. Él también. El chisme de guerra para derrocar a la dictadura estaba en su apogeo y no deseaban perdérselo, por eso no se bajaron de la camioneta. Germán hablaba emocionado por de realizar de una vez el plan para acabar con la corrupción del país y de la enorme cantidad de recursos que se les estaban facilitando; su excitación habría conquistado y enamorado de la revuelta al propio presidente Cervantes. Los milicianos estaban en el ojo del huracán, pero en general el país se sentía inquieto, bastante alebrestado, animoso de las protestas generales que ocurrían por doquier, aunque los medios no hablaran de ello, o les pusieran un distractor, como el chupa cabras o el rescate de náufragos, o la detención masiva de empresarios, o el contagio de influenza en China, las vacas locas o la gripe aviar, entre tantos otros, el pueblo sólo esperaba el momento adecuado para actuar, y muchos estuvieran llenos de miedo, esos que prefirieran esperar el desenlace desde su casa. A esos que Jacinto, en las tiendas o caminos repetía: Si no luchas por tus derechos no pretendas alcanzar tus ideales que ya otros se encargarán de imponértelos.

El primer reencuentro mereció tres días en un hotel y varias botellas de vino. Luego de hacerse el amor como dos adolescentes novatos, inquietos, juguetones, alborotados por la impaciencia de encontrarse el uno al otro, fijándose en el brillo de los ojos y procurando percibir cada caricia, disfrutando el roce, al tiempo que se urgían por llegar a la meta, besándose locamente, sin protocolo alguno, al estilo más salvaje que sus cuerpos cincuentones les permitían, indiscretos en los gritos, desconsiderados con su entorno, absortos en una pasión desenfrenada, Jacinto Tomás Viveros se olvidó por un tiempo del mundo, de la fuerza de gravedad, del gobierno y las trasnacionales, y despertó muchos de los sentimientos ahogados durante su dura vida, se llevó a su Lorena Nazario Irigoyen a los remolinos de una estrella fugaz, flotando, colisionando sus cuerpos en las suaves dunas del colchón; ahí llegó después el grito unánime de dos te amo, subconscientes y legítimos. Los besos no paraban, las lenguas sudaban de cansancio y tomaban aire por minutos para repetir el frenesí. Hablaban una hora y, como si fuera indispensable completar cada uno de los fines de semana que estuvieron separados, se batían de nuevo en un cremoso pastel de excitación. Ni la ciencia médica podía comprender cómo era posible saturarse tanto de amor a esa edad. Y se actualizaron también del delirante encierro que vivieron, las historias desde niños, los días de soledad y las carnes asadas en el pequeño jardín, el descubrimiento de su arma y las mujeres prisioneras que se besaban entre ellas en el reclusorio del distrito. Luego de un baño y otro brindis, tropezaban de nuevo con el amor. Hasta que al amanecer del tercer día, empezaron a empacar sus cosas para ir a vivir, junto con Lauro, en la casita sombría, que pronto dejaría de serlo gracias al toque femenino. Además, ella les cambió la dieta, cocinándoles deliciosos platillos que emulaban los banquetes en la época que trabajaron con Maricela Berriozábal en el mundo de los poderosos. Ella visitó su antigua casa para descubrir que la casa fue vendida por su ex esposo, el médico, cuando ella desapareció sin dejar rastro.

A dos meses del día previsto para atacar al gobierno, en una de las últimas reuniones en la casa de Jacinto, Lorena y Lauro, unidos nuevamente en torno a la parrilla de carnes bajo el frondoso ficus,

Jacinto comentaba: No entiendo por qué hay personas que no quieren darse cuenta de lo que está pasando; uno les explica y no creen posible lo que es tan evidente: un país sumergido en el más miserable saqueo humano de toda la historia. Como la boca de los otros estuviera ocupada deglutiendo los alimentos que surgían a cada momento del fuego o recorrían pequeñas distancias para alcanzar el frigo bar y beberse una cerveza helada, no hubo pronto una respuesta, así que Jacinto siguió expresando sus dudas: Aceptan las mentiras como si fueran verdades, hasta prefieren a los amigos por conveniencia que a los más sinceros; en una boda todos felicitan al novio o a la novia y quince años después, luego de una dolorosa separación, cuando uno de ellos rehace su vida con otra persona, reprendiéndole le dicen: "no vayas a cometer el mismo error de casarte", y se reía: entonces, si casarse es un error, ¿por qué los felicitaban quince años antes?, ¿por qué nadie les dijo que era un error en la primera vuelta? Finalmente, Germán opinó: estás mezclando varios asuntos, dejó su plato sobre una mesita de apoyo y comentó: En un matrimonio hay muchos elementos del factor "suerte"; si les fue mal en la primera vuelta, como le llamas, podría irles bien en la segunda, aunado a su experiencia, pudieran no cometer los mismos errores. Su perorata se inclinó a atacar otro de los puntos que Jacinto había planteado: Sobre los que escogen amigos por conveniencia, se trata de una debilidad humana desde los albores de la historia, pero que en nuestra época se ha acentuado. Germán observaba cómo las miradas atentas posaban sobre él, sabía ganarse su atención. Hoy día, para sobrevivir, todos necesitan luchar para obtener dinero. Antes era la ley de la selva, para defender su alimento o sus lazos familiares, pero a nosotros nos tocó un tiempo idéntico en el fondo, pero diferente en la forma: peleamos por nuestros intereses de la misma manera que un cavernícola por el alimento. Algunos querían hablar, pero distinguían que Germán aún no terminaba. La tarde de otoño resultaba ideal para esas reuniones porque no eran tan calurosas como la primavera o el verano. Mientras eso sucedía, Lauro atizaba el fuego que bajaba ya su intensidad. Particularmente nuestro país está imbuido en la lucha por sobrevivir, porque la casta de rateros políticos han saqueado las riquezas; nuestra gente se ha visto cada vez más necesitada de personas que les ayuden a subsistir, sin embargo, no todos pierden a sus amigos sinceros, ni a su familia; se procuran la vida y alimentos fuera del círculo al que nunca traicionarían. Manuel Flores dijo: Pues usted lo dice, don Germán; pero la gente es muy hipócrita, yo estoy de acuerdo con Jacinto que las personas nada más están buscando qué ganar, no les interesan los demás; por eso ahora hay tantos rateros, si hasta matan gente para quitarles un teléfono celular. Lorena apoyó: muy pocos en nuestro país se quieren comprometer con nuestra lucha, prefieren pasar horas frente a la televisión, en la comodidad de sus casas, antes que ponerse al servicio de la patria. Llegó un momento en que todos parecían estar en contra de Germán, como si él fuera el culpable o como si él pudiera darles una respuesta confiable que permitiera al grupo trazar una línea de acción para despertar a los ciudadanos en la lucha por sus derechos y la hermandad tan anhelada para alcanzar sus sueños como nación libre. Germán Álvarez Gerala no perdía la ecuanimidad, sentía tener respuesta para esa y otras dudas, conocía las debilidades de su pueblo y estaba preparado para eventualidades como esa. En todo caso, nuestra gente no es culpable, sino víctima, dijo. Por décadas les han sembrado una filosofía consumista, contaminando sus corazones con una culpabilidad por cada acción que realizan, les orillan a la competencia, llevándoles a romper incluso sus lazos más importantes, como el matrimonio, los amigos o la familia. En otra reunión de esas, Germán ya había dicho que el sistema educativo del país era una maquinaria conductista. Los condicionaron a no participar en los asuntos públicos, a no reclamar sus derechos, a soportar con estoicismo las aberraciones de la autoridad, a no afrontar sus responsabilidades o a salirse por la tangente con un acto de corrupción y elevó el tono con un afán de establecer el colofón de sus ideas: ¡Tenemos más muertos que en las zonas de guerra del mundo! ¿Cómo no va a tener miedo la gente? En nuestro país hay más desaparecidos en los últimos años que en todo el periodo de la conquista en este continente y más que en cualquier dictadura de la historia, pero la gente no lo sabe, porque les han enseñado a rehusar los compromisos, ¡se niegan al conocimiento porque no quieren la responsabilidad que conlleva! Es más fácil ver un partido de futbol o dejarle a Dios una tarea que no le corresponde. La educación en forma de sistema es pretender que todos piensen igual, sin darse cuenta que así matan la diversidad, que es lo más valioso; los países multiculturales tienen mejor calidad de vida, aunque no tengan muchas riquezas. Si un pueblo está dividido es síntoma de que está siendo sometido a prácticas perversas de dominación. Los pueblos unidos no pueden ser sometidos, aunque sean entre ellos muy diferentes.

En los equipos, Germán ya había dado nombramientos del tipo militar. Jacinto era el primer Coronel, y Lauro fue nombrado Mayor. Los otros del grupo principal eran capitanes y en las ciudades, donde se dirigían los movimientos más organizados, llegó a nombrar comandantes. Nadie le había dado a él, el nombre de General, hasta una visita que hizo al sureste, junto con su equipo de allegados. En los establos de un pequeño rancho, Luis Toledo, el propietario, había reunido a sus principales líderes de diferentes ciudades cercanas para la visita de los creadores del movimiento. Habría una jornada de capacitación y cuando estuvo presentando a cada uno, le adjudicó el título de capitán a Lorena y el de General a Germán, porque prefería eso que dejar sus nombres sin una jerarquía, como las de Jacinto, Lauro y los capitanes Juventino y Manuel. El establo tenía un penetrante olor característico de las caballerizas y, de vez en cuando, mientras se trataban asuntos importantes sobre la logística del día final, se escuchaba el relincho de los caballos o el mugido de las vacas. El calor sofocaba fuera, pero dentro se mantenían más bien frescos con una ligera brisa que se paseaba entre las ventanas y la enorme puerta de acceso. El rancho era pequeño, pero el establo medía más de 300 metros cuadrados; fácilmente podían reunirse ahí unas 200 personas sentadas, pero esa mañana sólo se convocó a 20 líderes, más el equipo de Germán. Ellos llevarían a sus comunidades las novedades del movimiento y la fórmula para atacar las dependencias. También tenían el reto de contagiar el entusiasmo a más personas y capacitarlas para la acción con la insistente discreción, formar líderes y procurar recursos económicos, organizando colectas entre los voluntarios. Manuel era el responsable del registro de participantes, sus datos para localizarles desde el centro nacional y la contabilización de adheridos al movimiento. Nunca inviten a alguien que trabaje en el gobierno, ni en bancos, ni en grandes empresas nacionales o extranjeras, era la parte que Lauro hacía mejor; él promovía el crecimiento de los grupos. Cuando se hallaba frente a ellos, su personalidad más bien tímida, se transformaba en la de un gran entusiasta. Tanto como lo hacía Germán, siempre hizo bien la tarea de responder las más duras críticas del golpe de estado ciudadano. Desde el principio necesitaban romper las reticencias de los escépticos, pero en cuanto vieron la efectividad del arma que inventó Jacinto, no hubo uno que se negara a participar. El problema era convencer a los otros, esos que no podían ver la demostración de cómo la sustancia aquella desmayaba a la gente. Jacinto explicaba el funcionamiento de su bomba química a los participantes del curso cuando Lorena le dio una servilleta en la mano, como si fuera un recado urgente que debía atender. Dio unos segundos para leer: Te ves tan guapo hablando... te amo. Jacinto se sonrojó, todavía estaba fresco el recuerdo del reencuentro en el hotel; y continuó con su explicación a los milicianos.

Luis Toledo salió un momento del establo en busca de las galletas y bebidas para los agotados líderes, después de varias horas de trabajo. Caminaba emocionado porque se daba cuenta que él formaba parte de un gran cambio. Mandó llamar a uno de sus caporales que corrió tras de Luis por más de un minuto, hasta que le alcanzó. El patrón caminaba rumbo a la casa, a unos cuatro minutos; cuando su caporal le alcanzó, volteó para hablar con él: acompáñame, traeremos algunas botanas. El rancho contaba con varias cabezas de ganado vacuno y unos cincuenta caballos. Rondaban por el valle y el bosque cualquier cantidad de conejos y ardillas, topos, mapaches, cuervos y lechuzas. El límite principal era el bosque, donde él ya no podía fincar y del otro lado una carretera de bajo aforo por donde vio venir al menos siete camionetas saturadas de policías. La alegría se esfumó en un instante y dijo a su caporal: ¡Corre al establo y avísales que nos han descubierto! Mientras él se apresuró sin dejar de vigilar al contingente policiaco que aparentaba ingresar a sus tierras con todo su equipamiento y gran cantidad de efectivos. ¿Cuál fue el error?, se preguntaba mientras trataba de alcanzar su caballo Cuarto de Milla de nombre Figurín, atado a un costado de su casa; ya sobre él, instruyo a su familia que subieran a la camioneta y escaparan lo más pronto posible. Salieron de la casa su esposa y tres niños de corta edad, además del bebé que ella llevaba en brazos y dos ayudantes de la casa y el campo. ¿Qué pasó?, le preguntaba ella. No tengo tiempo de explicarte, súbete a la camioneta y huye tan lejos como puedas, luego nos encontraremos con tus padres. Dirigió a Figurín a todo galope hacia el establo, notó que los agentes ya estaban demasiado cerca, dispuestos a atacar y con sus armas apuntando hacia la construcción de madera y palma. Lejos, en la parte de atrás del establo, muchos de sus amigos corrían para perderse en el bosque. Los policías alcanzaron a dispararles cuando pudieron verles y Luis Toledo se tuvo que congelar cuando los tuvo enfrente, levantando las manos. Le obligaron a bajar del Cuarto de Milla y a acostarse en el suelo. Antes, le dio una palmada a Figurín que se había puesto nervioso para que huyera. Pudo ver también, desde el suelo, cómo su esposa viajaba por la carretera en la colina, por la parte más alta; otros dos de sus caporales habían huido con el grupo de milicianos. Jacinto tenía su arma, escondido tras un árbol, igual que Germán, muy cerca de él. Con la mirada, más que con palabras, sugirió: ¿la activo? Germán le decía que sí, pero Jacinto no tenía cómo protegerse contra ella y los azules sí, porque estaban bajo el sol. Como pudo, quiso hacerle entender a Germán su problema. Fue cuando finalmente razonó el dilema. Los policías ya se acercaban y habían disparado sin éxito a un par de líderes que esquivaban los disparos entre los árboles, montaña arriba. Por primera vez tuvieron miedo de morir. El peligro era inminente y antes de preocuparse por descubrir a los traidores, sus pensamientos se producían con alto grado de estrés en cómo librarse de los representantes de la ley. Jacinto sacó de su bolsa la servilleta que le dio Lorena y creó un filtro con dos pedazos en cada fosa de su nariz. Luego activó la bomba y, algo mareado, pudo ver como todos los gendarmes cercanos y sus amigos caían bajo las sombras de los árboles. Detrás venían más policías preparados para lo peor, porque vieron caer a sus compañeros de forma inexplicable. Prepararon granadas y avanzaron hasta que llegaron junto a ellos y desmayaron igual. Jacinto mantenía vivos a los gérmenes, pese al viento, dosificando poco a poco el químico con el frasco de moho. No se movía mucho porque se sentía mareado, no podía respirar bien y una pequeña dosis del químico le atolondraba. Los últimos policías no sabían cómo proceder. Movían sus camionetas de un lado para otro, queriendo rescatar los cuerpos de sus compañeros caídos que podían estar muertos en la ladera de la montaña. El líder del comando armado tampoco se atrevía a reportar el incidente con sus superiores hasta no estar seguro de qué estaba pasando, signo de la desorganización e ineficiencia de los cuerpos de seguridad de toda la nación, gente inculta, corrupta, abusiva, desconcertada, cuyas únicas metas eran las de defender a las cúpulas, la élite adinerada, los políticos deshonestos que eran quienes pagaban la seguridad, siempre a costa del pueblo; y así estuvieron casi una hora. El único despierto en la montaña era Jacinto y abajo habría unos quince elementos uniformados inquietos y protegidos tras de las camionetas. El sol avanzó y algunos de los policías empezaron a despertarse; se hallaban atolondrados y al reaccionar se dieron cuenta que corrían peligro. La situación les resultaba inexplicable. Luis Toledo, desde su detención tirado en medio del valle, esperaba que los guardias indicaran su destino; aquellos, absortos en la problemática de la montaña, no se dieron cuenta que el propietario del rancho La Victoria se fue escabullendo por la tierra hasta quedar fuera de su vista, detrás de ellos y se escondió en una peña que daba al riachuelo, poco más allá, hacia la carretera. Desde ahí, escudriñaba el retorno de los efectivos a sus camionetas hasta que finalmente huyeron despavoridos sin un solo detenido. Jacinto bajó en cuanto vio la partida del contingente y Luis Toledo se acercó al verle: ¡Es increíble!, comentó exaltado, casi abrazando al Coronel. Tu rancho ya no es seguro para nadie, debemos salir cuanto antes de aquí. Vamos al establo por el antídoto para despertar a los compañeros. Jacinto se notaba muy alterado, sudaba a mares y tenía empapada la camiseta; sufriendo más de la cuenta, la humedad de la zona. Durante toda la hora, antes de saber que los policías se aterrorizaban por lo sucedido, el asustado era él. Pensé que dispararían desde las camionetas o causarían un incendio forestal para no dejarnos escapar.

Varios de los asistentes al curso se perdieron en el bosque antes de ser atrapados por la bomba química y no volvieron por el rancho de Luis Toledo. Jacinto despertó a todos los que encontró y les pidió que volvieran a sus casas. Los líderes del movimiento, incluida Lorena, Gabriel Astudillo, Manuel Flores y los demás, tomaron sus camionetas y emprendieron el regreso. El propietario del rancho también huyó en cuanto pudo, luego de pedir por celular a un amigo de la zona que se llevara a los animales a un sitio más seguro. No diremos una sola palabra sobre esto, indicó Germán mientras viajaban por un camino de terracería para evitar la carretera. Muchos abandonarían el movimiento. Y luego agregó: reforzaremos las otras células del sureste para desintegrar esta. Pero todos iban conmocionados, y Jacinto el que más. Aunque él inventó el arma, no necesitó usarla antes para defender su vida y la de sus amigos. Frente a ellos tenían un Titanic, mientras viajaban en una pequeña lancha. Acababan de presenciar la gran fuerza que tenían apenas unos 70 policías y tan sólo el ejército rebasaba los 200 mil en todo el país. Para empezar, sus microbios debían volverse resistentes al sol, porque cientos de miles de militares estarían en la calle o en los campos y si pretendían ponerlos a dormir a todos, ¿cómo lo harían? Tendrían que sumar a otros tantos policías de cientos de corporaciones municipales, estatales y nacionales. Por eso la consternación. Sus cerebros empezaban a ver la realidad de aquella empresa; miles de uniformados armados y comunicados, con vehículos, presupuesto, prestos para el ataque y la defensa.

Germán Álvarez no pronunció una sola palabra hasta que llegaron de regreso a la bodega por la madrugada del día siguiente, pese a que se mantuvo despierto. Cancelaron dos reuniones que tendrían por la misma zona sur del país y sólo hasta que todos entraron en su guarida mencionó: Descansen hoy, nos vemos mañana a las 8 aquí mismo. Sin más, sacó su propio vehículo por el zaguán y se retiró. El chofer y dos de sus guardaespaldas les llevaron en la misma camioneta a sus casas. ¿Crees que Germán quiera retrasar el golpe de estado?, preguntó Lorena a Jacinto en cuanto ingresaron a su casa. No es su estilo, indicó Jacinto. Más bien creo que revisará los planes y los ajustará para que no vayamos a doblegarnos. Y no se equivocó. Jacinto ya pensaba un poco como él. Germán solicitaría más apoyo a sus patrocinadores y conseguiría el presupuesto necesario para dar fin a la empresa de una vez. No dudo que esto lo veía venir, aseguró Lauro también. Germán revisa todas las aristas de la ruta que se ha planteado, una y otra vez; por eso, cuando instruye a la gente, él sabe indicarles el futuro que les espera, concluyó. Nosotros somos quienes nunca imaginamos estas confrontaciones inesperadas, agregó Jacinto y terminó así: vámonos a dormir, yo estoy muy cansado por el viaje y el estrés.

Cuando Germán tenía 15 años, tuvo un serio problema con su padre y eso le forjó el carácter meticuloso, que ya de adulto, le permitía analizar sus posibilidades, prever el futuro, ajustar bien sus tiempos, valerse de la oratoria para conseguir los recursos necesarios y así, alcanzar las metas que se proponía, aunque los problemas que atravesaran fueran muchos, porque también creaba planes alternativos ante las contingencias. Su papá, que cargaba todavía el mismo nombre que su único hijo, era un hombre muy formal, serio, en extremo responsable, trabajador como pocos, hijo de un inmigrante francés durante la Segunda Guerra Mundial; quien con los años se convirtió en un alto ejecutivo de una gran empresa y diariamente trabajaba más de 10 horas en su oficina, atendiendo los demandantes problemas de la producción de automóviles. En la escuela de Germán reportaron su fuga de las clases con otros dos compañeros. Don Germán se enteró del asunto cuando llegó a casa, se lo contó su esposa, madre del adolescente; ella atendía el hogar, siempre atenta a las exigentes demandas de su esposo. El papá, sin miramiento alguno, subió a la recámara de su hijo y le echó de la casa sin proferir de por medio más que estas palabras: Vas a tomar tu uniforme del colegio, tu mochila con los libros, un par de camisas y te vas ahora mismo a vivir fuera de aquí. La madre del chico, al conocer el castigo un rato después, le rogó llorando que permutara el castigo; sentía que alejarlo de casa le dejaría a la deriva. Los padres de los dos compañeros que se fugaron con Germán de la escuela intercedieron por él con el director, uno de ellos le estaba permitiendo dormir en su casa, y el mismo director citó a los padres de Germán en la escuela, inútilmente. El mismo muchacho se presentó todas las tardes durante un mes a ver cómo su papá se estacionaba en la cochera de la casa para pedir perdón por su acción. Al principio le lloraba, le suplicaba que le perdonara, que le cambiara el castigo, que le dejara seguir viviendo en su casa; cualquier súplica parecía inútil; cuando caía la noche, caminaba a casa de su amigo para darle las malas noticias: su padre no le perdonaba haberse ido de pinta de la escuela. Aunque le miraba por la ventana cuando le veía caminar decepcionado luego de un rato. Una vez que el padre pensó que el castigo fue suficiente, pasado un mes del inicio de la sanción, accedió a darle a su hijo otra oportunidad: Deberás demostrar con excelencia que corregirás no sólo los asuntos académicos, también la pulcritud de tu recámara, el lavado de tu ropa y el cumplimiento de tus deberes en la casa, si tienes un permiso para salir a una reunión, llegarás un minuto antes porque, de lo contrario, será la primera y última vez que llegues tarde a cualquier lugar. El muchacho había pagado con sangre y dolor excesivo aquella travesura de adolescente y a pesar de ello, tuvo que convertirse en un chico modelo, al menos para la vista de su padre, a quien le tenía un terror indescriptible; no falló, empero, ni una sola vez por años; se volvió organizado, cumplido, responsable, trabajador y creaba cuidadosamente un sistema para el más mínimo asunto, previendo seriamente las consecuencias de cualquier acto que realizaba; incluso varias novias le creyeron esquizofrénico, mandándolo a volar a otros nidos en poco tiempo. Pasados los años, un día, perdonó a su padre, porque le permitió formar un patrimonio para su familia y ser capaz de dirigir tres empresas además de la más grande revuelta del país de los últimos tiempos; en pocos días sabría si triunfaría o fracasaría en ella.

Ese otoño mostró su amabilidad al disminuir las ráfagas de mosquitos que martirizaban dentro de la bodega en otras épocas del año. El sol dejó de ser un motivo de preocupación y las brisas marinas avecinaban la deliciosa frescura, cual agave destilado en la garganta o como si se viviera en otros lares menos ardientes. Antes de las ocho, al día siguiente del tormentoso regreso del rancho La Victoria, se reunieron unos treinta por la bodega, los líderes principales, y los siguientes, cual costumbre semanal. Aunque el clima favorecía, el ambiente era muy distinto. Nadie se atrevía a propagar, bajo instrucciones de Germán, lo sucedido en el sureste; no hacía falta, pues se notaba en sus rostros, en el ánimo minado y desfavorecido por el ataque policial. Las instrucciones de su general, Germán Álvarez, se avocaron a procurar la seguridad de esa desmoralizada guerrilla. Si bien sabía que aún faltaba lo peor. Mientras se planeaba la revolución, los problemas eran pocos, porque sólo los adeptos, esos que creyeron siempre que era imperante un cambio de gobierno, los anarquistas, revoltosos, sobajados y miserables; sólo ellos fueron invitados al banquete. Todos favorecían las revueltas y la caída del sistema. Pero muchos, demasiados para su gusto, en un país engañado y creyente de las mentiras del gobierno, no estaban de acuerdo con la guerra, ni las armas; preferían la violación de los derechos humanos de unos cuantos manifestantes insurrectos, acusados por doquier de gente violenta, tachados de agitadores, gente manipuladora y poco confiable que supuraba desconfianza y pensando, como siempre, que el Estado usaría toda su fuerza contra esos revoltosos, eran frases comunes en los medios, periódicos, revistas, declaraciones de decenas de políticos en radio y televisión. El plan era llegar al poder antes que debatir con los partidarios de la dictadura; de otro modo, cientos de milicianos se dejarían seducir por las ideas, se extrapolarían los argumentos y se vendría abajo todo el mecanismo que Germán implementaba con gran destreza. El mecanismo del sistema, con larga experiencia en dividir opiniones, aprovechando la maquinaria de los medios masivos para menospreciar las acciones democráticas con gran destreza y bajeza, agotaría al movimiento en pocos días. Sin embargo, ya empezaban las preocupaciones; lo sucedido en el rancho La Victoria era un signo de que muchas fuerzas, no sólo armadas, querrían derrocar a los milicianos antes de que su movimiento pudiera aglutinar a millones en torno a su movimiento social. Muchos de ellos, durante años, sufrieron decepciones, queriendo hacer entender a maestros, comerciantes, amigos o familiares, doctores o mecánicos, tenderos y estudiantes, que el gobierno les engañaba, que las televisoras eran parte importante de la manipulación para tener esclavizada a la gente; se cansaron de promover un cambio social y les tildaron de locos, les llamaron huevones; y repitiendo la propaganda mediática, eran anarquistas revoltosos siniestros en contra del progreso, lacras que debían ser exterminadas para dejar vivir en paz a los trabajadores, inversionistas y políticos comprometidos con el bienestar nacional. ¡Mentiras! Y debían seguir su camino, pese a todo, arrastrando los pies por las calles, llorando en cada esquina, viendo cómo saqueaban al país en sus minas, en sus campos petroleros, en sus presas, en sus arcas, en su dignidad como personas, acarreados por una torta o una camiseta con sonrisas falsas del telón electoral, hasta con billetes o mochilas escolares; eran capaces de vender sus almas por un voto, sin saber que condenaban a sus hijos a un futuro ignominioso y denigrante. Ahora empezarán los asuntos verdaderamente importantes, afirmó Germán al día siguiente y, con sus frases encaminadas a completar el objetivo de los grupos rebeldes, levantaba la mirada de todos ellos hacia un porvenir menos deprimente a la realidad del país, y muchos otros, bajo la penumbra de las élites nacionales o mundiales, empobrecedoras e insensibles del dolor humano. Cuando el hombre entendió que todos tenemos el mismo derecho a comer del fruto de la tierra, y caminar libremente sobre ella, se inventaron los impuestos y las fronteras; eso prueba que no lo entendieron. Germán rompía esquemas. Si gasto mi dinero en una trasnacional no volveré a verlo; si compro a los campesinos de mi región, el dinero volverá a mi tarde o temprano, en forma de mejores empleos, mayor equidad, menor desgaste de recursos naturales, etc. Si unos cuantos en el mundo gastan millones para llegar al planeta Marte y colonizarlo o inventando cremas para bajar de peso, mientras otros están buscando en la basura qué llevar de comer a sus hijos, no me digan que soy antiprogresista; son ellos defensores de un progreso insostenible. Y describía la naturaleza de los problemas desde la escuela: Algo anda mal en la educación cuando los niños no desean aprender, cuando detestan los libros, cuando los maestros no aman el conocimiento. Mucho tiene que ver el sistema que somete a sus maestros a condiciones insufribles. Atizaba así el fuego en sus corazones, y después de él, un Jacinto y un Lauro más recuperados de la depresión moral que les trajo el ataque un par de días antes. Nuestra arma es eficiente y muy poderosa; pueden estar tranquilos, instruía Jacinto a los líderes mientras recordaba cómo tuvo que tapar sus fosas nasales con un par de trozos de servilleta. Vamos a enseñarles cómo se debe gobernar a un país, no sólo en este; el mundo entero sabrá que los valores de la patria no se venden y que somos hermanos pese a nuestras diferencias. Era eso tan conmovedor, viniendo de Jacinto, con su característico don de gente, que se levantaban a aplaudirle y de ese modo le empujaban a seguir, porque dentro, en su mente y corazón, se emocionaba incluso hasta las lágrimas, luego de haber vivido un infierno en la prisión, en las pequeñas jaulas de los multifamiliares, en la escuela o en el hambre que pasó por años. Si no luchas por tus derechos no pretendas alcanzar tus ideales que ya otros se encargarán de imponértelos. Luego armaron equipos con tareas específicas para ordenar las prioridades de acción que les enlistó Germán, permitiendo que se sintieran protagonistas del cambio en el país y no sólo borregos de un nuevo sistema que reemplazaría al anterior. El rey de la selva no está para respetar a nadie, pero hace mucho que esto dejó de ser la barbarie, cuando el hombre pretendió ser civilizado. El general, como empezó a ser conocido en esos días, tenía un plan ciertamente revolucionario para gobernar al país. Estaba harto de las divisiones entre socialistas y capitalistas, izquierdas y derechas, privatizadores y nacionalizadores. Él apostaba por una sociedad más informada, capaz de gobernarse a sí misma, responsable de los asuntos públicos y consciente de la sustentabilidad social. Sin eso, no tenemos nada, explicaba en algunos debates. Individualmente valemos oro, pero en grupo logramos más, nos apoyamos y comprendemos; ese era un pilar de su futuro gobierno. No se trataba de una masa ingente e informe, sino de una organización social participativa, propositiva, comprometida con su entorno social, ambiental, cultural y científico. El manual de Carreño es de principios del siglo XIX: dicta normas de comportamiento social; abrir la puerta a las damas o colocar los cubiertos en un orden específico sobre la mesa. Nunca consideró que mucha gente en el mundo no tenía cubiertos, ni mesas, ni puertas. Ese manual es elitista y le da a los poderosos una justificación para menospreciar a los demás. Cuando se logre un cariño comunitario, los temas álgidos como el aborto o las relaciones homosexuales serán discutidos con mayor respeto y mejores resultados. Mientras tanto, el gobierno los usa para dividir, siembra odio de mil formas, como los ataques mediáticos al gremio de maestros o a quienes se ven afectados por la expropiación de sus tierras, la desaparición de sus familiares o la defensa de su salario y prestaciones.

En esos momentos grupales, mientras los equipos preparaban su pequeña exposición sobre los resultados de los debates, Manuel Flores, el Capitán, se acercó a Germán para platicar con él. Quiero que me autorices viajar al sureste a investigar lo que sucedió con los policías, le explicó y agregó: me temo que si no conocemos a fondo esa verdad, nuestro movimiento se pondría en riesgo; imagina que ya saben la fecha y el lugar en el que vamos a atacar. Germán aprobó la propuesta, no había pensado en ello. Excelente idea, Manuel, muchas gracias por tu aportación, y le preguntó: ¿qué necesitas para el viaje?, mientras llamaba con una seña a Lauro, que se encontraba cerca de ellos. Sólo algún presupuesto menor, de lo demás, yo me encargo. La bodega se hallaba casi vacía en ese momento, muchos salieron a tomar el sol, platicar o fumar. Germán instruyó a Lauro: Organiza un comando de dos hombres que lleven a Manuel al sureste y calcula los gastos para que puedan estar por allá un par de semanas y concluyó: Van a una misión secreta, que no se entere nadie. Y luego de ello, Germán se acercó a Jacinto para preguntarle: ¿Cómo van los experimentos de la fórmula? Jacinto usaba un bigote corto por esos días y la patilla se extendía hasta el lóbulo, haciendo que su apariencia extrañara a sus amigos; quizá le motivó la presencia de Lorena para verse distinto, ni más feo, ni menos feo, era igualmente un Jacinto de pinta común; un flaco y adusto caballero, chapado a la antigua, lleno de miedos, coraje y odio, depresivo, pensativo y demás características inevitables. Cierto era que vivía un enamoramiento poco visto en su vida, pero convencido de acabar con el gobierno; tenaz y disciplinado con sus tareas. Varios días antes de viajar por el sureste, recogió de los laboratorios especializados, los resultados que permitían asegurar que la fórmula química que inventó para dormir a la gente no causaba daño a las personas; su salud no peligraba en lo más mínimo, como si se tomara un vaso de agua, con limón o con jamaica, o como tener una novia en la preparatoria; bueno, salvo honrosas anomalías, en las que algunos salen muy dañados del noviazgo... cuestión de enfoques. Estoy preparando un experimento para reforzar los gérmenes y que puedan hacerse resistentes al sol, manifestó, y por la tarde iré a buscar una dotación de productos de la droguería para conocer cuáles servirían como antídotos, comentó orgulloso de sus faenas. Bien, respondió Germán, ¿Te parece si el sábado me preparas una explicación completa de los avances más recientes? Luego de calcular sus tiempos, Jacinto sintió suficiente el lapso para reunirse con "el general" y mostrar su progreso. Ahí terminaron entrambos el encuentro e inició en Jacinto una insurrección de ideas que nublaron su presencia en la bodega, como volverse un mueble, respirando más de la cuenta, forzando la maquinaria con aceleraciones a veces innecesarias, despotricando como siempre contra el gobierno en cada esquina de sus avenidas cerebrales y causando también tráfico intenso de información sobre las mismas. Cualquiera podría volverse loco atendiendo tantos asuntos al mismo tiempo, pero como Jacinto ya lo estaba, no marcó ninguna diferencia. Mientras buscaba un espacio para dar sentido a sus ratos con Lorena entre tantos porcentajes, fórmulas y teorías experimentales, consentía ciertos lapsos de ilusión junto a ella, al grado de lujuria, que permitían la ebullición de algunas combinaciones en las sustancias de su imaginación; subiendo la temperatura, lograba unir al general con el sábado en una cita inaplazable y todos sus menjurjes químicos en un resultado favorable. De inmediato sus pendientes agendados en la memoria saturaron el papel con un lenguaje binario difícil de entender para los mortales, pero en los que Jacinto se acomodaba plácidamente a palomear cada tarea, completando la misión. No lo distrajo la gente del grupo, ni sus presentaciones plenarias después del debate de equipos, ni los aplausos motivadores al final de cada exposición. Mucho menos las galletas y el café de su receso o los saludos de los compañeros que veían en él una oreja muy grande, porque les miraba fijamente a los ojos mientras ellos le hablaban para intentar concentrarse en un asunto más que su mente debía atender, pero que en realidad mandaba a segundo plano mientras los otros, emocionados, se explayaban con él, siempre atento, caballeroso, respetuoso de los modales sociales, pero tan grosero como una bebé en carriola que sólo nos tira a locos cuando intentamos juguetear con ella o como un cura en el confesionario frente a ciertos pecados tan cotidianos como la gula o la soberbia, aburridos, imprácticos. Y de ahí a la siguiente charla, igualmente de intento, para dar por terminado un receso que sólo mete ruido a las ideas de un químico incansable, volcánico y exasperado, que si tuviera frente a él un cubo *Rubik*, le daría solución en diez minutos para continuar con sus yuxtapuestas golosinas mentales.

Inyectados de vitaminas, los líderes empezaron a mover las piezas del juego cada vez con más velocidad, enseñando y delegando a otros equipos, reuniéndose con ellos en casas, comercios, fincas o parques, sin entregarles las fórmulas todavía, les permitían conocer los alcances de su arma y la forma en que operarían el día del golpe de estado ciudadano, todavía programado para antes de navidad, pero que pronto se postergaría para el 7 de enero por *vox populi*, y para ello faltaban menos de dos meses. Atrás quedaron las reuniones aburridas sin acción, el arma de Jacinto les daba la tranquilidad de poder ejecutar su plan, como conseguir los boletos de una premier; ya sólo faltaba prepararse y esperar que todo saliera bien.

El viaje de Manuel Flores al sureste se volvió un asunto vital en las elucubraciones de Germán. Luego de saber la idea, estuvo enlistando las diferentes posibilidades del resultado: ¿Alguien traicionó al movimiento?, ¿El gobierno ya les seguía los pasos?, Luis Toledo, el dueño del rancho La Victoria, ¿cometió errores?, ¿Era un problema de comunicación en el que usaban algún medio tecnológico para decir lo que debían callar? Y desde esa noche, no pudo dormir. Su esposa, junto a él en la cama, notaba la inquietud que cada madrugada mostraba, levantándose cada hora, sorprendiéndole frente a la ventana en profundas reflexiones, y le preguntaba: ¿Qué pasa, amor?, ¿Tienes algún problema?, e intentando desviar la atención, firme en su propósito de no revelar sus planes, respondía: Hay unos asuntos en la empresa que me preocupan, pero, y tú lo sabes bien, tarde o temprano se terminan. Ella, en el afán de cualquier esposa conciliadora y filósofa, aunque algunas son más bien sofistas, le dijo: con sueño se pueden complicar más tus problemas; así que Germán, apreciando esas motivaciones de media noche, aceptó sin dudar que de verdad le convenía estar descansado para afrontar cualquier inconveniente. Pensar, a veces, no resuelve nada; y mucho menos en pijama, sin un buen café, sin las personas indicadas y estando en el perfil físico de un moribundo. Unos días después, cuando supo qué descubrió Manuel Flores con la policía en el rancho La Victoria, sus insomnios perdieron la batalla y le cosieron la cabeza a la almohada, pese a que no había pensado en los regalos de navidad, ni en la cena, ni en la decoración típica de esas costumbres tradicionales, que se disfrutaban más con la familia que en soledad, y no tanto por un gasto, una bebida, una cena o una creencia. Porque la convivencia es lo que realmente vale, en verano o primavera, bajo la lluvia o las estrellas, en la ciudad o en el campo. Que no vengan a decirme que es el espíritu, sino la juerga, le dijo en una parrillada Jacinto, unas semanas antes; y Germán se rio mucho cuando la escuchó, pero pasado un tiempo, meditando con paciencia la elocuente frase, coincidió que no todo el año se está dispuesto para ver a los demás como valiosos, siendo que ese pensamiento es muy idiota, porque si una persona tiene valor, lo conserva de día o de noche, con trabajo o sin él, viajando o trabajando, adinerado o paupérrimo, en la Patagonia o en Siberia, en febrero o noviembre, el día de su cumpleaños o el aniversario de bodas, en el baño o lavando ropa, las personas siguen valiendo mucho. Y lo ejemplificaba con Jacinto: no tiene un trabajo fijo, ni siquiera fino, es un tipo dispuesto a quemarse un dedo en el pie izquierdo practicando peligrosas fórmulas químicas, incapaz de consolidar un hogar, hijo de la desventura, pero tenaz, responsable, disciplinado, fiel a sus ideales, servicial, cuidadoso en su presencia física, siempre aseado; en pocas palabras: pobre, pero digno. Jacinto sabía tener amigos, aunque también aprendió a robar, a vivir del engaño. Con las pocas opciones que la vida le dio, supo luchar incansablemente, se sacrificó por los demás, entregó su vida por cambiar las cosas que están mal y fue a dar a la cárcel, perdió todo lo que tenía, incluso a su novia, Lorena... Lo arriesgó todo por un ideal noble. Cometió errores al por mayor, y se deprimía por no saber cómo dar cuerpo a sus propuestas. Finalmente encontró, sabiendo ganar amigos, el santo grial, que no es una copa, sino una bandeja, en la que puso, como buena vasera, en charola de plata, la revolución inaplazable del país. Es un tipo de un inmenso valor, histórico, que puede dar frutos impensables en el país de los que no piensan, sino que caminan sin rumbo en las pocas aristas que les dejan para cabalgar cual caballos para el lugar donde les marque la guía que les conduce. No deja de ser un personaje importante porque dude si debe activar la bomba bioquímica frente a los policías o no sea capaz de encender el fuego en su parrilla cuando hace viento, o active su bomba a la hora que Lauro se esté limpiando en el baño.

Manuel Flores viajó esa semana al rancho La Victoria para intentar descubrir qué motivó a la policía a atacarles el domingo anterior. Con los datos que tenía, visitó a cada uno de los líderes que asistieron con el objeto de entrevistarse con ellos. Una vez, cuando más joven, Manuel viajó a Europa a participar en un *jamboree* scout y sus padres le apoyaron para aprender un poco más de aquellas latitudes; ahí tuvo la oportunidad de conocer a un equipo de periodistas que investigaban al presidente de su país por enriquecimiento inexplicable; fue en ese viaje que comprendió los alcances de una investigación realizada con metodología rigurosa. Tenía entonces 22 años y cuando volvió terminó una maestría en investigación científica. Por eso desde que sucedió el ataque policiaco en La Victoria, deseó conocer los pormenores. Eso le pasa a la gente por andar de curiosa, como los periodistas, arriesgando el pellejo, sabiendo que luego las personas ni siquiera se van a interesar por los resultados, pero en fin... A quien más trabajo le costó encontrar fue al propio Luis Toledo, quien abandonó su rancho y nadie sabía dónde localizarlo, porque tampoco contestaba las llamadas de su teléfono. Aparentemente, tenía miedo que les estuvieran investigando y se desapareció por un tiempo. Manuel pensó mucho en eso hasta que se le ocurrió llamar a Germán y pedirle que él le telefoneara. Así fue como pudo comunicarse finalmente con Luis Toledo y le visitó en la casa de sus suegros, donde estaba hospedado. Mil disculpas por no contestar tus llamadas, insistió en varias ocasiones Luis Toledo, seguidos de igual número de "no te preocupes" en voz de Manuel Flores. Era una casa más bien modesta, una más de tantas diferentes en una calle medio transitada de la zona céntrica en un pueblo cercano a su rancho. Difícilmente le localizarían en ese lugar, porque sus suegros no eran los propietarios de esa casa, la rentaban. ¿Has pensado quién pudo delatar al movimiento?, indagó Manuel. ¿Qué si lo he pensado?, no ha pasado un minuto desde que ocurrió aquello en que no piense en mi problema mayor. Y Manuel le tranquilizó: Germán te apoya, Luis, debes estar tranquilo; mi presencia aquí se debe al interés que tengo por descubrir al traidor y tranquilizar a los líderes del movimiento. Luis tuvo curiosidad: ¿No te ha enviado Germán? Desde luego que no, yo le he pedido permiso para conocer la verdad y que todos podamos dormir tranquilos. En eso pasó la esposa de Luis por la salita y se dedicó un par de minutos a saludar y escuchar las presentaciones de formalidad; llevaba en sus brazos al bebé que apenas cumplía unos meses de edad. Terminadas las felicitaciones también de rigor, Manuel indagó: ¿Sospechas de algún líder de tu grupo que estuviera interesado en traicionar el movimiento? Pero Luis le explicó: Pensé mucho en eso al principio, pero se me vino a la cabeza una idea que podría dar explicación a lo que sucedió el domingo hace un par de semanas; mientras Manuel escuchaba interesado, sentado al borde del sillón de la sala que le asignaron. Leyendo el periódico el otro día, supe que el gobierno anda en busca de un criminal que mató a una familia de 7 integrantes. La respuesta de Manuel fue de indignación, sin pronunciar una palabra. Creo que deberías investigar en la policía sobre ese crimen y quizá entenderías por qué el rancho La Victoria pudo estar involucrado.

No pasaron muchos días para descubrirlo. El sospechoso del crimen era un tipo llamado Florencio Albino, quien trabajó un tiempo en el rancho La Victoria y por eso la policía buscaba en el rancho de Luis Toledo al multihomicida. ¡Era una lección periodística importante! No se debe presumir que las hipótesis de una investigación son forzosamente las únicas. No se debe presuponer nada, como ellos, que pensaban en un detractor del movimiento revolucionario. Valorar bien todas las pistas, como el artículo del periódico de Luis Toledo, hasta encontrar el motivo de un hecho. La paz volvió al propietario del rancho La Victoria, al corazón de Manuel Flores y regresó el sueño placentero de Germán Álvarez, al menos, sobre ese tema. ¡Qué fructífero resultó el viaje para el espíritu de los líderes! Primeramente, tan cerca del tiempo en que tomarían las riendas del país, ya podían enfocar sus esfuerzos a lograr el objetivo. Era bueno tener el ánimo vitaminado. En segundo lugar, se pudo reanimar la célula del sureste que, aterrada, se ocultaba en casas de suegras o cuñados, tíos o abuelos, en edificios, fincas o casas de playa. Todos ellos se reorganizaron y volvieron a poner en marcha las acciones del golpe en las diferentes zonas que controlaban. Y finalmente, las energías se enfocaron a tareas realmente importantes, como resolver una discusión entre dos líderes de la zona norte, que tuvieron una diferencia de ideas significativa al pretender definir una forma nueva de gobierno. Ambos contendientes, cual ring de boxeo, lanzaban derechazos y golpes bajos, discutiendo, por una parte, que el gobierno debía controlar y aplicar las leyes, mientras que la otra parte apostaba más por ideas anarquistas. Una llamada de Germán intentó arreglar las diferencias, pero aquellos tenían deseos de confrontarse en una batalla campal. ¿Por qué no intentan valorar sus coincidencias como repudiar al gobierno actual, en lugar de fijarse en las diferencias?, preguntó Germán al teléfono. Al final de cuentas, lo importante era crear una democracia, en donde todos pudieran participar y debatir sus ideas. Sólo que aquellos dos combatientes, mostraban una testarudez insólita. Debido a su inexperiencia, la capitana que comandaba aquel grupo, no supo detener a tiempo el embrollo y sus dos más destacados sargentos estuvieron a punto de poner en riesgo la seguridad de su centro de reuniones. Germán estaba tan complicado con la gira, que pidió a Lauro y a Jacinto viajar al norte para ver si podían minimizar el daño de la hecatombe entre los adversarios dentro de un mismo equipo.

El viaje no pudo ser más accidentado. Primero perdieron una llanta al golpearla sin cuidado contra un camellón en una ciudad intermedia. Le siguió una trágica situación al quedarse sin combustible por no llenar el tanque a tiempo; la carretera era tan larga como la dictadura del país y no contaba con estaciones de servicio con la frecuencia acostumbrada. Pasaron más de dos horas hasta que les auxilió una grúa que pasó por ahí y les remolcó quince kilómetros, dejándoles en la gasolinera siguiente. También Lauro perdió sus lentes en un restaurante y pasaron más de una hora buscando hasta en la cocina sus bifocales que le permitían leer y ver a la distancia. Menos mal que él no manejaba. Para colmo de sus males, se fueron a perder a una colonia que, según ellos, llevaba el nombre de Héroes Nacionales cuando en realidad se trataba de Héroes de la Independencia, pues ambas existían, pero ellos no repararon en la diferencia. Y buscaban calle tras calle el nombre que coincidiera con el de Santiago de Cádiz, sin hallarlo por ningún lado, ni en el mapa, ni recorriendo calle tras calle, preguntando, pues en muchas esquinas no existían las señalizaciones. El plan original acordado con la capitana indicó llegar a medio día y terminaron encontrándose con ella pasadas las diez de la noche, fatigados y deseosos de descansar, antes que resolver nada. Además, Lauro andaba como ratón huyendo de las trampas, golpeándose con muros y muebles, por no tener sus lentes o como el pueblo informándose en las televisoras, más que idiotizados.

Amanecieron de mejor humor, y eso que el hotel no fue la gran cosa; desde luego que sabían cuidar el presupuesto. Tuvieron unos minutos para recordar otros tiempos en los que compartieron una habitación, como en el *Foreign*, donde planearon todo eso que estaban ya llevando a cabo para derrocar al presidente o cuando trabajaron para Maricela Berriozábal y tenían una suite para cada uno, pero que en realidad sólo se separaban para dormir o cuando salieron de la cárcel y tuvieron que dormir bajo un puente, empapados por la tormenta. Cuando se quedaron a dormir también dentro de la bodega que desde el principio les compartió Germán para instalar el laboratorio y capacitar a la gente que se integró poco a poco con ellos al movimiento miliciano. Más tarde se reunieron finalmente con los dos entrampados en una discusión. Ya desde el principio, notaron que se trataba de dos enormes toros dispuestos a la lid, encrestados en su altura, broncos y soberbios. Jairo, el de tez más blanca, y Rómulo, el de voz más ronca. Ambos bufaban. El primero con intereses legalistas, el segundo, deseoso de desechar al 90% del gobierno que causa más enfermedades que el sistema de salud. Había que haberles visto discutiendo. Estaríamos jodidos sin un mínimo de orden, sin dejar de gritar, apuntó Jairo. Jodidos estamos por un orden impuesto, tuvo como respuesta de Rómulo. Y así, parecía no tener fin aquél recorrido por la circunferencia de sus debates. Eleonora, la capitana, no sabía qué hacer, desde su cara hasta sus palabras siempre están así. Jacinto habló a los tres: Lo que no saben ustedes es que ambos tienen razón. Y luego de ver un fenómeno curioso en el que los egos de cada uno reaccionaron de tres formas: se enorgullecieron de tener la razón, se pacificaron temporalmente porque no habían visto esa posibilidad y sus oídos estuvieron atentos a las palabras de Jacinto por el resto de la charla, con cinco asistentes, incluido él, sentados en una pequeña sala de juntas austera y casera, dentro del centro de reuniones del grupo en esa ciudad norteña del país. Nuestro actual gobierno es obeso; eso no quiere decir que debamos desaparecerlo, y ante las dudas, siguieron escuchando: lo que debemos es cambiarlo y adelgazarlo, pero necesitamos, desde luego, algunas leyes básicas para convivir en paz, y les habló del derecho positivo, de las condiciones de igualdad que se requieren para la convivencia, la justicia y la libertad. Si queremos una democracia, por tanto, debemos aprender a valorar las ideas de los demás, a saberlas discutir con inteligencia y, por sobre todas las cosas, tratando de integrarnos, no de dividirnos. Todavía con el escozor de las riñas previas, aquellos dos no estaban dispuestos a un abrazo fraterno; sin embargo, por primera vez en dos meses, se vislumbraba una solución. Les invito a dudar de ustedes mismos, como lo hacemos constantemente nosotros en el grupo dirigente de este movimiento, y apuntó: Hemos sido formados por un sistema que gasta millones en sembrar la división entre los ciudadanos porque valoran la frase "divide y vencerás" y lo malo de todo eso es ¡que están venciendo! Se usaba por primera vez la razón en las cabezas de Jairo y Rómulo, antes que la enjundia. Además, nuestro comportamiento como ciudadanos refleja el daño que nos hicieron: debatimos con argumentos de autoridad, pero no concedemos nunca a que otros pueden tener la razón también; noten cómo siempre queremos ganar cuando hablamos, pero pocas veces concedemos. Rara vez lo hacemos como propuesta que podría estar equivocada o ser verdadera, sino que copiamos los patrones de la manipulación política y mediática, tratando de hacer menos al otro partido, al otro producto. Todos asentían sorprendidos. Nunca antes notaron que el pueblo, dañado peligrosamente con ideas desvergonzadas y pervertidas, tenía sembrado un virus que mermaba su amor propio, la unidad con los hermanos y conciudadanos, causando una guerra interminable para mantener divididos y ocupados en idioteces mientras que les saqueaban los recursos del país. ¡Viajas muy rápido! Te pongo unos topes. ¡Vendes muy caro! Hablo mal de ti. ¡Haces comida! Te hago la competencia. No sabemos pensar como comunidad, sino como individuos y eso no se educaba en los centros escolares del país. Era por ello necesario reiniciar la programación de las personas, no con otro fin igualmente perverso de sembrarles nuevas ideologías, sino con la intención de hacerles conscientes de sus propias decisiones, conocer a fondo los principios que sostienen una forma de pensar, capaces de construir en comunidad una fórmula que permita el desarrollo de todos y conservar el poder de decisión en cada momento.

La navidad ya estaba encima y con ella, las luces, la noche prolongada y el espíritu enajenante de los fines de un ciclo, como si todo fuera a acabarse, como si la podredumbre terminara con el año y se pudiera esperar algo mejor del año siguiente; e inevitablemente, resultaba peor que el anterior, con crisis recurrentes, crecientes y noticias de nuevas desapariciones, devaluaciones, aumentos en los impuestos, cuotas, tarifas y costos. La gente, no obstante, organizaba convivencias en serie y se despedían con abrazos porque no les verían hasta el año entrante, como temerosos del futuro: ¿Te veré el próximo año?, retumbaba en su interior. ¿Quién lo sabe?, el destino puede tenernos preparada una inconmensurable tragedia, como si de verdad las estadísticas no supieran decirnos la probabilidad mínima de aquellas terroríficas posibilidades. Lo más común, en forma abrumadora, es que todo siga igual, salvo los precios e impuestos que subirán y los hurtos de los políticos. Ya un par de días antes de la última posada terminaron de repartir los galones con químicos y los frascos con el germen, poco más resistente al sol, fortalecido para una mayor duración y con muy pocos antídotos eficientes. Los enemigos caerían a dormir sin miramientos de raza, credo o preferencia sexual. Ya de suyo resultaba divertido; provocaría, además, una alegría nacional pocas veces vista. Una guerra inteligente, sin muertos, cambiando el signo de la ecuación de muy negativo a muy positivo. ¿Cómo verían en el mundo esa permuta cupular? ¿Cambiaría la forma de hacer la guerra? Y ninguno se puso a pensar que en poco tiempo, en el orbe entero, los poseedores de armas tan poderosas intentarían imponer sistemas aún más perversos que el de este país, haciendo a un lado a sus enemigos echándoles a dormir y refundiéndoles en cárceles o desapareciéndoles como a los 43 por estorbosos, críticos del sistema. Desataría el peor holocausto de la historia. ¿Por qué la humanidad, en lugar de copiar para lo bueno, prefiere valerse de los recursos y causar daño a los demás, para imponerse en supremacía, para esclavizar a otros? Si todo salía bien a los milicianos, intentarían implantar una democracia, con sus errores, pero superando en mucho al sistema corrupto actual. Procurando borrar la mala programación individualista de la cabeza de las personas con una educación mejor informada. Pero otros en el mundo podrían copiar la fórmula de Jacinto para someter a su país. En lugar de clonar el bien, optan por multiplicar el mal. De haberlo pensado dos veces, quizá buscarían alternativas; pero, en la desesperación por acabar con décadas anémicas, hambreando al pueblo, a los ciudadanos, y desgraciando terriblemente la que algún día fuera riqueza nacional, se congratularon por la única fórmula viable para desarticular, de tajo, a sus poderosos enemigos de la élite política y económica, quienes nunca tuvieron miramiento alguno ante la desventura de la población. Sometieron, ideologizaron, asesinaron, desaparecieron, compraron, viciaron, marginaron, malgastaron, manipularon, saquearon. Criminales sin más. Y esa navidad no sería distinta para muchos. Derrochando su dinero en productos impuestos por la moda, que benefician a los mismos malandros malparidos de las élites. En cenas y comidas saturadas de una industrialización que ya no genera proteínas; un pollo o un filete de cerdo ya no nutre, como no lo hacen las hortalizas que nacen de semillas debilitadas, en tierras sobreexplotadas, inyectadas de agua, bañadas con químicos, sin rotación de siembra; si lo correcto sería permitir un año de descanso sin cosechar, cada 4, para que se generaran fermentos que volvieran a alimentar la tierra, como lo hacen en los sembradíos de tabaco, alternando con maíz. Por eso, Germán les decía: no podemos seguir con la explotación indiscriminada de los recursos naturales, en cada sesión, pero él no lo veía como una obligada ley que el gobierno debía imponer, sino que pretendía generar conciencia para tomar mejores decisiones en la sociedad, de forma democrática, bien informada, estimulando así una verdadera autonomía.

Jacinto pasó la navidad como él deseaba, en casa, abrazado con Lorena, quien no quiso visitar a su madre sino hasta dos días después. Lauro se fue a celebrar con su ex esposa e hijos y, por tanto, la casa estaba libre para el incorregible sexo, pícaro, siempre deseado, especialmente si venía descargado de moralidad, porque Jacinto repudió desde que lo conoció, el sexo bajo esquemas, como cumpliendo requisitos de un permiso de construcción: dos copias de un formato, tres fotografías del terreno, la escritura, el alineamiento y número oficial y demás. Se debe estar casado, debe ser entre dos y no más, tener pleno conocimiento y convencimiento, ser mayor de edad, usar preservativos; si algunos hasta debían rezar dos padrenuestros y dos avemarías por si se ofendía con ello a su dios, antes o después de degustar el platillo, siempre que se hiciera con fervor y pleno arrepentimiento. ¿Arrepentimiento? ¿De qué? ¿De satisfacer los instintos naturales? ¿De lograr un encuentro pleno entre dos personas? ¿De sentir placer y felicidad? ¡Qué absurdos le sonaban los argumentos a Jacinto!, esos vicios de la gente que en lugar de razonar, seguían dictados de religiosos ajenos al acto sexual por su, incumplido a cántaros, celibato. El concepto de alma se pone en entredicho cuando quienes creen en ella no saben definirla y quienes no, les superan en razonamientos. Además, los religiosos consagrados conocen a Dios tanto o menos que los creyentes frente a sus púlpitos, la diferencia está en que unos ganan dinero por promover su amor y los otros lo pagan. En su contra, la ciencia lo ha explicado ya, la glándula pilineal es la responsable de las visiones mágicas, las alucinaciones, los viajes imaginarios; las drogas proporcionan a esta glándula la estimulación necesaria para crear mundos irreales. Está comprobado que la compañía alegre y festiva de cualquier tipo, es capaz de estimular esa glándula y ese es el motivo por el que muchos en ceremonias o actos multitudinarios se comportan como ángeles desnudos vagando por las nubes, con euforia, como en las fiestas navideñas, alucinando en distintos niveles, con o sin bebidas alcohólicas. Jacinto y Lorena cenaron un par de emparedados de jamón y queso, platicando sobre una novela de ciencia ficción que ambos leyeron y discutiendo un tema en el que polemizaban constantemente: El aborto no debería permitirse, afirmaba Lorena. Coincidían poco en ello. Estoy de acuerdo que abortar en los últimos meses del embarazo sea ya un homicidio, pero no en las primeras semanas. Jacinto se negaba, de cualquier modo a que un equipo de burócratas elegido democráticamente fuera el idóneo para intervenir en la vida de las personas en decisiones tan personales como esas, sería tan perjudicial como permitir que una cámara nos vigilara en el baño o la alcoba nupcial. Cada mujer, con o sin el consentimiento de su pareja, tiene el derecho a decidir sobre su cuerpo. Lorena, en cambio, abogaba por las personas sin conciencia, quienes debían tener la "protección" del estado, dándoles las leyes suficientes para proteger a la criatura que llevan dentro. Y es que la mente de Lorena, luego de perder a su hijo en un trágico accidente, arroyado por un tren, defendía la vida de un bebé cualquiera, desde su concepción.

El pequeño Braulio se separó de su mamá un día de mayo, apenas por un par de metros; todavía lejanos al tren. Sus cinco años de edad no le permitieron entender que en lugar de alejarse del peligro, se ponía frente a él. Cuando inició la alarma sonora del tren, el niño se asustó y al no ver a su madre, corrió hacia las vías, creyendo que allá la encontraría. Y las pasó poco antes que un segundo timbre ensordecedor le asustara de nuevo y corrió de regreso. Lorena, casada entonces con un doctor, no fue consciente de lo acontecido, pero muchas personas le explicaron la horripilante situación. Ella se hallaba, segundos antes, algo angustiada por no ver a su hijo cerca, y le buscaba entre la gente, dentro de los comercios o cuidando que no estuviera en medio de la calle, en peligro de ser arrollado por un automóvil. El ruido ensordecedor del tren ahogó cualquier grito para localizarle. El freno del tren y el alboroto de la gente en torno al sitio donde quedó el cuerpo del pequeño Braulio, le causaron una aterradora sensación de angustia, corriendo hasta la multitud para cerciorarse de la tragedia más grande de su vida. Uno no puede imaginar la consternación de los testigos de este tipo de accidentes, mucho menos se es capaz de empatizar con una madre destrozada; sólo verla es desgarrador. Sus gritos podían alcanzar el cielo. Su alma se podía apreciar a simple vista, queriendo meterse en el cuerpo del pequeño para reanimarle. Y el tiempo, detenido en una estampa imborrable, sujetaba con fuerza las manecillas para no dejarlas avanzar. Años después, todavía se pueden oler las nubecillas causadas por la fricción del freno sobre las vías del tren y se presencian una y otra vez las escenas del dolor y la angustia de los presentes. Ni un funeral, ni los implacables llantos frente al terapeuta psiquiátrico; el amor con su esposo se difuminó en unas cuantas horas, como si ninguna caricia pudiera borrar las lamentaciones. Sólo unos años en la cárcel, sometida injustamente a un castigo del gobierno por defender a Jacinto y su inesperada libertad pudieron enfriar someramente la congoja de perder a su hijo. Esa fue la primera navidad en la que pudo despedir a Braulio con valentía, más de veinte años después. Su reloj volvió a caminar, su mente despejó de nuevo las ideas que fijas se imprimían a diario en la mente sobre el instante fatal; tuvo sonrisas y carcajadas sin licor, consintiendo incluso imaginar un nuevo embarazo sin remordimientos. Oler el cuerpo de Jacinto le recuperaba veinte años de arrugas, perdidos en un limbo etéreo del que volvió tras una larga condena. No era él, sino ella, que sanó, recuperando la juventud perdida y dio al tiempo su medida justa de nuevo. Aceleraba el pulso de su corazón y oxigenaba cada célula; reinstalando neuronas en su lugar, pudo llenar de ideas frescas la vida que la mala suerte le robó. Un renacimiento tras la orfandad lúgubre del obscurantismo. También se tiñó las canas y rejuveneció su corte de pelo, su maquillaje y hasta los hombros se elevaron como antaño. No más capas caídas. Ni siquiera dejó que el miedo por perder a Jacinto en la próxima guerra le empañara la recuperada alegría. Si le perdía, porque el destino y la suerte se lo robaban también, ya no estaba dispuesta a clavar la cabeza como un avestruz. Quizá ya no era ella, sino otra persona en el mismo cuerpo, que vino a cubrir la necesidad de un prócer revolucionario para cumplir su misión; obligada a inscribirse junto con él en la historia, instalada ahí con un objetivo claro de dar nueva vida a ese golpeado cuerpo. Se volvió su peluquera, su consejera, su libertadora. Lamería sus heridas, le confortaría, le ayudaría a escapar de la cárcel. Tanto, que Jacinto comentó: esto sí es navidad.

Las últimas ciudades se surtieron con los químicos durante el período entre la navidad y el año nuevo. Los periódicos ya anunciaban recortes en el presupuesto y aumentos en los combustibles y con ello en todo lo demás, que forzosamente se debe transportar. Mientras que el salario no alcanzaba ni las sobras del platillo. Nadie reclamaba, porque era inútil, porque la gente estaba muy ocupada tomando vacaciones, comprando regalos y gastando su aguinaldo navideño. Con guardar un poco o empeñar algunas joyas, se podría, como siempre, año tras año, comer un poco menos, endrogarse un poco más. ¿Qué más daba? ¿Luchar para hacer productivo a un país que sólo beneficiaba a unos cuantos? ¿Quién podía sentirse motivado con un salario que no rendía ni para la primera mitad del lapso? ¿Para qué poner una empresa si el astuto gobierno obligaría a pagar el 46% de las ganancias en impuestos, cuotas, seguros y tasas porcentuales? La única motivación, para muchos, era la de pensar en un plan para derrocar al presidente y a toda esa mafia criminal organizada. Pero en un chispazo de genialidad, Germán Álvarez, pospondría dos días el golpe, tratando de eliminar riesgos. Si el gobierno, por alguna razón, ya tuviera esa fecha, cambiarla a último minuto, le daría un desconcierto desestabilizador, le tomaría por sorpresa, que era la intención.

Los equipos se reunieron más en los últimos días, tratando de cuidar los detalles, previendo posibles inconvenientes. Los líderes no paraban ni para comer. Y llegado el momento, se trasladaron a la capital para encontrarse con los equipos que les ayudarían a tomar los recintos legislativos, los juzgados y las dependencias del gobierno nacional; además, los medios de comunicación más importantes, el aeropuerto y, desde luego, las zonas militares y policiacas. Varias decenas de células estaban listas para actuar en la capital. La idea era dormirlos, desarmarlos, inmovilizarlos y trasladar a todos a recintos adecuados y vigilados por ellos con las mismas armas de los retenidos. Una vez que se controlara la situación, empezar a aplicar los planes de conformación de una república libre: nombrar nuevos responsables y dar a la gente la tranquilidad necesaria para no entrampar al país en una guerra civil. Hacer un gobierno de transición implicaba la participación de cientos de ciudadanos dispuestos a fungir como funcionarios honestos y responsables de la gigantesca tarea. Germán Álvarez era consciente de la enorme posibilidad de fracasar, sobre todo si él no hacía bien su trabajo de supervisar y acompañar a cada uno de sus nuevos secretarios. Eso ya estaba más que pensado; por el momento, eran días de emociones encontradas y quien más le socorría era Lauro, pues Jacinto, con su desconcertante locura, en poco le ayudaba. La logística de tomar el palacio del gobierno central donde se encontraría el presidente y la enorme plantilla de ayudantes, secretarios, guardias y servicio, debía cubrirse por varios frentes. Planearon incluso otras opciones.

La instrucción era esperar a los diputados y senadores. Necesitaban atraparlos a todos en una sola sesión; al menos, a la mayoría. Luego era el presidente Cervantes, quien ese día se reuniría en su oficina con un embajador europeo al terminar su desayuno. En el aeropuerto principal, los comandos eran tres, aunque pequeños. No deseaban activar las bombas en el puerto aéreo a menos que fuera estrictamente necesario, por lo que esperaron a recibir noticias de otros grupos. Los gobiernos de los estados se hallaban en diferentes comunidades, pero dentro de su jurisdicción, todos menos uno; a ese, siguieron hasta el estado vecino donde estaba hospedado y ahí lo sorprendieron con una comitiva mínima. Las televisoras requerían una atención especial, pues siempre habían mostrado sumisión al poder político y era necesario controlarlas de tajo. Al menos hasta que juraran imparcialidad y servicio al pueblo, comprometiéndose con la verdad para los ciudadanos. Los bancos también, y en especial el banco nacional que custodiaba las reservas del país.

¿Qué pasó por las mentes de todos ellos? Cualquiera podía estar nervioso, no sólo por el tamaño del barco al que abordarían. No era miedo, ni agitación; confiaban mucho en el arma y ya la tenían ensayada. En sus corazones habitaba la esperanza de que sus vidas cambiaran, que el mundo entero vería su valentía, examinarían su táctica de guerra moderna, de vanguardia, inteligente. Su astucia sería reconocida, mejor que la precisión quirúrgica de los ataques americanos en otras guerras del mundo y abismalmente más económica. Pero conforme el minuto exacto se aproximaba, sus palpitaciones, inevitablemente, se multiplicaban. Corría por sus venas la adrenalina excitante que alteró sus sentidos y les hacía vibrar cada célula. Ya el tiempo de completar la misión se veía venir con cada comunicado en los celulares. En muy pocos casos, sus mensajes fueron interceptados por el gobierno, en su centro de vigilancia, aquel en el que Maricela Berriozábal llegó a comandar alguna época, pero los mensajes siempre iban escritos en claves que inventó el equipo de capitanes para evitar, precisamente, que el gobierno descubriera la conspiración; Jacinto les preparó bien para ello. Los milicianos, como cualquier transeúnte, caminaban de un lado a otro, esperando el llamado, o estaban sentados leyendo un periódico que no veían en realidad, o se hallaban en grupos como turistas admirando fachadas, recorriendo lentamente la calle. Y volaban hacia el futuro con su imaginación, tratando de recrear cada una de las acciones que debían realizar: rociarse con el antídoto, activar la bomba, ingresar y amarrar a todos los burócratas, legisladores, jueces; encerrarlos en una habitación y sitiar el edificio correspondiente. En los casos indicados, esperarían camiones que transportarían a todos los prisioneros, incluso por horas eternas. Rezar porque no llegara el ejército a rodear el recinto y, en algunos casos, dejar sólo una célula a vigilar mientras se trasladaban a otro sitio para repetir la operación. Dependiendo de la ciudad en la que estaban, debían completar una misión y coordinarse con los líderes para continuar con otra y si fuera posible, otra más. Entre otros asuntos, debían ignorar los teléfonos, revisar las instalaciones tomando fotografías de todo, para enviarlas por correo electrónico documentando la recepción, para la historia, las comparaciones en futuras demostraciones a los ciudadanos. Y llegó la hora. Manos a la obra. Cerca de 10 mil elementos conformaban el ejército de la nueva revolución.

El grupo de la presidencia dio la orden de ataque. Al mismo tiempo, de forma coordinada, el país echó a dormir a su cúpula gobernante. Doquier la gente que quedaba cerca corría aterrorizada, como si una ofensiva terrible estuviera sucediendo. Lo estaba. Palacios y sedes de gobierno en su mayoría se vieron sumidas en un profundo sueño inducido. Los amarraron y subieron a camiones duplicándoles la dosis para volverlos a dormir si despertaban. Jacinto pudo perfeccionar la fórmula para hacer resistentes sus bacterias al sol, aunque sólo por media hora; suficiente, desde luego. Todas las oficinas tomaron el nuevo rumbo casi de inmediato. No hubo disparos, sólo un terrible desconcierto de quienes veían a la gente desmayada; cientos de ciudadanos quedaron dormidos en las filas de las dependencias, pero una vez tomado el control de los edificios, los milicianos les despertaban poco a poco y les pedían abandonar el edificio sin preguntar.

La noticia en el mundo se regó como pólvora, como chisme; las redes sociales ayudaron a difundir velozmente lo que sucedía en casi cada esquina del país. Vídeos de personas desmayándose en las puertas de los edificios o policías sometidos en algunas comandancias. Miles también se escaparon, jueces que no llegaron a tiempo a sus juzgados, elementos de seguridad y militares francos, en casa por sus períodos de descanso. Las placas y armas se retiraron al por mayor y uno que otro iluso suicida intentó por voluntad propia ir a defender a sus compañeros policías, pero no se atrevieron a disparar porque los nuevos guardianes estaban armados también. Lorena, hospedada cerca del centro, despidió a Jacinto desde temprano, en espera de poder ayudar en cualquier momento. Su amado estaría siempre al lado de Germán. Jacinto apoyó en la activación de la bomba química que pondría a dormir al presidente. Llevaba una casaca en la que repartió bolsa por bolsa, un sobre con el polvo de gérmenes inactivos. En la mano cargaba el galón de químicos combinados para activar a las bacterias en el momento necesario y los rociadores con el antídoto. Caminando, se acercaron cuando los teléfonos les indicaron que la mayoría de legisladores estaban en su sitio de trabajo. El equipo de Germán, quien iba seguido por gran cantidad de ciudadanos armados, dispuestos a defenderle en caso de algún error. Unos diez iban al frente, entre ellos Jacinto y Germán. Lauro se hallaba en otro grupo, en una división estratégica de seguridad. Jacinto activó la primera bomba y pudieron ingresar hasta el edificio central donde puso una nueva para asegurar el sueño de quienes ahí se hallaban. Hasta ese momento, sólo veían gente de menor importancia para su plan; siguieron avanzando, protegidos con el antídoto sobre sus cuerpos, por todo el palacio hasta llegar a las oficinas donde se encontraba el presidente Cervantes recostado sobre su escritorio. Unas cinco personas más estaban dormidas en esa enorme sala y muchos más en otras contiguas. Los milicianos que les seguían amarraron a cada uno y Jacinto despertó al presidente con una crema en la nariz. Señor presidente, somos ciudadanos y hoy hemos terminado con todo su gobierno. Usted será juzgado por el saqueo a la nación frente a un tribunal que será legalmente constituido por un nuevo gobierno legítimo, emanado de la voluntad popular. Esa y otras detenciones fueron grabadas en vídeo para el momento de los juicios. Y, una vez dichos sus derechos, ya esposado, se le llevó escoltado hacia el primer camión blindado que llegó desde los campos militares. Poco a poco, dentro del más importante recinto de la nación, Germán empezó a mover las fichas de su nuevo gobierno. Un tipo se hallaba en un baño y no lo encontraron hasta por la tarde y eso que habían hecho una revisión exhaustiva.

Entonces, Germán, Jacinto y Lauro, junto con una importante comitiva, se apersonaron frente a las cámaras para dar un mensaje a la nación desde la sala de la presidencia. Prepararon el enlace televisivo apoyados por su personal técnico, asesorado y dirigido por Andrés Acosta y en cuanto estuvo listo, encendieron las cámaras. El nuevo líder tomaba el micrófono apenas un par de horas después de iniciado el proceso. Un numeroso grupo de militares rodeó el palacio de gobierno a los pocos minutos de haber sido tomado; de nuevo, se les activó una bomba y les echaron a dormir. No atacaron en su momento porque esperaban instrucciones que nadie les daba. No se percataron que no tenían un líder. Todos los generales estaban durmiendo en una celda o en una bodega clandestina. Los segundos de abordo no se decidían a actuar porque recibían noticias de todas partes. La insurrección era total, especialmente porque el ataque fue a todos los poderes del gobierno. Ahora tenían las armas también, para apuntar a las cabezas de quienes intentaran sublevarse. Cerca de las 10 de la mañana, el presidente Álvarez tomó la palabra:

Connacionales. Hoy nuestro país cambia de gobierno de forma total y pacífica. Un grupo de ciudadanos llevamos dos años trabajando para que este día se volviera una realidad. La dictadura nos tenía oprimidos, con hambre, con sed de justicia, saturada de corrupción, coludida con los maleantes más perversos que embrutecían a nuestros hijos. Esos ciudadanos me han nombrado presidente y deseo encabezar un gobierno de transición a una democracia justa y transparente. Todas y cada una de las personas que encabezaban el gobierno anterior, incluido el ex presidente Cervantes, están en perfecto estado de salud, recluidos temporalmente hasta que sean juzgados por un tribunal que deslinde sus responsabilidades de forma clara y abierta a la nación. Serán tratados bajo estrictas normas en cumplimiento de los Derechos Humanos. Nombraré a un gabinete que mantenga el rumbo de la nación, haciendo un cambio paulatino de todos y cada uno de los integrantes para lograr una administración eficiente y renovada al cien por ciento. El único grupo que permanecerá si lo desea, es el círculo militar nacional, siempre que se dirijan con respeto a los ciudadanos y obedezcan a sus mandos que estarán siempre acom-

pañados por mi administración. El nuevo gobierno no aceptará a un solo participante del gobierno anterior durante esta transición. Buscaremos asesores para cubrir los vacíos de información que dejan y de cualquier modo será evaluado su desempeño en el pasado para que todos los funcionarios paguen por los crímenes que hayan cometido. Se podrán apegar a una liquidación justa, siempre y cuando cumplan con los lineamientos indicados para ello. La ciudadanía acumuló años de desesperanza, sufriendo vejaciones y es el momento de limpiar de una vez y para siempre la enfermedad que nos contagiaron. Nos hicieron creer que ellos administraban todo limpiamente, al tiempo que el pueblo se empobrecía cada vez más. Mientras los ciudadanos sufrían con su desprecio, con su manipulación mediática, con distractores de todo tipo para no informar puntualmente los maquiavélicos planes que depreciaban a la patria. Por eso decretaré 7 días de paro total gubernamental para ordenar y organizar la nueva administración. En esos días les informaremos del estado que recibimos a la nación, de las decisiones que se tomen y de las promesas que habremos de cumplir a cabalidad. Los ciudadanos no podrán, insisto, no podrán detener sus actividades cotidianas, y se someterán a las leyes anteriores hasta que se promulguen las nuevas. Hemos tomado las medidas necesarias para que el país mantenga en lo posible su movimiento natural. Me reuniré con empresarios, universidades, y grupos diversos, para definir la organización de un país completamente nuevo. No se reconocerán a los partidos políticos anteriores y cambiaremos las reglas de participación para convocar a nuevas elecciones en toda la nación y de todos los niveles de gobierno, incluidos los magistrados y demás miembros del poder judicial; se reemplazará a todo tipo de personal policial. Ese gobierno electo por la ciudadanía determinará al modo de elegir a un congreso constituyente que garantice el poder en manos de los ciudadanos, con la menor intervención gubernamental posible en la vida de la gente y con una más fuerte participación del pueblo en el rumbo que tome el país.

Mientras tanto, anunciaré importantes cambios en materia de educación. Les pido a todos los padres de familia que tomen el control de las escuelas públicas. Que decidan el rumbo que deberán seguir, que definan los contenidos y se asesoren con las universidades. El gobierno nunca más tendrá injerencia en el aprendizaje, pero sí otorgará la educación gratuita y sí construirá más y modernas escuelas, siempre administradas por los padres de familia. Ellos serán los únicos responsables de la educación que den a sus hijos. En el primer año de mi gestión duplicaré el número de escuelas que existen en el país. Antes que carreteras nuevas o gastos políticos debe estar la educación de los niños y jóvenes. Invito a los adultos sin excepción a inscribirse en cualquier tipo de actualización. Este gobierno gastará todo lo que tiene para apoyarles. La nación entera requiere estudiar. Todos debemos leer. Ese es el más fuerte compromiso de este gobierno que siempre velará por beneficiar a sus ciudadanos. Esta es una nueva república, libre, soberana, democrática y competitiva a nivel mundial en todo lo que realiza y ejecuta.

Otro ejemplo de los cambios que habrán de realizarse es en el área de la salud. Romperemos el monopolio de los medicamentos con varias acciones, invertiremos en investigación y liberaremos las fórmulas para disminuir los costos de las medicinas y equiparemos adecuadamente los hospitales y centros de salud en todas las comunidades del país. Realizaremos grandes cambios en materia de alimentación, vivienda, vialidad, infraestructura. Pero lo principal es que serán los ciudadanos quienes puedan decidir las prioridades de estas acciones, los montos de la inversión en cada rubro y hasta la ubicación de los nuevos edificios públicos.

Los cambios serán radicales. Los beneficios sustanciales y se notarán. Es importante por ello, contar con su apoyo. Necesitamos una guardia civil, dispuesta a comprometerse por servir a sus hermanos y a mantener la paz y el orden, procurando la justicia y el bienestar de todos, no de la mayoría, de todos. Una paz natural, no impuesta. Una paz con armonía, con hermandad y solidaridad, que se trabaja, que no se obliga, se construye con el diálogo y la participación informada y libre de cada miembro. Por eso, antes de tomar decisiones, es importante que aprendan, que conozcan la historia para no repetirla. Que hagan debates descubriendo la verdad, que no se dejen manipular ni que unos cuantos pretendan influir en las votaciones. Hoy queremos fundar una república sana, informada, pacífica, progresista y sobre todo libre. Libre de la manipulación y el control de grupos con intereses enfermizos y abusivos. Libre de la opresión del gobierno. Independiente. Autogobernada.

Mis instrucciones para empezar a caminar ya han sido redactadas con mucho tiempo de anticipación y están ordenadas en prioridades. Les suplico su paciencia y la firme convicción de no desear volver al camino en donde dejábamos que otros gobernaran nuestras vidas, tomaban decisiones que no se adecuaban a la realidad y en beneficio de sólo unos pocos. Métanse en la cabeza de una vez y para siempre que la nación la hacemos todos y la gobernamos todos. Participen y tomen decisiones de grupo, en busca del bien común. Infórmense lo necesario antes de decidir asuntos importantes. Juro trabajar por el beneficio de la nación, dándole una transición seria y responsable, aplicando la ley existente mientras surja otra y evaluando constantemente su pertinencia con un nuevo aparato gubernamental saneado, transitorio a la verdadera democracia y sin fines de lucro. Pido a los medios de comunicación apegarse siempre a la verdad, a servir con entusiasmo a la ciudadanía y jamás volver a humillarse ante los ricos o los poderosos por una dádiva menor que el servicio a su país y a la verdad. Y a nuestras fuerzas armadas, les convoco esta misma tarde para mos-

trarles el nuevo plan de trabajo de repliegue y protección a los ciudadanos. Suplico a ustedes su apertura a una nueva forma de reencuentro con la gente, siempre leal y siempre servicial a sus designios. Noten cómo los ciudadanos están contentos con este cambio súbito; ellos, su actitud y felicidad, les mostrarán agradecimiento a las pautas que se escribirán de hoy en adelante.

Pero advierto, sin afán de ofenderles en ningún momento, contamos con un arma muy poderosa y la utilizaremos si hay resistencia a la apertura, al diálogo y a la desaparición total del gobierno anterior. Por lo demás, pondremos a su consideración, nuestra permanencia cada año hasta agotar tres, buscando una transición hacia un futuro más prometedor para toda la nación. Muchas gracias.

El membrete principal de la pantalla indicaba el nombre completo del nuevo presidente, y un subtítulo indicó en todo momento una página de internet para solicitar más información, misma que quedó bloqueada por horas debido al tráfico mundial que llamaba a los cientos de servidores que se pusieron a disposición, como de costumbre, desde la universidad nacional. La transmisión también contaba con títulos en español de todo el texto que leyó Germán y en un recuadro aparecía una persona haciendo señas para sordos.

Ese día se volvió feriado. La gente salió a festejar en las calles. Ríos de personas y autos inundaban las avenidas, los parques, las escuelas, de donde sacaron a sus hijos; ondearon sus banderas, cantaban y reían sin cesar.

Legitimar a un gobierno que llegó por golpe de estado no era tarea fácil. El presidente Germán lo tenía claro. Pero antes, tuvo que lidiar con un problema un poco más personal. Llamó a Francia desde la oficina de la Presidencia para comunicarse con su esposa e hijos dándoles la noticia. Quiero ofrecerles una disculpa por haberles mentido, pero como podrán darse cuenta, la importancia de esta tarea no me permitía ponerla, ni ponerles a ustedes, en riesgo.

Su esposa, quien tomaba unas vacaciones extrañamente extendidas, trataba de comprender a Germán, embarcado en una misión suicida. ¿Cuándo podremos volver? indagó ella. No puedo responderte ahora esa pregunta, apenas he tomado un camino incierto. Puedes estar segura que me cuidaré, porque quiero volver a verles, y luego de soltar algunas lágrimas al platicar con sus hijos, les indicó que una comitiva de seguridad llegaría pronto a resguardarles. Colgó. Pensó por unos instantes más en su familia, los peligros y las repercusiones. Antes de entrar a una sala repleta de jefes militares, Lauro, que llevaba noticias del equipo informático, le dijo que en un medio estadounidense estaban informando su trayectoria completa, las empresas que Germán poseía, las escuelas en las que estudió. Les importa siempre el contexto, y agregó: ¡Qué le vamos a hacer!, Lauro continuó: A Jacinto y a mí nos investigaron también; ya dijeron que nos fugamos de la cárcel en donde estuvimos acusados de traición a la patria, sedición y una larga lista de pecados. Germán, justo antes de entrar, le dijo: luego me cuentas, suena interesante todo eso y se metió a otra sala.

Germán había convocado por medio de un comunicado de la Presidencia a una asamblea nacional de instituciones educativas, otra de instituciones financieras, centrales de comercio, sindicatos, líderes de iglesias, asociaciones civiles y más. Giró instrucciones para nombrar encargados de despacho en todos los gobiernos estatales; documentos redactados con mucha anticipación en el despacho de su empresa y que guardó celosamente en una memoria de computadora hasta esa mañana en la que giró instrucciones al responsable de la comunicación: Andrés Acosta. Y se reunió con varios jefes militares de alto rango a sesionar en su oficina; todos los generales anteriores permanecerían encarcelados hasta el juicio. Era necesario contar con nuevos mandos que surgirían de las mismas filas del ejército y se dirigió a varios de ellos, hablando sin titubeos:

Ustedes han visto que este nuevo gobierno ha actuado con firmeza, apoyado en el enorme respeto que merece nuestro pueblo y que el gobierno anterior despreciaba. Si ustedes están con la nación, con la gente, les invito a formar parte de este gobierno. Solo los militares podrán sobrevivir al cambio. Seguramente sienten desconfianza por las instrucciones que habré de imponer, pero tengan claro que siempre será a favor de los ciudadanos. Ellos, a través de mi persona, dictarán en poco tiempo las nuevas líneas de acción de todo el aparato gubernamental, incluidos ustedes y nosotros. Si están dispuestos a apostar a favor de la ciudadanía, desplieguen su fuerza sobre el territorio nacional y conserven la paz, la armonía y el bienestar de todos, abarcando también a los nuevos ciudadanos que antes eran burócratas. Apoyen a todos sin excepción e instruyan obediencia al nuevo gobierno. Emitan un mensaje a la nación indicando que se adhieren a la nueva administración y que juran lealtad a ellos, al pueblo, y no al gobierno.

Todos ustedes serán los más altos rangos de la milicia y deberán comportarse a la altura de las nuevas circunstancias, de lo contrario serán destituidos de forma inmediata y tendrán que rendir cuentas a los nuevos tribunales militares. Tranquilicen a sus regimientos, denles a entender que ustedes estuvieron siempre al tanto de este movimiento social y que lo apoyaron porque sus ideales de una nación libre coincidía con los principios naturales de los mandos castrenses.

Un comandante con el grado de Teniente levantó la mano para preguntar: ¿Quién será el nuevo Secretario de la Defensa del país? Germán, les indicó que tendría, por unos días, un encargado de despacho; deseo conocer bien a cada uno de ustedes, que tienen carreras militares, para nombrarles generales a la brevedad posible y entre ellos, elegir al más idóneo para tan noble tarea. El nuevo encargado de despacho frente a la Secretaría militar sería Lauro

Torreblanca, una vez que terminara con las tareas de estabilización del nuevo gobierno. Jacinto se mantuvo todo el tiempo a un lado de Germán, igual que Lauro y varios de sus capitanes. Todos ellos, expectantes de la reacción de cada personaje con quien el nuevo presidente intercambiaba comentarios. Recibía de sus comandantes de guerra la información desde que llegaba a sus manos e informaba las novedades al presidente Germán. Una larga lista de inconvenientes fue llegando de todo el país. Para ello, Germán ya tenía responsables atentos a solucionar los problemas que surgieran. En pocas circunstancias tuvo que atender los asuntos personalmente. Las televisoras tuvieron nuevos jefes que, indicaron, serían temporales, mientras se podía legalizar un consejo de administración nuevo. Porque aunque era un gobierno con intereses democráticos, no dejaba de ser uno impuesto por la fuerza, enfocado a devolver lo robado: bienes económicos, estructura política, dignidad humana, justicia y sobre todo, paz y libertad. Los entes sociales como los medios de comunicación, los bancos, los aeropuertos, los sistemas de distribución de agua, las empresas petroleras, las universidades y escuelas públicas, tendrían que ser redirigidos a satisfacer las demandas de la ciudadanía, no sin antes ser intervenidas con mano dura por el nuevo gobierno, con la nacionalización si fuera necesario.

Para la primera noche, las cosas pintaban bastante bien. Los medios de comunicación del mundo, que dedicaron largas horas a cubrir los eventos del país, mostraron también la felicidad de la gente. La abrumadora mayoría demandaba un cambio, pero sólo unos cuantos fueron lo suficientemente valientes e inteligentes para sorprender de la forma más increíble a todo un ejército de burócratas, gobernantes de todos los niveles, legisladores y jueces, administradores y más. Hubo sus inconvenientes, ajenos a cualquier tipo de previsión posible; aunque la gente intentaba volver a sus trabajos la mañana siguiente, los retrasos en los transportes, el desorden en las clínicas, la falta de servicios periciales en los accidentes, la atención a fugas de agua y muchos más, que poco a poco los encargados de despacho fueron atendiendo con el limitado personal disponible, sin saber si podían obtener recursos económicos para afrontarlos, causó enorme revuelo en las oficinas de Germán, pero no le cambió el semblante. Seguía determinado a mantener su barco navegando, pese a la turbulencia de las aguas. En las salas de prensa, los periodistas de todo el mundo esperaban respuesta a sus cuestionamientos. Poco a poco se estabilizará, respondía a sus equipos de trabajo.

Sentado junto a su amigo, el segundo día, Jacinto se sentía emocionado, sensible y así como recibía las noticias de cómo se fraguaba el nuevo gobierno, repasaba todo lo sucedido para llegar ahí. Todavía recordaba el golpe que su casera le dio en la cabeza con la bolsa por haber perdido su casa cuando a él le detuvieron. Y frente a quince personas que atendían importantes asuntos de la transición política del país, él empezó a llorar desconsolado. El precio de aquella guerra le desmejoró. Nadie mejor que su amigo Lauro para acercarse a consolarle. Le facilitó un pañuelo mientras los pensamientos de Jacinto se arremolinaban en una sola cosa: era un estudio que leyó de su maestro en la universidad que frecuentaba en el distrito cuando tenía dieciocho años. El profesor que entonces era aspirante a un Doctorado en Antropología, Gregorio Zafra, le invitó varias tardes a platicar con él. Si tenía derecho a caminar en el Palacio Nacional de gobierno en aquellos días, era gracias, principalmente, a ese maestro y al documento que le regaló y que por años guardó dentro del colchón como un tesoro valioso. Con él aprendió que el hombre tiene valor intrínseco, palabra que en un principio no entendió, pero que con paciencia el maestro Gregorio Zafra le enseñó. No se trata de ningún rey de la creación, ni nada por el estilo; su valor principal radica en su enorme potencial. Producto de una evolución inacabada, puede dar al traste con los logros de millones de años en menos de una generación; podría acabar en un abrir y cerrar de ojos con las maravillas que la vida ha logrado. Aprendió en esas tardes una filosofía muy distinta al resto de los humanos, enfrascados en el valor del dinero y las cosas, viciados por la indiferencia, ritualistas de vanidades, ingenuos; él supo de la mecánica para sobrevivir a la cultura nihilista, a la apatía; luego el maestro Gregorio Zafra le regaló el documento que leyó y releyó, valorando a los seres humanos, comprendiendo la sumisión, la victimización y el control; obligados a caminar por los linderos de un abismo, haciéndoles creer que si se movían de donde estaban, podían caer, sin ser conscientes de otros caminos más seguros para navegar. Llorando, junto a Lauro, procuraba rescatar de su memoria aquellos valores que le daban fortaleza, que dignificaban cualquier acción en favor del rescate a los humanos de la perenne esclavitud física y moral.

Desde su sillón en el palacio, Germán obtuvo el control del presupuesto del banco general, mucho más allá de lo esperado; contaba con recursos de un tesoro nacional impresionante. Las leyes vigentes no siempre le permitían disponer de todo ello; se daba cuenta que habría nueva constitución al respecto y para cualquier otro habría sido tentador multiplicar su riqueza personal en torno a ello. No en el caso de Germán, que desde un ejemplar castigo impuesto por su padre en la adolescencia, aprendió a cumplir con su deber por encima de su interés personal. Reunida toda la información posible, preparó una presentación ante los medios masivos, tan solo tres días después del golpe. Claro, como estaba, en sus convicciones, no dudó en permitir preguntas libres a los periodistas, aunque también deseaba descansar un poco; llevaba varias semanas sin parar.

Se dice que usted siempre ha querido robar el poder, empezó una periodista. Podrán decir muchas cosas, señorita, lo importante es que lo prueben. Algunos reporteros rieron. La sala albergaba a más de 300. ¿Cómo pretende conservar la dinámica productiva del país con las aduanas cerradas?, habló un reportero estadounidense. Se abrirán muy pronto, estamos en ello. Procurando conservar el orden, dentro de la sala permanecían varios gendarmes miembros de las células que derrocaron al gobierno anterior. Se dice que varios criminales forman parte de sus equipos y que ustedes fueron quienes liberaron a los presos de las cárceles de "El corcovo" hace dos meses y el reclusorio del distrito ¿tiene usted la calidad moral para sostener un gobierno formado por ex presidiarios? Germán se mantuvo firme ante el frontal ataque: Efectivamente, Jorge, nosotros hemos incursionado en los reclusorios hace unos meses, liberando personas inocentes, acusadas tan solo de estar en contra del sistema corrupto que asolaba a la nación. Hemos sido selectivos al liberar a los prisioneros y prisioneras porque, por un lado, no podíamos permitir que la causa se manchara con homicidas o criminales que hacen daño a la gente, luego de eso, afirmó: La calidad moral de la que habla no la puedo juzgar yo. Nos asiste la nobleza de nuestros ideales; el tiempo y la nación sabrán demandarnos si no logramos impulsar una democracia participativa. También le preguntaron sobre el tema del arma: Sí, contamos con un arma muy poderosa, eficiente, inocua y la usaremos sin miramientos contra quienes pretendan desestabilizar al país; hay otras formas de combatirnos en las que no necesitarían confrontar a mi gobierno: ustedes los periodistas pueden buscar los errores y de inmediato responderemos a sus inquietudes o nos veremos obligados a dimitir, siempre que se pueda conservar la estabilidad nacional, eso quiere decir que al menos por un año, tendremos el beneficio de la duda; posterior a ello, podrán echarnos del palacio de gobierno si nos descubren en actos de corrupción, en violación de derechos humanos, en malgasto de recursos, en traiciones a la patria; no seremos un gobierno violento, desde luego. Otro periodista apuntó: ¿Son ustedes de izquierda o de derecha? Germán dominaba ampliamente esa respuesta: Ni una ni la otra. Tanto nos interesa la sustentabilidad productiva como la libre competencia, reclamamos el justo derecho de los habitantes a participar en las decisiones y serán ellos quienes marquen el rumbo que deberá seguir nuestro país; sólo apuesto por que la gente primero conozca a detalle la situación actual para decidir el futuro que quieren darle a sus hijos; no más mentiras en los medios de comunicación, no más manipulación del gobierno, no más cortinas de humo. Una sociedad informada, responsable y participativa. Una más: ¿Va a hacer pública su declaración patrimonial? El presidente concluyó: toda la información de mi persona, mis equipos, los encargados de los despachos y demás personal de mi gobierno están ya disponibles en los portales de internet; así como las fotografías de todas las dependencias como se recibieron, ustedes podrán contar cuántas computadoras, archiveros y tornillos había el día que tomamos el control del país. Sabrán, además, cada detalle sobre los inventarios levantados con notarios públicos y de los montos en las cuentas del gobierno. Las preguntas siguieron lloviendo: ¿Cuál será el proceso para nombrar a los nuevos jueces?, y eso, a decir verdad, al propio Germán le preocupaba: Lanzamos hace un par de días, una convocatoria a los abogados para que se postularan. Nombraré un comité con algunos de ellos y se darán las asignaciones según su competencia; por último, tendremos la asesoría de los más importantes académicos en la materia. Como pueden ver, nuestro gobierno está interesado en erigirse con calidad y competitividad, pero para ello, se requiere paciencia. No por eso, el país se va a desmoronar, simplemente tendrá que aplazar sus resultados en busca de un mejor futuro; quiero anunciarles también realizaré un gobierno itinerante: cada determinado tiempo, la presidencia se mudará a otro estado de la república, para estar cerca de los problemas sociales e impulsar las inversiones en cada lugar. Y se despidió con la típica frase: muchas gracias.

Aunque algunos periódicos presentaron las partes más álgidas de la rueda de prensa, en general se vieron positivos. Se estaba inaugurando una nueva etapa en la relación con los gobernantes, una en la que el cuarto poder tendría la tan anhelada libertad de expresión, sin coerción, sin convenios chayoteros; una prensa inteligente, crítica y autorizada a hablar sin penalización. Pero Germán, esa noche, soñó con una publicación a 8 columnas donde le declaraban oficialmente muerto después de un atentado que le dejó en coma por varios días. Según el periódico de sus sueños, moría como el príncipe Francisco Fernando, el archiduque de Austria en la Primera Guerra Mundial, porque intentaron matarle primero una vez y como no pudieron, lo intentaron de nuevo el mismo día, logrando su objetivo. Sólo el ladrido de los perros en la casa presidencial, con unos pinos enormes en los jardines, pudieron librarle de la pesadilla. Se congratuló al darse cuenta que era sólo un sueño. Otro en su lugar, temeroso quizá de supersticiones y premoniciones, habría pasado todo el día sospechando de un aviso celestial. Él no. Sólo bebió medio vaso de agua de su mesa de noche y volvió a la cama. Temprano tendría que viajar en el avión presidencial para una pequeña gira en la que completaría la tarea de abrir las aduanas, supervisando personalmente la nueva organización. Su sistema de contratación funcionó como esperaba, como lo planeó, rápida y eficiente, como él estaba acostumbrado a dirigir sus tres empresas, mismas que delegó a un buen amigo mientras él se hacía cargo de la presidencia, con firma de contrato incluida.

Los enemigos, los del sistema político anterior, en su mayoría encerrados en bodegas y campos militares, no comprendían bien lo sucedido. Dentro de sus improvisadas prisiones, nadie les explicó en ningún momento cómo había perdido sus cargos; un día desmayaron y al otro ya estaban como prisioneros de irreconocibles enemigos. Algunos empezaron a arrepentirse de sus gigantescos pecados y otros no se explicaban quién era el maldito golpista que les quitó del cargo jugoso en el que se desempeñaban como dueños de la nación. Ciertos personajes gritaban injurias a los enemigos, a quienes juraban una prisión eterna o la guillotina sin derecho a fianza. Separados según parecía convenir al principio, fueron siendo acomodados según las instrucciones de los encargados de las áreas de seguridad, en todos los niveles. De inmediato liberaron a presos políticos en todo el país, firmando su salida desde la Presidencia. Algunos de ellos ocuparon por varios días los encabezados de la prensa y los noticieros; finalmente se había hecho justicia de la buena. En sus celdas encerraron a los más molestos burócratas, sometiéndoles a la disciplina típica de los penales. Mientras que en las bodegas, cuando se armaban motines inesperados, los echaban a dormir de inmediato.

Jacinto iba y venía del hotel, acompañado siempre con varios guardias, para dormir con Lorena y regresar al Palacio. Tomaba a diario los periódicos para analizar los acontecimientos que marcaban históricamente al país. De vez en cuando, echaba una mirada a los noticieros de la televisión para observar vídeos de los hechos que difícilmente una crónica podía relatar por escrito. Atento a los problemas que rodearon a los insurgentes durante los primeros días de la reinstauración de la democracia, si es que algún día hubo una. Paseando por los pasillos del Palacio, Jacinto, tomado de la mano de Lorena, platicaba con ella de los asuntos que ocurrían en el país; las dificultades con los bancos, las demandas de los multimillonarios, el interés de los extranjeros por conocer a detalle las nuevas fórmulas aplicadas en educación, salud o economía y la presión estadounidense por que se reanudaran los pagos de la deuda y se renegociaran los términos de los convenios si se deseaba contar con el reconocimiento de la legitimidad del gobierno que encabezaba Álvarez. Mientras observaban los enormes candiles, los asientos de piel, los jarrones de talavera o cerámica sobre los pedestales de mármol, sus zapatos rechinaban contra el piso de madera o mármol, según las áreas que visitaban, incluido el teatro y los distintos salones colmados de lujo y embellecidos por finos óleos representando épocas de la historia o rostros de los presidentes anteriores, héroes nacionales o los lienzos de la evolución de la bandera y otros símbolos patrios; comentaban la importancia de la unidad nacional para preservar los cambios y fortalecer los lazos del gobierno con la sociedad; de ahí surgió la idea de que la pareja organizara una gira que les permitiera ver a ras del suelo lo que estaba ocurriendo en las ciudades, pueblos, ranchos y montañas.

Jacinto, seguidor fiel del presidente Germán Álvarez, se sentía ignorado; ya no tenía un laboratorio, pues el arma química que produjo fue sobre abastecida y no se requirió de ella por mucho tiempo; en poco se tomaba en cuenta su opinión, porque tampoco tenía una. Veía con buenos ojos las decisiones que se tomaban, pero nadie le preguntaba a él. Era el tiempo de Álvarez, quizá de Lauro, pero no el suyo. Y esa idea, que surgió con Lorena, le ilusionó un poco. Ir a las plazas, conversar con la gente y servir de enlace con el gobierno.

Entabló una charla breve con el presidente una noche antes de salir del Palacio y con eso tuvo para contar con una comitiva de seis camionetas y más de una veintena de colaboradores, todos ellos gente de los grupos rebeldes que derrocaron la dictadura. Recibieron un presupuesto amplio y el apoyo de una institución del gobierno que les facilitaría la comunicación y logística. Iniciaron en una sala de esa misma dependencia a organizar la ruta y las tareas del grupo de avanzada. Al final, junto con Jacinto y Lorena, hubo otros dos personajes que sobresalían por su liderazgo: Eduardo y Ricardo. Ellos tenían una idea clara de cómo convocar a las personas para que Jacinto fuera recibido con honores en los pueblos, creando en torno a él, un ideal de unidad y el anhelo de alcanzar la justicia, la libertad y la paz. Así, los ciudadanos podían sentirse identificados con las causas del nuevo gobierno y aprenderían

de viva voz la mecánica de las nuevas políticas gubernamentales.
Recorrerían cientos de ciudades, recogiendo información que faci-
litarían al gabinete a sembrar la confianza, a mejorar la educación,
la seguridad, la salud, la justicia y a sanear la economía, que no
tuvo por décadas un aliciente real, porque los gobiernos anteriores
saqueaban las arcas nacionales, gestión tras gestión, empobrecien-
do seriamente a la población. Estaban convencidos que pronto, con
el apoyo y libertad de la gente, las comunidades empezarían a re-
montar la pobreza y mejorar su situación. Para Germán Álvarez,
habría sido la mejor decisión que tomó en su Presidencia. Jacinto
pasó a ser un verdadero empuje de motivación para la población;
su facha de persona común, su sencillez, esa peculiar forma de
expresarse que le facilitaba una cercanía con las personas humil-
des, con las amas de casa o los jóvenes, con los campesinos y trabajadores de las fábricas, le dieron la fama de héroe nacional; eso
sin haber sido un proyecto o meta de la gira, surgió de la misma
gente, porque al pasar por las ciudades, escuchaban los problemas,
tomaban nota y mandaban al centro de control sus conclusiones, la
lista de prioridades, que el equipo del presidente discutía a diario y
ajustaban su derrotero hacia la consecución de dar respuesta pronta
a las personas. Los niños querían tocarle, las señoras besarle, los
hombres entregarle una lista de peticiones, los emprendedores deseaban la foto con él, para incrementar sus ventas, aunque a Jacinto no le gustaba, terminaba cediendo ante las presiones. En los
pueblos la gente se arremolinaba para darle la bienvenida, para
escuchar sus palabras, entender las estrategias que el presidente
proponía, para mejorar la educación como eje estratégico de la
nueva organización del país. No habían pasado tres meses cuando
Jacinto ya era más popular que el mismísimo Germán Álvarez o
que muchos otros líderes de la historia. Los medios masivos, ma-
nejados por empresarios que compitieron para obtener la administración, bajo la supervisión del gobierno y éste apoyado por un

comité académico de la universidad nacional, insistían en entrevistas que Jacinto no les daba. No le gustaban, y le resultaba benéfico, porque así los ciudadanos se veían obligados a escucharlo en persona cuando llegaba. Los periódicos, como no tenían un plan preferencial para tomar sus fotografías en los eventos, terminaron por caricaturizarlo, haciendo de su rostro un cliché, un símbolo de la lucha social, imagen que se repetía una y otra vez cuando redactaban sus notas y también le criticaban el gasto, acusándole de querer ser electo presidente cuando terminara el gobierno de transición; pero la mayoría de los medios lo adoraban, era un personaje noticioso, siempre daba de qué hablar; un tiempo por sus fachas, otro por sus expresiones naturales. Y en breve, los ayuntamientos renombraron las calles para hacerles justicia. Eliminaron del vocabulario a expresidentes o falsos héroes que tenía la dictadura y en su lugar se veían avenidas con el nombre de Jacinto Tomás Viveros, Lauro Torreblanca, Germán Álvarez y otros miembros de la democracia incipiente. La gente estaba fascinada, la efervescencia política de participación nunca antes vivida en el país, les llevaba a involucrarse en comités, foros y a estudiar, aprovechando los cursos gratuitos que se daban por las tardes en todas las escuelas, patrocinados por el gobierno. Así se fue reconstruyendo poco a poco el tejido social, los ciudadanos convivieron más y se despertaba un interés por los asuntos culturales como obras de teatro, conciertos, exposiciones artísticas, círculos de lectura, además de los eventos tradicionales de las comunidades.

A los tres meses del golpe, Germán hizo venir a su familia desde Francia y presentó como Primera Dama a su esposa, sin mayores responsabilidades. Pero no le fue fácil. Ella no se había hecho a la idea de volverse famosa de la noche a la mañana. Quería verte, le dijo ella, para que me explicaras esto que nos has hecho como familia, sin nuestro consentimiento. Germán, prudente y paciente, se preguntaba si en el país galo, alguna influencia les puso en su contra. Prefería escuchar con atención, antes de verse envuelto en una riña familiar. Sus hijos, demasiado jóvenes aún para intervenir en la discusión, paseaban por el Palacio acompañados por Lauro Torreblanca. Germán postergó sus actividades para el día siguiente, conociendo la llegada de su familia. En verdad no sé con quién estoy hablando, si con mi esposo o con el presidente del país. Él, con cierta gracia, le respondió: con ambos; pero hagamos primero una plática de familia, seamos tan amigos como siempre. Si es así, tengo que recriminarte muchas cosas, entre otras, no confiar en mí. Tienes razón, aunque es muy complejo para explicarlo. ¿A qué hora vas a empezar? Está bien, en un principio, temía que estuvieras en contra y el plan se viniera abajo; luego, los riesgos de nuestra lucha eran demasiados para poner en peligro a mi familia y tuve temor que nuestros enemigos quisieran hacerles daño. ¿Lo ves? No era tan complejo; por otra parte, perdí mis clases, dejé a mis alumnos sin su maestra, a mi familia sin su hija y sus nietos, a mis amigos y amigas, mi casa, ¿no crees que merezco una disculpa? ¡Desde luego que sí! He sido muy desconsiderado contigo, aunque a mi favor, tienes que reconocer, que todo esto lo hice por ustedes; no podía soportar que nuestros hijos vivieran en un país tan corrupto y peligroso, no era justo para millones tampoco y se presentó la oportunidad de hacer este sacrificio en bien de todos. Ven acá, tonto, y lo digo con respeto, señor presidente, te perdoné desde el primer día; ha sido el más maravilloso regalo de mi vida, te lo agradezco infinitamente. ¿En verdad eres una *Alvarista* comprometida? Desde que me casé contigo. El cuadro se prestaba para una foto histórica, pero ambos se hallaban solos en la sobrada oficina presidencial, con su precioso mobiliario de madera, su piso brillante, los cuadros al oleo; el beso se prolongó varios minutos. Ella emocionada por volver a besar a su hombre y él, pleno, sintiéndose feliz como pocos podían estarlo a cientos de kilómetros de distancia. Un tipo íntegro, inteligente, pero sobretodo, feliz.

Por el lado de los otros, de los innombrables, hijos de la dictadura derrocada, veían cómo su idea de país se venía abajo a cada paso. El nuevo gobierno no les quitó a muchos su dinero mal habido, ni sus empresas, ni sus propiedades. Eran una clase social privilegiada, que no se perseguía de oficio; sin embargo, no recibían riqueza a raudales como cuando proliferaba la corrupción. Las alianzas con otros se debían hacer con valentía, dejándose al descubierto su interés de extorsionar y peligrando su libertad. Pese a ello, pasado algún tiempo, algunos lo lograron. Dado que contaban con recursos económicos, hicieron matanzas, secuestros e intimidaciones, vendiendo a los asustadizos su mal llamada protección. Algunos corrieron por mucho tiempo con suerte, porque la policía cada vez controlaba más territorio y la misma ciudadanía se veía más preparada para enfrentarles, denunciarlos o descubrirlos. Nadie dijo, estaba claro para muchos, que los problemas se resolverían por arte de magia y de la noche a la mañana. Los promocionales del gobierno siempre saludaban con frases de "trabajo conjunto", "apoyo solidario", "civilidad y justicia", entre otras. Promovían así que la gente se inmiscuyera en asuntos públicos, educación o respeto a los derechos de otros y desde luego, los propios.

Por instrucciones del gabinete gobernante, mucho más sólido que al principio, promovieron la salida de algunos burócratas recluidos en las cárceles y centros de detención. Lo hicieron poco a poco para evitar revueltas. Pudieron aspirar a conseguir empleos gracias a los incentivos fiscales que dieron a las industrias que les emplearan y capacitaran. También convocaron a un congreso constituyente, eligiendo a los mejores por competencias en cada entidad del país. Algunos estados realizaron concursos de conocimientos por televisión, otros convocaron a foros para discutir quiénes debían ser sus representantes para redactar la nueva constitución nacional. Mientras ciertos personajes que otrora fueran figuras públicas como exalcaldes, dirigentes de partidos políticos o miembros destacados del instituto que organizaba las elecciones, como conejos, se escondieron en sus madrigueras para evitar el escarnio público. No se atrevían a alzar la voz, pues sabían que el presidente Álvarez fue claro al pretender renovar todos los órganos de gobierno al 100 por ciento. Fue así que ninguno se presentaba en los foros para debatir; preferían actuar políticamente en la clandestinidad, pues deseaban a toda costa el fracaso de la democracia. Ya no eran tiempos seguros para ellos, así que algunos pronto empezaron a delinquir, más por subsistencia que por el deseo de golpear a otros. O se arrepintieron del todo, abriendo tiendas con los pocos recursos con que contaban o se coludían con ciudadanos enfermos que se contaminaron con la corrupción repetitiva como los bucles, año tras año, durante varias décadas.

Muchísimos alcaldes en cientos de ciudades no fueron destituidos en el primer momento, pero los gobiernos de los estados, según la conveniencia, mantuvieron en sus puestos bajo una estricta supervisión en la administración siempre con la amenaza de usar el arma para encarcelarlos a todos. El temor de perder sus cargos y que se les imputaran delitos, obligó a muchos a abandonar sus negocios personales y se dedicaron a limpiar sus gobiernos, mejoraron los servicios públicos, profesionalizaron a sus burócratas y muchos otros beneficios para los ciudadanos, haciendo innecesaria su destitución o la desaparición de poderes. Sin embargo, hubo quienes no importando las amenazas, con un cinismo ciertamente increíble, dadas las tendencias a nivel nacional, recrearon sus redes de corrupción hasta que fueron acusados o descubiertos y el gobierno estatal e incluso el nacional, autorizaba la utilización de la bomba química de Jacinto para destituirles.

Al llegar a una ciudad llena de vegetación, de más de 200 mil habitantes, al sureste del país, Jacinto, pasados los primeros cuatro meses de la transición, se ensimismó más de la cuenta. Gozaba los viajes, disfrutaba los parajes, y dejó de convivir por horas con los demás. Tenía en su cabeza una repetitiva ansiedad, pensamientos que le atrapaban, como muchas otras veces, en busca de algún resquicio de cordura. Notaba a leguas su fama. Sus logros. Esa percepción de la realidad que le envolvía y le aprisionaba las ideas. Por eso dejó de generar sermones patrióticos y se limitó a repetir los mismos que una y otra vez los pueblos escuchaban con entusiasmo. Dentro de él, no obstante, eran simples grabaciones reiteradas de la democracia. Él no quería considerarse un héroe de cartón, mostrando siempre la misma faceta. Necesitaba para su propio ego una ruta distinta. Empezó a repasar las líneas de aquel documento que le dio Gregorio Zafra en la universidad y que por años atesoró bajo el colchón hasta que perdió su casa mientras estuvo en la cárcel. Una lección de humanismo y sociología que memorizó como alimento de un espíritu, como maná en el desierto o recreación del alma. Mientras sus amigos charlaban en las otras habitaciones, llevándose a Lorena para dejarle descansar, inventando dolores en el cuerpo o baños prolongados, él se sentaba con la espalda a la cabecera de su cama y releía sus notas cerebrales en busca de alivio.

¿Qué somos? Se preguntaba. ¿Una pequeña especie de un gigantesco universo? Seguramente nos extinguiremos mucho antes de lo previsto, porque no aprendemos. Veo a la gente en los eventos, esperanzada en un tipo gracioso y motivador, que no tiene otro valor que ser terco para encontrar un arma con la cual lograr sus metas. Sueñan con mis poderes, mismos que no tengo, se decía Jacinto. Creen que por arte de magia salvaré a sus familias y les daré todo lo que me piden. Cierto que puedo ayudarles, llevar la asistencia del gobierno a sus comunidades, pero yo no soy en realidad quien les proporciona el pan para sus mesas, ni el conocimiento a sus escuelas; soy sólo un vocero, conozco los principios de la democracia, leo más que muchos; acaso sirvo como intermediador. Pero los recursos económicos no son ni siquiera del gobierno, de Germán Álvarez. Ese dinero es de su propiedad, es fruto de su trabajo; son ellos, los ciudadanos, quienes se levantan cada mañana a trabajar y generar la riqueza de nuestro país. ¿Por qué entonces se emocionan cuando me ven? Soy yo quien está orgulloso de servirles. ¿De dónde proviene su dicha? ¿Es de verme o saben que valoro su esfuerzo? Y ¿qué hay de los otros pueblos en la Tierra? ¿Ellos no cuentan con un líder? ¿Sin uno no pueden defender sus propiedades y el fruto de su trabajo? Jacinto podía pasar horas así. Carcajeaba o lloraba según las ideas que se arremolinaban como los mismos ciudadanos cuando le veían. ¡Libere a mi esposo de la cárcel! Recordaba a la señora que le increpó en un mitin, con la respuesta acostumbrada: dele los datos de su esposo a los guardias que me acompañan, veré qué puedo hacer; ¿es un burócrata? Sí. En poco tiempo va a salir, no se preocupe; debemos esperar para que no sea un peligro de inestabilidad para el país, pero todos van a ser liberados; y mientras tanto, el gobierno le va a ayudar. Jacinto encendía cinco minutos el televisor y con las mismas noticias terminaba vagando en sus pensamientos de nuevo, apagando el aparato y dejando que sus ideas fructificaran en alguna esperanza, un plan o una filosofía que diera sentido a su vida. Luego de otras distracciones, volvía a su mundo, a su cueva socrática, a la ruleta rusa, humo alucinógeno, lluvia de ideas, debates interminables. Esta evolución inacabada de la humanidad, reflexionaba, en que unos, cual bestias salvajes, asaltaban sin piedad a los más desprotegidos, devorándoles, mostrando su superioridad física o malévola, metiéndoles en jaulas, amenazando, abusando de ellos como si fueran sus esclavos, no digamos de otros tiempos, sino de las más recientes e irremediables dominaciones sociales usando la persuasión, la manipulación y el engaño, a cambio de migajas, míseros salarios, casas de cascarón, servicios inservibles de salud o educación. Es una esclavitud ruda y peligrosa porque se acepta sin chistar, operada por las élites mundiales, que saquea recursos y vive en la opulencia a costa del desgaste popular. Y se repetía, en conclusión de cualquier pensamiento, que la guerra aún no acababa. El mundo entero seguía sufriendo el desenfrenado abuso de las bestias, ley de la selva; los seres más débiles no tenían protección, ni acceso a la educación más o menos civilizada. Culpables porque se dejaron gobernar, sometidos casi a voluntad, aceptando las doctrinas de obediencia o servilismo, acomodándose en los escandalosos conciertos de orgías mundanas, de la diversión, el entretenimiento, aceptando que los problemas nacionales o mundiales son demasiado complejos para ellos, simples seres, sencillos, consumidores del azúcar, las drogas o la televisión. ¿Cómo sacarles de esas tácticas de gobiernos dictatoriales para que asuman su papel de ciudadanos del mundo? ¿Cuál es el camino para que tomen en sus manos las tareas que han delegado a otros? Y otra mañana llena de actividades, viajando por las tardes, teniendo sexo con Lorena por las noches o las madrugadas, soportando el calor o las lloviznas, el frío o las llantas ponchadas, realizando una tarea casi rutinaria. Y terminar de nuevo en esas camas de hotel que le inspiraban épicas canciones de trotamundos, dictados de conciencia, repasos de humanismo, laudes democráticas y epopeyas con el entendimiento. ¿Lograremos en unos años revertir el deterioro que dejó la dictadura? ¿Podrá el modelo educativo revertir el daño que dejó el anterior? ¿Pueden los ciegos guiar a otros ciegos? Cada sesión de autoevaluación le reiteraba el deterioro que demostraban sus compatriotas. Opinaban sin saber, debatían tonterías, seguían ideologías como si fueran fundamentalistas, defendían comunismos y capitalismos, socialismos e imperialismos, religiones o fetichismos, superstición, moralidad a conveniencia. ¿Cómo reiniciar la programación si a cada encuentro con la sociedad, él mismo, conocedor, observador, experimentado, dudaba de estar en lo correcto a cada paso? No sabía si su movimiento fue fruto de algún tipo de ideología perversa sembrada por los mismos que mueven los hilos de la historia humana actual. Al igual que ellos, él buscaba un santo grial, una respuesta, la salida de las calamidades, el sueño casi imposible de la justicia, la terrible dificultad de mantener la paz, como sus más acérrimos enemigos de la dictadura anterior, capaces de dar muerte a unos para preservar la estabilidad nacional. ¿Cómo unificar criterios? Una simple mayoría en las votaciones era capaz de pervertir todo el sistema social. Se alegraba cuando concluía que el camino de la democracia que él sembró, era una respuesta a tantos problemas, dejando que la misma gente se hiciera cargo de sus necesidades comunitarias; por el contrario, se entristecía cuando notaba que las discusiones se veían tan acaloradas, bañadas de egoísmo, provocadoras de divisiones, generadoras de odio entre las personas. No todos terminaban del chongo. Para suerte eran casos más o menos aislados; pero sucedía precisamente a aquellos grupos que no contaban con un líder; esos ciudadanos que se apersonaron de las ideas más fieles a la democracia, donde sentían un deber de expresar lo que pensaban, habitantes comprometidos con su entorno, terminaban radicalizando sus posturas, al punto en el que la paz se veía lejana y espantaban a muchos que por temor a las discusiones, se recluían en sus casas. Dejaban que otros se extralimitaran con su dialéctica, sus discursos infinitos. En lugar de poner un fin, en lugar de escuchar, los grupos refutaban o marginaban a quienes no estuvieran dispuestos a defender sus argumentos o a la inversa, ignoraban a esos que tenían valores sociales claros y convenientes, pero que no sabían expresarlos. Jacinto, sumido en ese abismo, experimentaba un ahogamiento. Si para derrocar al gobierno tuvo claridad en los ideales, para continuar con su misión, se mostraba perdido, desconcertado. ¿Qué tipo de químico necesitaba la gente para asumirse como responsable de su comunidad y guardián de la democracia? ¿Influía la alimentación o por fuerza se requería de un líder que, a modo de dictadura, impusiera la paz y la justicia? ¿Entonces dónde estaría la libertad? ¿Era un problema de salud pública o uno de economía? ¿Qué asunto se debía resolver de inmediato? Jacinto sentía que la educación era lo primero, más lectura, más investigación, mayor razonamiento de las decisiones y no aprobación de leyes al vapor. Pero luego de eso, observó en su gira, que la gente abandonaba los cursos, mostraba su individualismo o se escondía en el egoísmo de sus casas para evitar escuchar otros puntos de vista; y antes de aceptar que estaban equivocados, preferían aferrarse a sus falsas ideologías. Ese era el nivel de degradación social que imperaba en el país. Su sensibilidad ante esos problemas, le ponían en una encrucijada, le llevaban a tomar más café, le desvelaban más de la cuenta y también le deprimían, pese a ser el héroe de esa película. Ahora tenía recursos económicos infinitos y sin embargo, no necesitaba nada, no frecuentaba las tiendas para comprar, sino para conocer más a la gente, sus irreconciliables diferencias, aunque valorara la diversidad, le angustiaba el futuro, el método, la fórmula que permitiera una inclusión tan vasta y un porvenir sin guerras, sin divisiones, donde todos tuvieran cabida y respeto, donde cupiera la libertad sin desenfrenos, en la que cualquier gobernante tuviera la preparación suficiente para no dar por terminada la democracia con descuidos estúpidos. Sufría por no tener un guion, un instructivo, un manual, que garantizara los ideales de una nación libre, donde la armonía y la conciencia caminaran de la mano, donde las semillas crecieran sin cizaña, donde la misma fuera aceptada y tuviera su espacio para crecer también con libertad y obtener de sus raíces o sus tallos los mismos frutos que beneficiaran al país, en lugar de destruirlo; es decir, donde no haya ni malos ni buenos, sino simples ciudadanos hermanados.

Y ¿cómo contagiar el mismo espíritu a otros pueblos del mundo? Si en una misma ciudad se encontraban tantas diferencias. ¿Era por la deficiente educación? ¿Eso acabaría cuando la gente fuera más culta? ¿No vendrían entonces los llamados celos científicos en donde unos creen haber descubierto las teorías de cuerdas dentro de una física cuántica a pelear contra los tradicionalistas que no la aceptan? ¿No lloverían los insultos entre quienes se dicen seguros de la existencia de un dios con gran cantidad de evidencias y los que juran por lo más sagrado que dios no existe? ¿Quién garantizaría que la nueva era no fuera una neo Edad Media? Si justo como sucede en el mundo ahora, muchos creen que se vive en paz, con libertad y justicia, por medio de un adoctrinamiento consumista y mediático, que les impone reglas de esclavitud, atropellando los derechos de tantas personas, en un ambiente de terror y miseria, abuso, perversión y corrupción. La gente cree que vive bien, se les evalúa felices, juran que hay libertad, pero son ideas que les imponen, provenientes del trabajo psicológico inducido desde las altas esferas y no son capaces de distinguir que son esclavos de una ideología de dominación.

No era novedad, ni para él mismo, que su mente estuviera inquieta. Jacinto se sabía a sí mismo un individuo insatisfecho por naturaleza. No le extrañaba perder horas y días en ello. Se motivaba como recurso de paz interior, que gracias a su ansiedad, logró cambiar al país. Por ello reiteraba su compromiso con la cabecera de la cama y, como estudiante de historia, repetía una y otra vez los conceptos para sus "Eureka", que en estudios le conocen como *"insight"*, adueñarse, hacer propio, entender. Así, Jacinto Tomás Viveros, permitía la reflexión al grado de inmolación. Ni el sexo era tan vital. Ni la fama. Ni los productos de consumo. Él quería llegar más lejos, más alto y más rápido, como los atletas olímpicos.

Y en esos días entró a una librería y otra en busca de algún libro que le gustara, pero se llevó más de diez. Todos con cargo al erario. Primera vez en su vida que lograba eso: comprar tantos libros juntos. Y dejó que su mente entendiera más al mundo, a la sociedad, al hombre, a la filosofía y mientras los leía, su cuerpo se alcalinizó de nuevo. Volvió la paz. Si no logró entender todo, al menos le servía para organizar el desorden, como de oficina gubernamental, que cundía por cada una de sus neuronas. Mientras leía una obra de cierto grado filosófico, no por ello aburrida, al contrario, de alto humor sarcástico, con gran sencillez, entendía parte de las corrientes de pensamiento en boga a finales del siglo XX. Con esas explicaciones recorrió parte de su infancia, casi olvidada, donde tuvo un tutor escolar demasiado decente para el común denominador. Un tipo que le tenía en buen aprecio y le hacía reír con caras chuscas, juegos divertidos, bromas inocentes, de quien sintió el cariño de un padre con el que nunca contó en el nivel biológico. Aquel hombre sabía contar historias que encantaban a los niños, ayudaba a reflexionar sobre la importancia de no decir mentiras, de ser honestos, cuidar la vida por su enorme valor, respetar las ideas de los demás y esas dosificaciones morales que suelen aprenderse en la escuela primaria. Intentaba recordar su nombre, al menos su apellido, sólo que aquellas neuronas habían muerto sin respaldar la información. Por suerte hubo un relato maravilloso que le contó aquel profesor que por años le significó retos intelectuales, como el del niño que llamaba al pueblo porque le atacaban los lobos para reírse de la gente que acudía en su auxilio, hasta que sucedió lo peor: cuando realmente le atacaron, ya nadie le creía; o como la historia del hombre que creyó tanto en la fidelidad de su mujer, que mandó a un amigo para ponerla a prueba y se quedó sin mujer y sin amigo; recordó entonces la narración de aquellos seres mágicos que bajaron a la Tierra para juzgar a la humanidad, evaluando primero a los más malvados, a quienes castigaban enviándolos al sol. Como causaran temor a los demás, se animaban a mentirles con tal de no recibir castigos tan severos, pero las mentiras las castigaban con mutilaciones físicas. Al final quedaban los hombres y mujeres llenos de bondad que no tenían miedo, porque sabían que a ellos, los individuos celestiales no les podían castigar. Entonces aquellos seres les felicitaron y subieron al cielo de nuevo. Y al pasar los siglos volvieron considerando que la humanidad sería buena, por la amenaza de los castigos. Observaron con decepción que nadie siguió el camino de bondad y la verdad; por el contrario, unos a otros se juzgaban y sancionaban, justo como ellos les enseñaron, y eran demasiado crueles con sus condenas, a imitación de la justicia celestial que incendiaba y mutilaba a los malvados. Jacinto Tomás Viveros recordó en su cabecera de hotel aquellas noches de desvelo infantil que intentaban iluminar su pequeño cerebro con las enseñanzas de esa historia fabulosa. Él, gracias a la explicación que su profesor le dio, aprendió lecciones de honestidad, pero también de responsabilidad, porque nadie tenía derecho a juzgar a sus semejantes, y mucho menos ser una autoridad invisible, irresponsable y déspota, como lo fueron aquellos seres mágicos con los humanos dentro de la historia que seguramente se inventó su maestro de primaria en una mañana de poca inspiración, dejando una huella indeleble en Jacinto y en alguno que otro compañerito de la escuela. Porque no se trata tanto de dar al alumno una lección, sino una tarea que le permita encontrar los conocimientos por sí mismo. Un reto que le ayude a forjar su destino, a sentirse parte de la solución de un problema, a comprender a otros, a volar y ser creativos usando la imaginación, haciendo de cada historia un mensaje significativo que no puedan olvidar. Así construirán las redes que necesitan para acumular conocimientos y sentar las bases de su lógica, su sentido crítico, capaces de manejar conceptos, de llevar al límite su pensamiento y su razón. Y pensaba: Un maestro que castiga la impuntualidad sin saber qué hay detrás de ella, es un monstruo ignorante e individualista; el educador debe conocer el entorno, las condiciones de vida de sus alumnos. Ojalá Jacinto hubiera tenido más maestros como aquel de la primaria, pero unos años después se autoexilió de la escuela y recorrió caminos peligrosos, se acercó más de una vez a la muerte, engañó, robó, odió, lastimó a muchos, se drogó, nunca formó una familia, aunque por todo el distrito pudiera haber hijos o hijas suyos, incluso alguno de ellos fruto de un ignorado incesto.

Una de aquellas noches, pasadas las tres de la mañana, él se encontraba despierto, desvelándose por un pensamiento que le absorbía más de la cuenta, sonó el teléfono. Lorena llevaba horas durmiendo, cuando recibió una llamada de Lauro al celular. El aparato llevaba meses sin sonar, pero gracias a ella, se mantenía en funciones, especialmente como despertador y reproductor de música. Le dieron la noticia que debía regresar de inmediato al distrito, porque el gobierno estaba recibiendo una serie de ataques coordinados por un grupo de contra revolucionarios; ya habían hecho estallar varios edificios y ductos de petróleo o gasolineras. De inmediato, Jacinto se dio a la tarea de alertar a todo su equipo y juntos tomaron la decisión de viajar a un pueblo distante de forma discreta para evaluar desde ahí la situación, en lugar de ponerse en peligro regresando al distrito. Así, yendo en contra de la voluntad presidencial, se escondieron en unas cabañas que rentaban como alojamiento turístico. Ricardo, Eduardo, Jacinto y Lorena, como los líderes del grupo, fueron los más agitados. Cada noticia recibida o la ausencia de ellas, era motivo suficiente para sentirse alterados. ¿Sería la caída del nuevo gobierno? ¿Qué tan graves eran los ataques? ¿Cómo era posible que hubiera gente que no valorara los cambios tan importantes logrados por el nuevo gobierno? Esperaban que fuera un grupo pequeño de revoltosos a quienes pudieran atrapar pronto para continuar con una pacífica vida nacional. De acuerdo que no todos piensan igual, pero de eso a querer desestabilizar a un país que decidió ponerse a trabajar para mejorar, estudiar, invertir, resultaba francamente sorprendente. Los noticieros, como sucedía en el pasado, tomaron partido a favor del gobierno, incluso los concesionados. A Jacinto eso le molestó muchísimo. Entendía perfectamente que se criminalizara a los bandoleros que hicieron el destrozo en los edificios y las gasolineras, pero prefería que las noticias fueran más objetivas, sin favorecer al gobierno. De otro modo, siempre habría grupos subversivos, aquellos que no son tomados en cuenta, esas minorías inconformes porque nadie escucha sus opiniones. Se trataba de hacer una nación plural y diversa, capaz de entender incluso a los disidentes. Estando en las cabañas, notó con cierta frustración, que tanto Lorena como los demás, también tomaban partido, también se inclinaron a calificar de revoltosos y maleantes, hijos de la dictadura, cabrones y demás calificativos en contra de los atacantes. Como de costumbre, antes de hablar, pensó mucho en su postura. Se le veía caminando detrás de los sofás, observando con incredulidad las noticias y las actitudes de sus compañeros. Miraba al techo, con vigas de madera que por fuera sostenían tejas y por dentro un candil sencillo, mientras se servía un vaso de refresco del refrigerador, pensando y cavilando. ¿Quiénes podían ser aquellos llamados "monstruos incisivos" por una conductora de noticias? ¿Eran miembros del partido que gobernó al país como dictadura? ¿Eran narcotraficantes en busca de territorios para atemorizar al país? ¿Eran los estadounidenses que pretendían continuar con sus negocios de extorsión de la población disfrazándose de grupos criminales y narcotraficantes? Lo que resultaba imperioso era que el gobierno, a través de las policías y el ejército realizaran una investigación exhaustiva para dar con ellos y no permitir que el país volviera a ser sitiado por bandas delictivas coludidas con los gobiernos.

¿Qué piensas, Jacinto? Preguntó Lorena. Hemos escuchado las noticias y nos queda claro que el nuevo gobierno tiene enemigos. ¡Tenemos enemigos!, reprendió ella. Desde luego que están en nuestra contra, pero quisiera saber por qué; no se trata sólo de considerarlos malditos, sino los motivos que tienen. ¿Por qué dices eso, cariño?, teniendo de espectadores a todos los demás amigos. No es lo mismo pensar que entraron a mi casa para robarla o existió algún otro motivo; si compruebo que fue para robarla, podré dormir tranquilo si pongo una alarma; o, por el contrario, me buscaban para matarme, entonces, cada minuto de mi vida estaré en vilo, preocupado porque en cualquier momento podrían dar conmigo y completar su tarea. Esta gente puede tener muchos motivos para atacar los edificios de gobierno. Es imprescindible que la policía averigüe el móvil de los ataques; mientras tanto sólo estaremos especulando. ¿Y qué opinas?, Jacinto, ¿debemos volver al distrito? Por el momento, no. Le he comunicado a Lauro que estamos en un sitio seguro en espera del desarrollo de las investigaciones. Así que tomaremos unas vacaciones en este paradisíaco lugar, al menos por una semana. Acomódense y disfruten. Quienes quieran leer, tengo libros en mi maleta. Saldré a caminar, ¿alguien que desee ir conmigo? Sólo dos de ellos y Lorena, quisieron acompañarle, pero antes se pusieron sus chamarras, porque había una densa neblina congelante que les inquietó. La ropa que ellos llevaban puesta no era adecuada para el clima, por lo que avanzaron poco en la ladera de la montaña antes de regresar a refugiarse en el calor de la cabaña. Pero esos 40 minutos les permitieron disfrutar el paraje, desintoxicarse del ruido citadino y la extenuante gira que se prolongó hasta entonces por más de seis meses. Por la noche, llegó el resto del equipo que andaba preparando la avanzada, reuniones en otros pueblos adelante del camino. Luego de un par de días en los que jugaron cartas, escucharon música, debatieron ampliamente lo sucedido y realizaron caminatas campiranas, Jacinto supo que habían detenido a un par de revoltosos sin poder obtener confesiones de ellos. Algunos ciudadanos en debates televisivos se atrevieron a retar al gobierno para que demostrara que hacía bien su trabajo. Luego llegaron autoridades a defender su investigación indicando que bajo ninguna circunstancia encarcelarían a nadie que no fuera demostrada su responsabilidad y no realizarían detenciones arbitrarias como antes, obligando a personas inocentes a declararse culpables.

Lauro dialogó con Jacinto por largo rato y fue cuando se enteró que las presiones internacionales estaban en su apogeo para reconocer los tratados internacionales y se reanudaran los pagos de la deuda. Jacinto Tomás Viveros comprendió entonces el entorno de aquellas confrontaciones en los edificios de gobierno y las gasolineras. Era el momento de volver al distrito. Al amanecer del día siguiente, emprendieron el camino y en cuanto pudo, se sentó a platicar con el presidente Germán Álvarez. Tienes una bomba de tiempo en tus manos, amigo. ¿Por qué lo dices, Jacinto? Soy uno de los principales defensores del gobierno democrático que encabezas; te consta que yo trabajo arduamente para consolidar esta transición; sin embargo, las decisiones tomadas hasta el momento ignoran el entorno internacional. ¡Pero he logrado importantes alianzas con distintos gobiernos del mundo! ¿Lo has hecho con Estados Unidos? Desde luego que he platicado con ellos en diversas ocasiones, pero quieren que nuestro país se comprometa con ellos más allá de los intereses nacionales y eso nos llevaría a ignorar las demandas de los ciudadanos. Concretamente, ¿qué te están solicitando? Insisten en la firma de acuerdos comerciales, pago de deuda, concesiones, extracción petrolera y mucho más. ¡Hazme un favor!, retrasa cuanto puedas los convenios de cualquier tipo; hazles creer que estás dispuesto a negociar y a permitir todo tipo de acuerdos, pero no firmes ninguno. ¿Tienes un plan, Jacinto? No, pero ellos sí lo tienen y quiero saber cuál es; seguramente están patrocinando estos atentados para poder amenazarte, y obligarte a firmar compromisos; en cuanto sepamos sus verdaderas intenciones, podremos denunciarlos ante la comunidad internacional. Estaba a punto de sentarme a la mesa a negociar la deuda. No es el momento; por cierto, ¿hay avances en la investigación de los atentados? Sólo tenemos atrapados a un par de personas. ¿Me autorizas visitarlos? ¿Crees que contigo si van a cantar? No lo sé, me interesa conocer su perfil. Repórtate con Núñez, ¿lo recuerdas? No. Es el comandante de la zona centro, aquí en el Distrito, cuando planeábamos el golpe; él está en la Procuraduría, le diré que te dejen entrevistarte con ellos. Luego de un fuerte abrazo, se despidieron: Ha sido un placer saludarte de nuevo. Lo mismo digo.

Sólo hasta que salió del Palacio, se dio cuenta que no llevaba calcetines y usaba mezclilla. Nadie juzgaría a un héroe nacional por su vestimenta. Luego de caminar por el centro de la ciudad, notó cómo cualquiera le reconocía, aunque no se atrevían a saludarle de mano por la cantidad tan exagerada de guardias que le acompañaban, algunos discretos, otros platicando con él. Pero su estancia en el Distrito convocó a los medios que publicaron al día siguiente unas fotografías del prócer de la neo independencia, Jacinto Tomás Viveros, caminando por la plaza más grande del país. Invariablemente, Jacinto despertaba emoción a quienes lo veían. A la mañana siguiente, desde su hotel, subieron a las camionetas y se dirigieron a la Procuraduría. Antes de ingresar a la celda del primero de ellos, pidió ver su ficha; con las peores letras del mundo, pudo entender que el personaje en cuestión llevaba el nombre de Aristóteles González; aparentemente estaba emparentado con un general del ejército, por lo demás, su currículo no era más que simple: el ataque a una dependencia del distrito, reciente; su domicilio, desconocido. La celda, al abrirse, retumbó por el pasillo entero, lleno de ellas y un ancho como de seis metros. Los tres por dos metros apenas si permitían un camastro y su baño. A Jacinto se le facilitó un banco circular muy incómodo, idéntico al que el comandante Gálvez usó para entrevistarse con él en "El corcovo", varios años antes. ¿Sabes quién soy, Aristóteles? Se negó en un principio a colaborar, el silencio eterno de Jacinto, sin gramos de prisa, mirando a cualquier parte, analizando siempre al personaje, terminó por orillarlo a participar, con la intención clara de no comprometer sus misiones contra revolucionarias. Eres el químico. Entonces no hace falta que me presente. No, tú eres el brazo derecho de Álvarez. Más bien el izquierdo, pero sí, ese soy yo; ¿y tú quién eres? Un don nadie. ¿Nadie?, pero si eres hermano de un general de nuestro ejército. Mi hermano y yo hace años que no nos vemos. ¿En serio?, ¿Por qué? Porque él se fue a vivir con mi madre y yo con mi padre, no hemos vuelto a vernos desde entonces. Jacinto repitió su nombre completo para esperar más información de su interrogado. Aristóteles González Vivanco, ¿por qué atacar al gobierno? Porque son usurpadores. Ni negarlo, Aristóteles. ¡Lo reconoces! Claro. Aristóteles carcajeaba sarcásticamente, le pareció cínico que aceptaran haber robado el poder en el país. No puedo negar lo que es real, Aristóteles; robamos el poder porque quienes estaban antes lo usaban para perjudicar a la nación y a sus ciudadanos. ¿Eso es lo que creen?, ¡éramos una nación próspera!, mira lo que han hecho de ella. ¿Qué es lo que, según tú, hemos hecho con ella? Son unos comunistas malditos. Jacinto no se inmutó, no era la primera vez que escuchaba que los consideraban comunistas, aunque el término no era preciso para definir su ideología. Pero insistió con la pregunta; deseaba conocer la respuesta de la verdadera motivación. ¿Qué le hicimos al país? Son como Robin Hood, roban a los ricos para dárselo a los pobres, se sienten buenos, pero no son más que un puñado de ladrones corruptos. ¡Mira!, eso es novedad para mí; nunca nos habían llamado Robin Hood, en realidad creo que es un halago. Aristóteles le escupió, por suerte, no llegó hasta él. Y dime una cosa, Aristóteles, ¿tú eras de esos ricos que, según tú, este gobierno les robó? ¿Crees que te voy a responder esa pregunta? Supongo que sí, por eso te la hice. Quedaba claro para Jacinto que sí, que Aristóteles era un riquillo que se beneficiaba con la corrupción de la dictadura derrocada. También le parecía un poco obvio que estuviera recibiendo apoyo de los estadounidenses para presionar al gobierno de Álvarez. No tardó mucho en retirarse de esa celda, ya tenía lo que necesitaba. Pidió acceso al otro detenido por los atentados a las gasolineras y ductos petroleros. También leyó su ficha antes de entrar. Mariano Robles Quintero. ¿Por qué se le hizo familiar el nombre? Luego de caminar a otro pasillo, ingresó a una celda que parecía de castigo, quizá un poco más grande, sólo que la única ventanilla estaba en la puerta que sellaba incluso el sonido exterior, una cámara titilaba en las alturas. La pared estaba acolchonada en blanco y el personaje fue esposado, porque atacó a unos guardias. Desde que lo vio, el personaje le resultó también familiar. Buenas tardes, Mariano, ¿sabes quién soy? Sí; ¿cómo no voy a saberlo? Si me permites, he venido a conversar contigo. ¿En el plan oficial o en el familiar? La pregunta rascó las neuronas de Jacinto, ¿familiar? ¿Quién es este tipo? ¿Por qué me suena tanto su nombre? ¡Por Júpiter! ¡Es Mariano!

Esa mañana, cuando Jacinto estudiaba la secundaria, se fugó de la escuela con dos de sus amigos: Horacio y Daniel. Apenas cruzaban la reja de la escuela, fueron descubiertos por el profesor de educación física. El maestro Pedro Méndez creyó que los muchachos se detendrían al ser llamados por sus nombres desde un metro por detrás de ellos. ¿El efecto? ¡A correr! Y por más de tres calles le tuvieron a sólo unos pasos detrás. ¡El hombre sí que tenía condición física! Jacinto jadeaba más que sus compañeros, estaba a punto de rendirse cuando el profesor empezó a quedarse atrás. Entonces ellos dieron la vuelta y empezaron a distanciarse también entre sí. Jacinto quedó rezagado. Casi caminando, llegó a los multifamiliares, a unas 20 manzanas de la escuela. Ese día, Jacinto fue a meterse en casa de Cornelia y tuvo sexo con ella antes de encaminarse finalmente a la suya, pasando un par de edificios más adelante. Quizá ese día engendró a Jacinta, la única hija que él podía pensar como suya. Mariano le observó desde una ventana y le dijo: ven, el director está en tu casa esperándote. Así que Jacinto dio la vuelta para entrar al edificio de Mariano y subió al tercer piso, donde vivía. Al asomarse por la misma ventana que Mariano le llamó, podía ver perfectamente al director de su escuela secundaria esperando a que él llegara. ¡Gracias!, me salvaste. De nada, amigo. ¡Cuánto tiempo sin verte! Atinó a decir Jacinto dentro de la celda de castigo, luego de rescatar de su memoria las anécdotas que vivió con él cuando eran adolescentes. ¿Qué hiciste?, ¿Por qué te encarcelaron aquí? Les di unos puñetazos a los guardias. Sí, eso me contaron; pero ¿cómo es que te metieron preso? ¿A poco no sabes? ¿Por qué habría de saber? No te hagas menso, bien sabes que yo incendié una gasolinera. Bueno, eso sí lo sabía, pero ¿por qué la incendiaste? Obviamente, para reclamar al gobierno; si Sansón y tú me enseñaron a vivir en la clandestinidad. ¿Cómo? ¿Se trata de eso? Sí, ¿qué otra cosa podía ser? Mira Mariano, tú sabes que somos hermanos, no sólo amigos, pues tenemos el mismo padre; si tú sabías que yo estaba en este gobierno era porque dimos por terminada la época de terror de la dictadura. ¿Cómo? Sí, este gobierno no es el mismo al anterior. ¡No lo creo! ¿Por qué, Mariano? Porque todo sigue igual. ¿A qué te refieres? A las torturas, a la marginación, a la educación estúpida que le dan a mis hijos; muchos siguen siendo corruptos, los empresarios compran seguridad a los policías; siguen vendiendo drogas en el mismo lugar. ¡Cuéntame más!, insistió Jacinto. Allí en los multifamiliares, bueno, en el parque, date una vuelta, mira cómo vive la gente; yo pensé que tú te habías vendido para la farsa de Álvarez, y que ahora vivías como riquillo paseando por todo el país; te volviste nuestro enemigo. Te entiendo, Mariano, desde tu punto de vista, nada ha cambiado y no puedo reprocharte eso; pero, te invito entonces a conocer lo que estamos haciendo en el gobierno, quizá mejore tu opinión. Mientras no cambien las condiciones de vida de la gente, el futuro de mis hijos sigue en peligro y pelearé por ellos hasta la muerte, ¿entiendes? Te entiendo perfectamente; quiero que platiques con el presidente Germán Álvarez. ¿Yo?, ¿qué le voy a decir a ese asesino, ratero, corrupto y vende patrias? Lo mismo que me has dicho a mí. Me gustaría que le escucharas también, tal vez cambies de parecer. Te corrieron de la escuela. ¿Cómo? Sí, tu madre te está buscando para darte una paliza. ¿Otra? Eso dice. ¿Y ahora qué voy a hacer? Sabes que puedes quedarte aquí en mi casa el tiempo que quieras, pero tarde o temprano tendrás que solucionar esto. ¿Y si fingimos que me secuestraron o que me asaltaron? ¡Excelente idea, Jacinto!, así tu mamá te perdonará la expulsión de la escuela. Pasaron dos horas pensando sin hablar, tumbados en la recámara minúscula de Mariano, en los multifamiliares, tratando de idear un plan para fingir el secuestro de Jacinto. En ese tiempo, todos ellos eran flacos, exageradamente, producto del hambre constante que sufrían. Vamos a ver a un amigo que tengo, para ver si nos puede ayudar con lo del secuestro. Así fue que visitaron a Fernando, quien fue el primero de todos ellos en salirse de su casa; especialmente porque tenía 5 años más que el resto de su grupo. A Fernando no le iba bien económicamente, por eso ofreció a Jacinto quedarse en su casa a vivir, para compartir los gastos. El mismo Mariano le presentó a un mecánico que conocía para que le diera trabajo.

En uno de los salones del Palacio de Gobierno, Jacinto y Mariano esperaban a Germán Álvarez para que les pudiera atender. Ya pasaban las 9 y media de la noche cuando finalmente ingresó para iniciar la conversación que se prolongó por un par de horas, hasta que la cabeza del presidente se hizo una idea clara de lo que realmente estaba sucediendo en las esferas marginales de la capital y, por lo que supuso, en el país entero. Liberar a Mariano no fue sencillo, pero como Jacinto se comprometió por él, el Procurador, luego de hablar con el presidente, le otorgó la libertad bajo la tutela de Jacinto, quien lo incorporó a su equipo en las giras.

Germán Álvarez, antes que defender su gestión, se dedicó a escuchar la versión de país que Mariano tenía. Un lunático lo haría, pero no lo hizo nunca el gobierno derrocado. Quizá ningún político sea perfecto jamás, por eso es importante que sea la persona con los oídos más grandes de toda la sociedad. Así pensaba Jacinto y por eso se sentía orgulloso de pertenecer al nuevo gobierno, porque se preocupaba por escuchar a la gente y tomar en cuenta sus necesidades. Y esa noche salieron de la oficina del presidente para reanudar las giras por el país. Mariano quedó libre y se integró al equipo de trabajo de Jacinto, mientras que éste, caminando, seguido por su séquito de guardias, se encaminó a su hotel para reunirse con Lorena. Al llegar, le esperaba un hombre sentado en el *lobby*. De inmediato le reconoció: Gregorio Zafra. Y corrió a abrazarle. No podía perderme la oportunidad de encontrarme con un gran héroe de la historia de mi país. ¡Ni yo, maestro! Pronto tendrás que decirme doctor, pues estoy estudiando, gracias a las políticas de tu gobierno; mira que es increíble esto que has logrado y sin estudiar una carrera. ¡Pues buena falta me hizo!, pero sigo leyendo gracias a usted, maestro. Tú devorabas libros, Jacinto, eras imparable. Su biblioteca se quedó corta, en sólo 2 años, me acabé los mejores títulos; los demás no me interesaban. Quisiera me contaras cómo lograste todo esto, ¿cuándo podemos platicar, Jacinto? Hoy ya estoy muy cansado, maestro, pero si gusta y puede, desayunamos mañana; tengo el día libre. Que así sea.

Ahí mismo, en el restaurante del hotel, Jacinto le presentó a Lorena y platicaron por horas de cómo experimentaba en su laboratorio, cuando dejó el distrito y se fue a vivir al oeste, donde conoció a su mujer y a Lauro Torreblanca, donde hacían destrozos con sus químicos, donde fueron atrapados, los años que estuvo en la cárcel, cómo escaparon e intentaron un golpe de estado apoyando al gordo Cervantes, finalmente quedaron libres y volvieron para conocer a Germán Álvarez, inventar el arma, liberar reos y dar el golpe. El maestro Gregorio Zafra le contó como salió de la universidad por un desacuerdo con el rector, principalmente porque sus ideas democráticas eran demasiado peligrosas y se fue a dirigir una escuela al sur del distrito hasta que decidió reanudar su doctorado el año anterior, cuando el gobierno de Germán Álvarez llegó a cambiar las expectativas de millones de ciudadanos. Y confesó que la audacia de Jacinto, su tenacidad y el ejemplo mismo de empeñarse para lograr sus metas, le dieron la más importante lección de su vida: que a pesar de las adversidades, se debe tener el valor suficiente, el coraje y el empeño y dar la vida por la patria. Jacinto también le agradeció el documento que le cambió esa vida, sin él, no habría logrado la tan anhelada revolución, especialmente cultural, que vivía la nación.

El abrazo de despedida fue tan efusivo, que a punto estuvieron ambos de derramar lágrimas. En el corazón llevaban guardados los más puros sentimientos de agradecimiento y amistad profunda que iluminaron sus vidas por tantos años. Y cada uno emprendió su camino, sin volver a verse jamás.

Gregorio Zafra caminó por algunas horas en los parques céntricos del distrito, sabiendo en sus cavilaciones que el tiempo se ensancha y comprime caprichosamente, que hoy un instante dura meses mientras que los siglos se van en santiamenes. Así que disfrutó el tráfico y odió el viento como cualquier otro, llevándose en los pulmones algo de la contaminación para atesorar su orgulloso encuentro con un verdadero héroe nacional que sembró pacientemente los ideales que llevaron a la patria a crear un nuevo ambiente, menos viciado, más digno y que, de haber durado un poco más, habría consolidado el principal cambio necesario para la patria: la democracia real.

Jacinto reorganizó sus giras y procuró que ese tiempo valiera el sacrificio demoledor de fermentar la participación de las personas en la resolución de los problemas sociales, y no dejarles que siguiendo las doctrinas divisionistas de antaño, se enfrascaran de nuevo en el individualismo. Pero tristemente, su viaje sería más largo que el imaginado y, poco antes de cumplir dos años del gobierno de Álvarez, un golpe de estado arruinó todo su trabajo. Porque las historias nunca terminan como se pensó; suelen virar violentamente y romper los eslabones de la cordura, porque se come más con los ojos que con la boca, se sueña más de lo posible, las madejas se enredan y deshacer entuertos es una navaja de muchos filos.

Joe Barcala

EL NUEVO HOLOCAUSTO

Joe Barcala

El mapa de aquel hombre, acompañado por su mujer y dos de sus hijos, además de un pequeño grupo de seguidores fieles a la causa que su líder defendía, era una servilleta vieja, manchada de café, que apenas si informaba a medias, el acceso de veredas al despoblado de una montaña protegida en asuntos ecológicos, pero abandonada por el sistema de gobierno, porque día con día los taladores saqueaban los recursos naturales de las faldas y bosques preciosos. Allí encontraría el refugio, el escondite, de una leyenda, de un personaje que ya aparecía en los libros de historia, por haber formado parte de aquel sueño.

Dieron vueltas caminando entre los bosques, bajo la inclemente ventisca helada, tratando de localizar la cabaña; el croquis indicaba con una raya de bolígrafo azul, cerca de una bifurcación de caminos, el inicio de una vereda que en la realidad no aparecía por ningún lado. La familia y sus acompañantes se separaron por varias horas, buscando aquel atajo sin éxito. Recorrieron peinando la zona más de 3 kilómetros a la redonda, arriba hacia el cerro y abajo hacia el lecho de un río seco. Uno de los acompañantes regresó el tramo andado en su totalidad para revisar alguna otra ramificación de las veredas por si las hubieran ignorado antes. Otro caminó al frente, por el lado izquierdo, en espera de una nueva separación de calzadas, mientras que un par de jóvenes, entre ellos el hijo mayor de la pareja, recorrieron por horas la vía de la derecha, pese a la dificultad rocosa y el ascenso del cerro principal de la zona. Sin éxito.

La esposa, una mujer cuarentona, unos 20 años menor que su marido, conversó con él la posibilidad de crear un campamento para pasar la noche que ya estaba encima. Marco Antonio estuvo de acuerdo con ella, y mientras los expedicionarios volvían, ubicaron un terreno plano dónde poder armar la tienda de campaña. Una vez terminada, lo que no les llevó más de 10 minutos, él, y su hijo menor, se pusieron a colectar leña para armar una fogata, poder cocinar para la cena una sopa caliente y asar salchichas con pan para mitigar el hambre de los agotados exploradores. Cerca de las 11 de la noche regresaron todos los demás; aunque la desesperación de quienes armaron el campamento fuera evidente desde un par de horas antes. Se habían ido aún con el sol y no supieron más de ellos hasta que a lo lejos vieron una linterna entre los árboles que indicaba su retorno. Así, mientras platicaban con el primero de ellos, se acercaron los dos jóvenes y al final, el que estuvo en la avanzada, fue el único que pudo dar mejores noticias.

Marco Antonio se casó ya grande, pasados los 45 años de edad y tuvo con Gudelia a sus dos hijos y a una hija que no les acompañaba en ese viaje porque estaba embarazada. Marco Antonio ya no se sentía físicamente apto para esos viajes; de hecho tuvo, un par de años antes, un infarto que por poco lo lleva a vivir en el cementerio. Esta nueva racha de juventud, volviéndose el líder de un grupo de entusiastas colaboradores, se debía a una nueva meta que el destino le impuso: hallar a su amigo, al hombre que cambió la historia de su país y de quien supo, apenas unos meses antes, sobre su autoexilio luego de la revolución ciudadana que terminó en tragedia nacional los últimos diez años. Los gobernantes en turno publicaron su fotografía en todas las esquinas del recortado territorio nacional, para atraparlo vivo o muerto y Marco Antonio quería prevenirlo, pues gracias a otros próceres de la nueva revolución supo que se hallaba incomunicado, viviendo en esa montaña al sur de la capital. Ocasionalmente salía de su escondite para saludar a la gente, comprar víveres e incluso dar alguna entrevista usando su seudónimo de "El químico". Pese a su popularidad como líder de la revolución, evitó lo más que pudo mostrar su rostro en fotografías o cámaras de televisión, aunque no fue posible, en realidad era muy famoso. El químico, Jacinto Tomás Viveros, realizó importantes recorridos por todo el territorio nacional para encabezar enfrentamientos de los rebeldes que se alzaron contra el gobierno, apenas un mes después del golpe de estado. Y fue muy hábil convenciendo a la gente para que realizaran estrategias de defensa contra los que él mismo bautizó como malditos. Marco Antonio venía a informarle que su cabeza tenía un precio para los nuevos gobernantes y que se le buscaban también en 78 países. El nuevo gobierno era la personificación del mal antiguo, de aquel gobierno corrupto que un día derrocaron y que se volvía a enlazar a todas sus filiales en el resto del mundo para reimponer la dictadura, tristemente, encabezados por el mismísimo expresidente Cervantes, que movía a su antojo al pelele que pusieron al frente del Poder Ejecutivo, un tipo sin cultura y más idiota que un borracho con cinco botellas encima, a las cuatro de la mañana y en el camellón de una calle obscura. Y se las tomó sin refresco. Nadie sabía cómo el expresidente Cervantes había retomado el poder con tan asombrosa facilidad, pero recientemente se supo que su hermano, el gordo, el del azúcar, no murió como lo hicieron creer, sino que estuvo preso por varios años más y ahora, milagrosamente, gracias a su hermano, obtuvo la exoneración de todos los cargos que alguna vez le imputaron. Peleaba una indemnización por tantos años que "injustamente" pasó en la cárcel.

Sentados frente a la fogata, Marco Antonio, su esposa Gudelia y los demás, como nunca antes, se sintieron parte de la tercera revolución que azotaría nuevamente al país, porque estaban seguros que era mejor morir que vivir nuevamente bajo la dictadura de tantas décadas. Los jóvenes no merecían tal condena. Al amanecer partirían guiados por su compañero que por la tarde fue de avanzada y quien indicó haber encontrado la vereda que les llevaría al refugio de "El químico". En tanto que los jóvenes se enfrascaron en una divertida guerra de canciones que al improvisar, generaron una historia tan graciosa, que los mayores terminaron con un ataque de risa milenario. Las chispas que provocaba la fogata ascendían lentamente, a la inversa que la temperatura, porque descendía rápido, y el calor de su lumbre ya no fue suficiente para mantenerles fuera de la tienda de campaña. Luego de haber tomado las provisiones de seguridad con respecto a la amenaza de animales carroñeros, se fueron a dormir. Agotados por el largo día de caminata y búsqueda, se internaron en un profundo sueño que, metidos en la tienda, no les permitió ver, esa noche, a un personaje con dos pies, que visitó su campamento. Se preguntaba quiénes eran y si resultarían peligrosos o simples turistas. Marco Antonio quizá olvidó las mismas lecciones que muchos años antes enseñaba, mostrando a otros cómo evadir los peligros de la vida. Lo más conveniente en cualquier caso, era montar guardias para cuidar el campamento. Ventajosamente esa noche no se convirtió en alguna desgracia qué lamentar, porque el visitante resultó ser su amigo, "el químico", que volvía a su guarida después de deambular por el pueblo más cercano, a unos 12 kilómetros y entablar una larga charla de cantina con sus amigos de juerga. Luego de revisar el campamento de los desconocidos, aturdido aún por el cansancio y las copas, no consideró tampoco un peligro la presencia de esas desconocidas personas en esos territorios montañosos y continuó su camino a casa.

Por la mañana, apenas llegó el alba, Marco Antonio salió de la incómoda tienda de campaña a reavivar el fuego y calentar un poco de café para mitigar el frío congelante que tenía escarchadas las ramas de los árboles y el campo de un valle cercano. Para reactivarse, decidió hacer una caminata de media hora por el bosque, mientras los demás se levantaban. El paisaje le recordó una época terrible de su juventud en la que dos de sus medias hermanas fueron arrebatadas de sus casas y llevadas junto con él a un lejano paraje en el que ellas fueron violadas y asesinadas frente a sus narices, imposibilitado por unas sogas amarrándole a una silla. Aquella noche habría perdido la vida. Pero unos vecinos de la zona enfrentaron a los maleantes. Un par de meses después de aquel doble homicidio, los periódicos identificaron a los violadores y asesinos como policías de su propio barrio. Esa sería una marca indeleble que cambiaría su vida para siempre.

Volvió al campamento y encontró a su esposa tratando de mitigar el frío frente a la fogata y tomando el café restante que dejó Marco Antonio. Más tarde habrían de continuar su camino en busca de la casa de "el químico". Levantaron el campamento cerca de las diez de la mañana y reanudaron la exploración de la vereda. Ya no usaba su servilleta para orientarse, el mapa que Lauro Torreblanca le dibujó unos días antes en la celda de la prisión donde se encuentra recluido; tanto usó su improvisado croquis que terminó aprendiéndoselo de memoria. Después de unos cinco kilómetros adelante encontraron una nueva división de caminos y, como lo indicaba el mapa, tomaron el de la izquierda, subiendo 500 metros más. Fue un verdadero milagro haberlo hallado. Prácticamente era invisible. La naturaleza cambia a diario y los matorrales impedían ver la vereda. Y la senda iba desapareciendo a cada paso. Los pies de todos temblaban sobre las rocas y las manos se lastimaban a cada paso con las ramas que debían esquivar para internarse en el único atajo que conocían para encontrar la morada de Jacinto Tomás Viveros, el químico, el lector de los domingos, el vende mugres.

Junto a la humilde vivienda de madera que él mismo construyó cinco años antes, estaba estacionado un vehículo último modelo del tipo familiar y protegido con una lona de tela especial para evitar que las duras condiciones climáticas de la zona lo dañaran. Luego sabrían que el auto estaba en perfecto estado pero que el dueño no deseaba usarlo y prefería caminar. La belleza del lugar era impresionante. Además del huerto que Jacinto cuidaba con esmero, se dedicaba a crear esculturas pequeñas con la madera y así decoró toda una cerca en torno a su cabaña, a la que también le hizo acabados artísticos impresionantes. Con el tiempo acumuló varios arbustos coloridos de la zona a los que robó un pie para cultivarlos en su vivienda, haciendo que el sitio fuera un verdadero lujo, un paraje natural edificado con la paciencia y experiencia del hombre más terco de toda la nación. Los visitantes se acercaron a la puerta para llamar a ella y esperar la respuesta del interior que no llegaba. Hartos y cansados, se sentaron en la escalinata de acceso y decidieron esperar el regreso del habitante. Platicaban y comentaban los pormenores de la casa. Qué hermoso sería vivir en este lugar, comentó Marco Antonio, mientras uno de sus acompañantes caminó para conocer la calzada por donde el automóvil podía tener acceso a la cabaña y volvió una media hora después, indicando a los demás, que ese camino llevaba a la misma ruta por donde ellos ingresaron, luego de rodear el cerro.

Jacinto finalmente despertó y escuchó las voces que provenían del exterior y adivinó, desde una rendija, que ellos podían ser las mismas personas del campamento que visitó por la noche. Por más que lo intentó, dándose tiempo de escuchar algo de su conversación por debajo de la puerta o entre las tiras de madera de su pared, no encontraba con ellos una conexión que le permitiera tenerles confianza. Sólo hasta que Gudelia llamara por su nombre a su esposo, fue que Jacinto sintió en el interior una curiosidad superior a sus fuerzas. Por precaución tomó sus armas y las colocó en diferentes esquinas, primero para esconderlas de los intrusos y luego, para tenerlas a mano por si las requería y salió finalmente de la cabaña.

Hay quienes creen que la vida está llena de sorpresas y quizá tengan razón. Aunque atribuirle al destino las casualidades es tan infantil como creer en los fantasmas. Sólo que Jacinto no pudo más que agradecer aquella visita como si fuera un milagro celestial o polvos mágicos de un cuento de hadas. Tanto tiempo recluido en la prisión de madera, tanta soledad, facilitaron la metafísica necesaria para alegrarse por el encuentro, al cual pudo contenerse un momento más, mientras daba a su amigo Marco Antonio, la cálida bienvenida al congelante hogar. Buenos días, ¿qué se les ofrece? Era la pregunta que entablaba el diálogo. Mírenlo nada más, es el mismísimo Jacinto Tomás Viveros; aquí lo tienen, conozcan en persona al más grande héroe de nuestra nación de la época reciente. Y los jóvenes, más que los adultos, sintieron por primera vez en su vida una especie de gloria, como si estuvieran a punto de saludar con sus manos a Carlomagno o al Che Guevara viajando todavía en su motocicleta por toda Sudamérica. Quizá a Zapata, Martin Luther King o Nelson Mandela. No podían creer lo que sus ojos veían. Nada más faltaba que unos rayos dorados decoraran el manto que brillaba aunque estuviera hecho de algodón, típico de los mercados económicos del país. Y sólo Marco Antonio avanzó un par de pasos hacia arriba de la escalinata para encontrarse después de casi 40 años, con su amigo de la juventud. ¡Sansón! Mira qué bien te ves. Será porque no he peleado como tú por la patria. Nunca estuve en la guerra. Ya sé que no lo estuviste, pero fuiste el más valiente de todos ellos. Gracias por lo que me toca, pero, ¿qué te trae por aquí? Antes déjame presentarte a mi familia. Pues conforme me los presentes vayan pasando que aquí afuera hace mucho frío. Ella es mi esposa, Gudelia. Y ellos son mis hijos, Héctor y Carlos. Los demás son mi pequeño ejército…

Una taza de chocolate caliente frente a la chimenea era uno de los placeres más deliciosos que podían disfrutarse todavía en una nación que se encontraba en llamas. Enmarcaba la incómoda sala un cuadro del expresidente Álvarez que Jacinto se llevó en cuanto tuvieron que abandonar la casa presidencial en el cuartelazo de las brigadas de González Vivanco, uno de los principales traidores de la patria y uno de los más sanguinarios de todos los tiempos. Se cuenta que González Vivanco descuartizaba a todos los civiles de un edificio sólo para que le tuvieran miedo, era el hermano de un loco que Jacinto visitó en la cárcel luego que incendió dependencias del gobierno, Aristóteles González. ¿Qué fue de Álvarez? Hace un par de años lo mataron por la espalda, gente de su propio ejército. ¡Pinches traidores! Por eso he venido, amigo, la emergencia nacional indica que la nación te necesita de nuevo. ¡Ni hablar! ¿Crees que dejaré esto para ir a meterme en la boca del lobo de nuevo? Ya estoy viejo, Sansón. ¿Podemos hablar fuera un minuto? Como quieras. Y ambos salieron, con la insistencia de Marco Antonio, y caminaron hasta donde no podían ser escuchados. En primer lugar, déjame decirte que mis hijos ahí dentro han soñado toda su vida en conocer al más grande héroe vivo de nuestro país que hoy se esconde en la montaña para evadir su responsabilidad. Sólo lograste la comodidad que te dan los bienes materiales que tienes y te comportas como uno de ellos. ¿Cuántas veces nos quejamos de los malditos riquillos? ¡Por su culpa se sostenía la dictadura! ¡Y también son ellos quienes han traído de regreso a estos asesinos como gobernantes del país! Por tus conocimientos nunca has tenido la necesidad de combatir cuerpo a cuerpo, pero si dejamos que todo termine aquí, mis hijos deberán hacerlo; si no quieres, puedes permanecer en tu refugio, pero la tarea no ha sido completada, amigo; nadie dijo que sería fácil y bien sabías que esta guerra era a muerte. Todavía no te veo muerto, así que debes ir a pelear. Si no lo haces por mi, que soy tu amigo, hazlo por ti mismo.

Quizá fueron los años de paz que finalmente vivió en su refugio, los que nublaban a Jacinto Tomás Viveros, para negarse a volver con ellos. Lo cierto es que se despidió de Marco Antonio y su familia a la puerta de su casa y no quiso retomar el sendero de la revolución. Así fue que Sansón volvió a la ciudad con la capa caída. Tenía 4 años más que Jacinto, pero su paternidad le sentaba bien y deseaba que sus hijos tuvieran una mejor vida. Pronto sería abuelo y, con un infarto a cuestas, su cabeza cavilaba la posibilidad de idear un plan igualmente inteligente que derrocara definitivamente al gobierno dictatorial que tanto daño hizo a la nación. Álvarez estaba muerto, pero Lauro Torreblanca, en la cárcel, aún podía ser un gran aliado para crear una estrategia suficiente.

Cuando aún estaban en la cabaña con Jacinto tuvieron otra discusión, porque la necedad de Jacinto sumada a la de Sansón, podía prolongarse por días. Esta guerra no la ganaremos jamás. ¿Cómo puedes estar tan seguro? Porque no es sólo contra el gobierno de nuestra amada nación; para acabar con ellos, tendríamos que desaparecer todos los poderes económicos del mundo. No es así, amigo, hay muchos países que han cerrado sus fronteras a la invasión de las trasnacionales, han declarado su independencia de la subyugada comunidad internacional al servicio de las mafias del poder y la economía mundial y han mostrado que igualmente, pueden llegar a generar una civilización más humana. ¿Pero qué somos, Sansón? ¿Una raza insensible que marca fronteras pintando con un gis la raya de la división y que los de aquí seamos felices mientras vemos cómo los demás se rompen el alma tratando de subsistir? No me sentiré satisfecho hasta ver que el mundo entero se libera de esa mafia de corruptos elitistas y acaparadores de la voluntad de la gente, esclavizadores y saqueadores; para ser honesto, creo que ellos prefieren vivir bajo la sombra de sus verdugos, han nacido para ser esclavos. Ayer me contaban que este nuevo gobierno ya está pensando en reestablecer sus prácticas de invasión sobre la población. Lo primero que ellos quieren es devolver las televisiones a los hogares. ¡Esas son sus más altas prioridades! El pueblo se está muriendo de hambre pero ellos están más interesados en la infraestructura satelital. Por eso mismo, Jacinto, debemos pelear; quedarse aquí no va a solucionar la vida de los millones que aún creen en ti. Primero les das alas, les haces volar, les muestras la verdadera libertad, eres capaz de romper sus cadenas a una dictadura muy poderosa y ahora los dejas solos, les abandonas. ¡Así es, Sansón! Cada quien es responsable de su vida. Si ellos no pelean, es que no la merecen. Cada uno debe pelear. ¡Qué cómodo esperar a que vengan otros a solucionar sus problemas! ¿Cuándo piensan ellos poner de su parte? Dejaron que la cobardía les invadiera. Antes de la democracia que nosotros trajimos, ellos preferían la persecución, estaban todo el día sentados frente al televisor y no eran capaces de leer un libro. ¡Peor aún! Llevaban a sus hijos a escuelas que le lavaban el cerebro a los niños y jóvenes para formarlos como esclavos del sistema, consumistas, obedientes, sumisos, máquinas que fueran capaces de soportar la condición de servidumbre en los empleos para grandes consorcios multinacionales; no usaban sus neuronas ni para inventar un nuevo platillo en la cocina. Obedientes dóciles de las injustas e invasivas leyes que les inventaban cada año. Ahora, con su autorización o su desidia, han permitido que vuelvan los criminales a imponer de nuevo este imperio de la maldad y son sus cómplices al permitirlo. ¿Todavía quieren que yo les haga la tarea? ¿Qué no hay valientes? ¿Qué no hay más científicos o intelectuales en esta vasta nación? ¿Es sólo tarea de unos cuantos o deberíamos todos asumir nuestro control sobre la patria?

Durante el camino de regreso, el hijo menor de Marco Antonio, de nombre Carlos, platicaba con su padre. ¿Y ahora qué vamos a hacer, papá? Seguiremos peleando, hijo. Todo este hermoso bosque, las montañas y los ríos, las ciudades y los campos, nos pertenecen, somos los herederos legítimos de esta tierra y deseamos compartirlo con nuestros conciudadanos; también lo haremos por esos que no quieren pelear, como Jacinto o los que no pueden hacerlo, sea porque no lo entienden o debido al lavado de cerebro que les hicieron. Alguien debe dar la vida por salvar a nuestro país de los saqueadores, mentirosos y asesinos que nos gobiernan. Pero yo no quiero morir, papá. Yo lo sé, hijo; se me ha ocurrido una idea que podría cambiar el destino, no sólo de nuestro país, sino del mundo entero. ¿Cuál es, papá? ¡Dímela! Por ahora no puedo decirte cuál es mi arma secreta, pero en su momento lo sabrás.

De inmediato, en cuanto volvieron a su casa en el distrito, Marco Antonio dejó a su familia, armó una maleta y salió de casa sin dar mayores explicaciones, aunque le rogaron que no se fuera. Y esas despedidas son terribles. Nunca se sabe si se volverá a ver a la persona amada. Pero el alma de un revolucionario es un cúmulo de sentimientos encontrados y pensamientos audaces que pocos entenderían a cabalidad y que si salieran de sus cabezas, podrían costarles la vida. Así es como guardan los misterios que permiten el triunfo de sus guerras. Eso define, entre otras cosas, a los grandes héroes. No dicen todo lo que piensan. No se fían de nadie. Parecen insensibles ante otros, pero acumulando esa mezcla de sentimientos, valentía, coraje, ideas y experiencias, alcanzan la categoría más grande de huracanes invencibles. Les llaman inadaptados, les consideran rocas que rara vez sonríen, monumentos de silencio criticados desde todos los flancos. Y no es sino hasta que han logrado su cometido, cuando finalmente se les hace justicia. Entonces todos quieren estrechar su mano y salir en la foto juntos, presumiendo una amistad que no es real. Marco Antonio salió rumbo a la ciudad en la que Lauro Torreblanca se encontraba preso. No podía usar la misma táctica que un par de semanas antes, porque sería descubierto; entonces suplantó a un policía a quien le secuestró. Necesitaba descubrir un nuevo método y se sentía esperanzado en no sólo conversar con él, sino en liberarlo de una vez. Pero la máxima seguridad del penal parecía infranqueable. Llegó al centro y caminó por las calles, en busca de ideas, aparte de comer y buscar hospedaje. No era un tipo tan listo como Jacinto y planeaba poco. Tenía en cambio, otras habilidades bien desarrolladas de las que se valía para vivir y alcanzar sus metas. Conocía un bar al que acudió por la noche. Ese tipo de tugurios que se identifican por contener personas sin estigmas, gente como él que pasaba desapercibida para el gobierno, donde no se calificaba a ninguno por sus perversiones, con quienes fácilmente se podía coincidir si se deseaba una libertad a ultranza. Para entrar a esos sitios se requería una contraseña particular que sólo ellos, quienes pertenecían al sótano de la sociedad, podían repetir sin problemas. Incrustarse en ese mundo implicaba haber tocado todos los fondos posibles de un pozo sin fin. Eso que otros consideran degradación total, era apenas el primer trámite para ser incluido. Porque no sólo se requería haber probado todas las drogas existentes, o haber matado a alguien, o ser capaz de participar en orgías escandalosas para otros, pero silenciosas para ellos; efervescencia del mismísimo infierno terrestre. Si alguien se atreve a llamar a esas puertas del submundo sin pertenecer a él, no pasará de ahí. No tendrá manera de averiguar el contenido de la caja de pandora que ocultan tales jaurías; son sitios extremadamente inasequibles, pero que Marco Antonio no sólo era miembro honorífico y destacado, en realidad fue el fundador. No de ese en particular. Allá por los años en que Jacinto Tomás Viveros aprendió de él la táctica de pasar por debajo de las alcantarillas sociales, sin ser detectado por los sistemas de vigilancia y control enajenante del gobierno, Marco Antonio creó no uno, ni dos, sino decenas de círculos en los que sus topos podían romper todas las reglas del universo, si lo deseaban. Ahí, en la obscuridad, en el silencio de la complicidad, cualquiera podía aprender la disciplina de su legión y recrear los sitios, propagando la cultura de la subcultura. Él fue de los primeros creadores de esos centros con triple puerta, cuya fachada era un negocio legal y abierto al público más o menos selecto, del que surgía la comunidad silenciosa, tras otros filtros de acceso hasta llegar a aquellos baños termales de orgías físicas y espirituales. Patios traseros del mundo fuera del alcance de las mayorías. Imposibles de detectar por el gobierno, salvo muy pocas intromisiones, nunca han pasado el escáner del control. Están hechos para eso. Marco Antonio, aun sin que le conocieran, tenía fácil acceso a ellos. Sabía todos los pormenores necesarios para identificarse, para preguntar y obtener las claves de seguridad. Detectaba a larga distancia su existencia y forma de entrar. Dentro de un bar que ocultaba uno de esos tugurios, entre los clientes, se escondía el controlador, quien era el único que podía autorizar la entrada a los visitantes distinguidos de las salas del horror. Por lo general se les hablaba con amenazas, para obtener una respuesta satisfactoria. Entonces llamaba al mesero correspondiente quien guiaba al visitante para ingresar por una puerta que nunca parecía una puerta, camuflada con cualquier cantidad de ideas creativas, donde se entraba a escaleras, pasillos largos o habitaciones intercomunicadas que llevaban al último filtro donde cualquiera con la licencia correspondiente debía también amenazar a su mesero de turno para obtener de él la contraseña oportuna. Era sólo una simulación pero permitía ver que la persona era apta para ingresar al salón de la perdición, a los baños termales o a la orgía, según sucediera esa noche. Marco Antonio ingresó, y nadie fuera supo más de él hasta la mañana siguiente.

Dentro, todos los nombres eran motes, los rostros se confundían en la media luz, y donde se deja la personalidad real en el exterior. Un empresario o un joven, una bella dama, una estudiante o una mujer casada, todos ahí eran otros. Se valía beber en exceso, desnudarse, fumar mariguana, ingerir cocaína o meterse pastillas. También se podían dar un baño en la alberca o en las fuentes o en los privados. Pero lo más común era jugar al billar o sentarse en la barra y las mesas de servicio. Lo otro sucedía más ocasionalmente. Eran como las playas nudistas de las ciudades sin costa. Sólo se necesitaba tener una buena cartera llena de billetes. Lo demás, no importaba. Ningún burócrata podía tener acceso. Dentro, Sansón dejó de ser Marco Antonio y pidió una cerveza gigante; la puso sobre su mesa, en signo de que cualquiera podía pasar a servirse, siempre a cambio de información valiosa. Así se negocia dentro del infierno terrenal. Pronto vinieron jóvenes, chicos y chicas que necesitaban alimentar su espíritu. Bebieron lo que quisieron y señalaron a quienes podían colaborar con su causa. Pronto pudo distinguir a un hombre cincuentón que ostentaba joyas y algunos kilos adicionales de peso. Vello de sobra en todas partes. Sin parecer amigable, supo que se le buscaba y acudió al llamado. ¿Para qué soy bueno? Mis amigos me dijeron que tú odias al gobierno actual. ¡Dígame quién no! Por eso he pedido tu presencia, soy amigo personal de Lauro Torreblanca y Jacinto Tomás Viveros. ¡Sírvanle otra cerveza a mi amigo! Y mientras el gordito se rascaba las pelotas bajo el pantalón, Sansón explicó sus intenciones de liberar a Lauro de la cárcel y rearmar la revolución.

El gordo se levantó un par de minutos, se acercó a la barra y regresó. Estaba más que interesado en la propuesta, pero no lo hizo saber. A cambio, ordenó un somnífero para Sansón quien en un par de minutos cayó sobre la mesa sin saber por qué. Varias horas después, despertó en una preciosa residencia lujosa. Increíblemente, aquel lugar no había sido tocado por la turba enardecida de los años posteriores al golpe de estado que destronó a Germán Álvarez, aquella que saqueó todos los sitios pertenecientes a los magnates y poderosos del país, ante el llamado de la contra revolución. Era una casa iluminada por grandes ventanales y construida en desniveles, con unas bellas escaleras que recetaban un delicioso sabor a la vista y terminaban por encima de la puerta principal. El pasillo de arriba tenía como barandal unos vidrios de grueso calibre, fijados entre sí por agraciadas piezas metálicas y al fondo se apreciaban puertas casi negras de primoroso talle. Un adecuado mueble de bar se fijaba entre la sala y el comedor y las repisas sostenían hermosas porcelanas, piedras preciosas o antigüedades. Y ahí, sentado en el sofá, despertó varias horas después. Relajado y perfectamente dispuesto para un día de acción, aunque sin saber a ciencia cierta dónde estaba y cuál era su futuro. Ahí mismo llegó el vaso con un whisky en las rocas colgado de las manos del gordo y ofreciendo una igual a su nuevo amigo. Por fuera, cerca de la vidriera, hacia el frente de la casa, pasó un tipo con toda la pinta de un guardia de seguridad. De la cocina, atrás del gordo, salió una joven hermosa en traje de baño, peinándose la cola de caballo y dispuesta a abrazar al peludo. Luego que sirvió el trago a Marco Antonio, ella se le colgó del cuello y él la besó apasionadamente mientras le metía la mano izquierda entre el traje de baño y las nalgas. ¡Hombre! No te voltees, ¿quieres una chica? Allá atrás encontrarás una. Pásale, amigo. Te vas a divertir. Subió los cuatro escalones que le llevaron al bar donde se encontraba el gordito peludo, tomó el whisky ofrecido, y pudo ver la alberca. Ahí estaba una chamaquilla de escasos quince años, mostraba sus pechos porque su pechera yacía junto al camastro. Ve con ella, se llama Argentina, allá atrás hay cuartos. Te veo a la hora de la comida aquí en el comedor. Marco Antonio no atinó siquiera a decir gracias. Simplemente se dejó llevar por el instinto y cuando llegó con ella, su sexo iba empujando al pantalón como si tuviera químicos violentos dentro, de esos que Jacinto inventaba a diario. Bebió hasta el fondo su whisky, dejando el vaso en una mesita y desde ahí mismo empezó a desvestirse, sin pensar que lo más adecuado hubiera sido saludarla y brindar primero. Pero deseaba echarse un chapuzón en la alberca con ella. Así que con su trusa como único atuendo, la tomó de la cintura y la besó, mientras se impulsaban dentro del agua. Nadando se la llevó al nivel más bajo y desde ahí ya le

Joe Barcala

pertenecía. Con ese nombre sintió que recibía de ella el azul del cielo y el calor del sol de la bandera sudamericana. Como de costumbre, ahí olvidaba sus más duras pruebas de vida pero también sus valores, si es que tenía alguno, sobre una defensa de la patria. Eso mismo que le recriminó a Jacinto Tomás Viveros en su refugio del bosque, que en cuanto tienen la posibilidad de vivir como los ricos y poderosos de la nación, prefieren las mieles que las pocilgas. ¿Es eso moralmente válido? ¿Un héroe debe ser perfecto, congruente? ¿Tiene derecho a fallar en su humanidad mientras sea intachable al momento de personificar y cargar con las responsabilidades de un prócer? ¿Son brillantes sólo por fuera? El caso es que Marco Antonio nunca fue realmente un héroe, aunque tuviera, por sus personales intereses, deseos de mejorar la patria. Quizá esperaba que sus hijos llevaran una vida menos dañina a la suya y nadie podría reprochar ese noble gesto de amor de un padre. Como aquel ex alcalde mexicano que dijo haber robado poquito mientras gobernaba y esa que se consideró una declaración honesta, le valió ganar una nueva elección. ¿Qué cinismo se le ha dosificado por años a la política que ya no extraña tal conducta? En sentido estricto, un servidor público debe ser honesto al cien por ciento, que para eso recibe un salario robusto. También debería, como Salomón, ser un sabio en la aplicación de la justicia, aunque en su vida privada tuviera mil mujeres por las que responder ante su dios. Como Clinton que reconoció el sexo con Lewinsky, independientemente de su gestión gubernamental por la que también se le podría juzgar, ante otro tribunal que no fuera el de Hillary. O esos sacerdotes que pueden ser unos santos en el púlpito y unos pederastas en la sacristía. ¿Se vale no? ¿Qué hay de esta humanidad? Si por todos lados están los resbalones, como el de Marco Antonio con la adolescente, en casa del gordito; un mundo lleno, irónicamente, de inmundicias. ¿Por qué, detrás de cada joya humana, hay un lodazal? Igual que detrás de un rico hay cientos de es-

190

clavos trabajando para él, aunque les llame empleados u obreros; son ellos los productores de la riqueza del patrón, quienes se asolean y queman la piel para que luzca la de sus amos. Para que brille el cetro hubo quien perdió la vida si no lo hacía bien. Un negocio de un mafioso sólo funciona con cientos de muertos a su alrededor que le defienden y que son gente noble, en busca de una buena vida para su familia. Y decir todo eso para permitir que Sansón tenga sexo con Argentina, respetando su privacidad.

Comida de reyes. Por si no fuera suficiente el parágrafo anterior. Necesaria para satisfacer el ego del gordito y sentir que tiene un poder infinito sobre el tiempo y cuerpos de los demás, librándose así de los traumas que le sembró la vida y que fructificaron en su robusto imperio de abarrotes en toda la comarca. Hablemos pues del negocio que nos ocupa, mi buen amigo; mi nombre es José Cinco Patrón, ¿cuál es el tuyo, porque no me dirás que te llamas Sansón? Claro que no, me llamo Marco Antonio Báez. ¿Y tienes ya un plan para asaltar la prisión de las flores? Eso depende. ¿De qué? En el golpe de estado que hicieron mis amigos hace diez años, usaron un arma química muy poderosa que adormecía a la población cercana. Así asaltaron dos prisiones previamente; así hicieron caer al congreso y al ejecutivo, a los medios masivos, a los generales de la marina y el ejército nacional. ¿Fue así como lo lograron? Ese es el misterio mejor guardado de todos los tiempos. Pues si no lo sabías, ya lo sabes, aunque esa fórmula sólo existe en la memoria de una persona y ahora su cabeza tiene precio. Acabo de estar con él hace un par de días. Seguro que es "el químico". El mismo. Y qué esperas para invitarlo a la nueva revolución. No quiere. ¿Hay algún motivo tan poderoso para no hacerlo venir de inmediato? Sí, su voluntad; no desea colaborar nuevamente. Bien, te voy a ayudar a liberar a Torreblanca, si contamos con él, vamos a partirles su madre a esos desgraciados narco gobernantes de una vez por todas; sin miramientos. ¿Cuál es tu plan? Amigo, es muy sencillo, ya lo verás. Prepárate porque esta noche volveremos al salón del infierno y reclutaremos al menos a quince bomberos. ¿Bomberos? Sí, los que ponen bombas.

Héctor y Carlos, hijos de Sansón, ese sábado por la tarde, sin contar, obviamente, con la anuencia de sus padres, visitaron a un amigo que vendía drogas cerca de un gran parque, en el distrito donde vivían. Carlos era nuevo en el asunto, pero Héctor acostumbraba comprar un par de paquetes de marihuana al mes, y lo usaba para consumo personal en su casa, los fines de semana, después de sus estudios. Al entrar en la salita de una casa humilde, en espera de recibir su pedido, se encontraron con un personaje que les propuso pelear contra el gobierno. Se presentó como "el diente de oro" y les invitó a una sesión de información en su casa, muy cerca de ahí, la tarde del domingo. Intercambiaron teléfonos y se retiraron. Esa noche, Carlos probó la marihuana por primera vez; sólo tenía dieciséis años. Subieron a la azotea de su edificio, en un cuarto de servicios eléctricos y Héctor tuvo la paciencia de explicarle cómo hacerlo. Al inhalar con fuerza la primera vez, tosió continuamente por más de un minuto. Se abrió la camisa porque sintió calor. Luego jaló humo por segunda vez y empezó su viaje. Al principio imaginó un acelerado recorrido por el interior de su cuerpo, creyendo que dentro funcionaba como una industria compleja en donde los trabajadores se encargaban de producir las sensaciones, aumentar el torrente sanguíneo, empujar los músculos, e incluso abrir y cerrar los ojos. Se sintió extasiado y pidió una nueva dosis, que le sacudió las neuronas en dos segundos. De ahí se trasladó desde el cerebro, a través de un haz de luz hacia el espacio, pasando por las nubes y llegando al horizonte donde vio de nuevo el sol y al planeta Tierra en su justo tamaño, maravillado por las dimensiones y la distancia que le faltaba para llegar a la luna, por lo que aceleró su velocidad a voluntad para acercarse. La vio pasar de largo y su impulso lo catapultó hasta Marte, luego a los gigantes

Júpiter, Saturno y Urano, para despedirse del sistema solar sin ser consciente de la omisión a los últimos planetas. Ahora su viaje volvía una locura veloz que alcanzó a ver la galaxia entera en pocos segundos. Nadie puede viajar tan rápido como lo hizo él aquella noche, con los ojos fijos en la sombra de su hermano Héctor y la imaginación distante, más allá de Andrómeda y otras innombradas galaxias siderales. Su lengua se disecó y sentía como nunca antes una sed impresionante; sabía que pronto debía volver para saciarla.

Héctor también se drogó esa noche, con algo más de experiencia en el tema; él pudo controlar la fantasía, adentrándose con valentía en la recámara de una mujer que le provocaba sensualidad desde que la conoció. Imaginó a su dama dirigida por los impulsos de las manos en un poder mágico para levantarla con sólo desearlo, y mantenerla flotando en el aire. Hizo el ademán correspondiente a unos tres metros de distancia y la sábana que la cubría fue lanzada al piso, dejando a la mujer con la ligera ropa de dormir que tenía puesta en su imaginación, un pijama color rosa. Las mismas manos señalaban a las prendas su retiro y ellas iban recorriendo la piel de la muchacha para dejarla completamente desnuda. Ella permanecía dormida. Él se acercó a sus piernas y tocó los dedos de los pies con caricias sutiles, y separó las piernas para ver su sexo. Luego él se desnudó en un parpadeo y la atrajo hacia así para acariciar sus pechos mientras saboreaba con sus labios la piel de su rostro. En la soledad de aquel cuarto de la azotea del edificio, Héctor suspiraba cada paso de su frenesí, y guardaba en un lugar privilegiado de su memoria, los detalles de ese encuentro para la posteridad. Había sido el mejor sexo de su vida y lo sería en adelante, sin encontrar la causa de sus altas aspiraciones de placer.

Con el colirio en los ojos, regresaron a casa cerca de las dos de la mañana y observaron que su madre estaba en su recámara con un hombre, de quien no supieron si se trataba de su padre; no lo cuestionaron en ese momento, agradecían poder volver a su habitación sin tener que dar explicaciones del retraso, haciendo una escala en la cocina para beber agua hasta que su estómago no pudo contener una gota más, sólo que sus lenguas seguían pidiendo a gritos un sorbo tras otro.

Marco Antonio, muy lejos de casa, trabajó esa noche con el gordito José Cinco Patrón, reclutando bomberos para su asalto al reclusorio. Planearon por un par de semanas en una finca distinta a la casa lujosa de su socio, encontrándose a diario en el lugar para idear la mecánica de asalto. Habría sido mucho más sencillo si tuvieran el químico de Jacinto; a la fuerza sería más difícil y peligroso. Cada noche correrían el riesgo de rodear el edificio para sembrar bombas impactantes y mortíferas. Al gordito no le gustaba mucho la idea, la sentía comprometida. En minutos tendrían al ejército encima. Quería otro plan. Pero los locos que reclutaron se empeñaron en gastar su arsenal produciendo una tremenda destrucción. Pronto se vieron activando bombas por diferentes caminos de la ciudad para evitar que la policía y el ejército pudieran acercarse también. Y fraguaron el ataque a helicópteros desde la azotea de los edificios más cercanos al penal. Sería un asalto guerrillero de gran escala que fácilmente podía salirse de control, por lo que el gordito pidió que no se le tomara en cuenta e indicó que él sólo aportaría dinero, retirándose de las reuniones y facilitando a Marco Antonio un lugar dónde quedarse a dormir, diferente a la finca, para no ser rastreado en caso de que algo saliera mal. Le pidió discreción en todo momento y se separó del grupo. La angustia del gordito no era para menos, él poseía una fortuna en propiedades, en su negocio de abarrotes y no le convenía perderlo todo en la primera batalla sólo para liberar a los reos; como muchos, deseaba la destrucción total del gobierno, que es la única manera de lograr los cambios en el país; si se inicia una guerra, se debe terminar, de lo contrario, el enemigo en el poder obtendrá más fuerza y eliminará a todos sus adversarios. ¡Qué difícil era lidiar con esa vida! Los que están dispuestos a todo, no tienen los medios y quienes tienen recursos no quieren perderlos.

Más de treinta jóvenes que entre ellos llevaban tiempo de conocerse, manipulados y controlados por un trío con mayor experiencia, conocían el interior del penal, porque estuvieron presos un tiempo ahí. Uno de los más incontrolables se llamaba Uriel, y en el grupo tenía a su novia Hilda. Casi siempre estaban juntos y demostrándose su amor a besos y fajes descarados; no por algo pertenecían al club de la cueva oculta, el salón del infierno, la secta sombría, el tugurio de la muerte, la logia macabra y muchos otros motes que recibía ese sótano de la sociedad. Uriel hablaba poco porque su novia y él secreteaban estando también con el grupo. Sólo se escuchaban sus conversaciones con uno de sus mejores amigos, Martín, a quien siempre llamaban Cali, de su apellido Calixto. Cali era un tipo noble y fiel, como perro obediente del macho alfa que le significaba Uriel. Le encantaban también las bombas, sólo que le preocupaba la muerte de personas inocentes. Una noche antes del asalto final, habían descansado todo el día y se preparaban para atacar por la madrugada de un lunes. Se reunieron en la sala de la casa principal de la finca, propiedad del gordito peludo y se prepararon la cena con mucha carne. Faltaban todavía unas cinco horas para realizar la irrupción en el penal de las flores. En torno a este, sembraron diferentes explosivos que pensaban detonar por medio de aparatos celulares al enviar mensajes a los números de cada uno. También tenían prevista la explosión de distintos puentes de la ciudad para crear un caos que evitara el desplazamiento de los cuerpos policiacos y lo mismo hicieron con la zona militar más cercana que se hallaba en una ciudad más importante, relativamente cerca de ahí, a unos veinte minutos. Pensaban bloquear las dos carreteras del mismo modo en que lo harían con los puentes dentro de la ciudad.

Sentados y fagocitando la carne con pan, se burlaban entre ellos de la flacura y la gordura de sus otros compañeros o les bajaban los pantalones de un tirón justo cuando se hallaban frente a Hilda y Margarita, otra de las pocas mujeres del grupo, quien por el momento no tenía pareja porque recientemente rompió su relación con Jaciel, el más joven del grupo; ella ya había estado con más de la mitad de ellos en la cama, cosa que les resultaba, más que vergonzosa, un asunto de menor importancia; y un par de años antes, participó en un trío sexual con Uriel e Hilda, pero no se volvió a repetir hasta esa fecha. Cali platicaba con Sansón, contándole todos estos pormenores sobre las personalidades de su grupo, y también le explicó que él vivió con sus padres hasta que cumplió 12 años, que fue cuando otro amigo ausente le llevó por primera vez al salón del infierno y luego de dos semanas de eso, lo mataron en un enfrentamiento con el ejército. Entonces Cali decidió salirse de su casa y se fue a vivir un tiempo con Uriel, para poder enrolarse en acciones contra el gobierno. En mi casa se veneraba al gobierno, lamentaba Cali; sólo hasta que salí de ahí, mis padres entendieron un poco las fórmulas perversas del poder, pero yo ya no deseaba volver a ese mundo. Uriel ha ido formando el grupo a lo largo de seis años, enseñándonos cómo hacer explosivos y atacando cualquier célula o grupo gubernamental, como anarquistas; rompiendo siempre todas las leyes posibles. Por eso Uriel y los otros dos mayores estuvieron un año en el penal de las flores, hasta que escaparon, asesinando a dos guardias y dejando herido a otro. A uno de ellos, en esa fuga, le atravesaron la pierna izquierda con una bala; es la razón por la que camina rengo. Sansón escuchaba esos relatos, sorprendido de las terribles experiencias de Cali y sus amigos a tan corta edad; chicos que pudieron tener un porvenir, estudiando quizá en una universidad, yendo a fiestas o jugando fútbol, pero al país se lo llevó el carajo y se vieron envueltos en un huracán fúnebre, pervertidos, piro maniacos, desorientados, escuálidos al grado de desnutrición, vagando por el país en busca de aventuras peligrosas. Cali le contó también que en la última revuelta social del año anterior, sus padres murieron víctimas del fuego cruzado y sus hermanos quedaron desamparados. Una de mis tías se hizo cargo de ellos, explicó. Fue ahí donde se quebró la voz y sus ojos empezaron a brotar lágrimas de angustia. Confieso que sentí necesidad de volver a casa para abrazar a mis hermanos. ¿Por qué no volviste? Uriel y yo estuvimos platicando muchos días sobre eso, incluso me escapé para observarlos desde la esquina; mi hermana pequeña tenía unos siete años cuando la vi ese día y mi hermanito ya rondaba los doce. ¿Y qué te detuvo para acercarte? Tuve mucho miedo. ¿De qué? De muchas cosas. Mis padres, tal vez no les hablaron bien de mí, o ellos ya no querían verme. Y esa tía mía con la que iban no me daba buena espina. Cali explicaba que Uriel le insistió en no volver con su familia si deseaba participar en la guerra, porque ellos ya no le dejarían continuar. Y, por todo lo que platicó con Marco Antonio esa noche, quedó convencido. La finca, rodeada de ciudad, era de los pocos lugares tranquilos de la zona. Cuatro hectáreas plagadas de árboles resultaban también ser un pulmón de oxígeno, como los bosques en los cerros que circundaban todo el suburbio. Dentro de los terrenos de la finca sólo había tres construcciones de concreto y ladrillo: un par de establos y la casa, cerca de la entrada, como a unos 800 metros. De un solo piso, contaba con una cocina amplia, una gran estancia con chimenea y tres habitaciones, un par de baños completos y un medio baño; además, una terraza techada muy extensa como de 50 metros cuadrados; un par de mecedoras, dos hamacas listas para usarse, una mesa de jardín con cuatro sillas y 5 macetones llenos de tierra, sin plantas, porque un día se secaron. En cada esquina del techo hubo nidos de aves o arañas; las vigas sostenían con valentía ese gran tramo de techo que en un par de rincones ya dejaba pasar hilos de luz cuando el sol pasaba por encima. Sin embargo, era un solar cómodo y agradable. Dadas las terribles condiciones económicas, políticas y sociales que les rodeaban, ese, era el paraíso.

El país se desmoronaba con una compleja guerra civil; antaño, cuando década tras década se mantenía la dictadura, era un verdadero dolor de cabeza, punzante, una jaqueca que vomitaba ácidos estomacales porque mucha gente no tenía ni un bocado qué llevarse a la boca. La nación supuraba, se desangraba, en una agonía eterna. Pero en la actualidad, las cosas no iban a bien. Ahora el cuerpo no podía mantenerse en pie. Como si un cáncer le hubiese invadido por completo. Esos jóvenes, como Uriel y Cali y muchos más que se amotinaban constantemente por todo el territorio nacional, estaban desorientados; su intento de curar la enfermedad del país con aspirinas era absurdo, como si echando fuego al tanque de la gasolina pudieran arreglar un automóvil. La presidencia de Germán Álvarez, terminada diez años atrás por un golpe de estado militar, fue el único alivio en más de un siglo de historia, él y su equipo fueron el tratamiento más eficaz para poner a tono el cuerpo, la patria. Y en ese hospital, donde se curaba el alma de los ciudadanos, había unos enfermeros malvados que en lugar de curar, le robaban el sueño al paciente, eran los Estados Unidos. Aprovecharon mientras el pueblo se desangraba en la contra revolución, para quitarle una pierna, una extremidad, un largo tramo de territorio, en una hinchada ambición que no podía permitir la salud de nadie que no fuera la propia. Por otro lado, por si no bastara el dolor de perder una parte al oeste, otro territorio del este, declaró su independencia del centro. Y los gobiernos locales, en cada estado, como si fueran síntomas de otras enfermedades, no hallaban consuelo. Los gobernantes iban y venían sin cesar, sin orden ni fecha de caducidad. Cuando no falla un órgano, lo hace otro. Imperaban poderes mezquinos, unos bienintencionados, otros perversos, los más, ambiciosos; siempre jalando aguas para sus molinos. En una ciudad ocurrían incontables desavenencias, jurídicas, económicas, sociales, educativas, patrimoniales o lo que las fuerzas públicas no alcanzaban a controlar. Y ya se lograba apaciguar un dolor cuando otro salía a flote; el sistema inmunológico de la gobernanza era insuficiente para tantos problemas: los empresarios querían vender, las amas de casa o los padres de familia esperaban mejoras económicas, empleos, educación para sus hijos; los empleados nunca estaban conformes con la miseria que se les otorgaba como salario, por ello la productividad agonizaba. Maestros, obreros, campesinos, pequeños comerciantes y más, se organizaban en la medida de sus posibilidades a exigir que las circunstancias mejoraran; no había una fuerza pública capaz de contenerlos y terminaban tomando oficinas de gobierno que luego abandonaban para volver a sus labores cuando el hambre arreciaba.

Marco Antonio procuraba orientar a los jóvenes para que su lucha tuviera una causa, una ruta, una mínima organización. Pensaba que cuando lograran librar a Lauro Torreblanca de la cárcel, podrían mejorar sus tácticas para derrocar de nuevo al gobierno. Y mientras sacudía su cuello para mitigar algunos dolores recurrentes y mejorar sus ideas, sus entrañas regurgitaban los problemas del país. Solía analizar la realidad, por ejemplo, los hospitales públicos, que no atendían a los heridos, muchas veces porque recibían órdenes de mandos castrenses para dejarlos morir. Irremediablemente concluía en la necesidad de recuperar el gobierno nacional en manos de ciudadanos, de otro modo, siempre padecerían las mismas enfermedades: crimen organizado, corrupción, anarquía, clases privilegiadas, abusos, educación inmunda, explotación laboral, impuestos abusivos, asesinato de periodistas, medios masivos manipuladores y más.

Sus pensamientos surgían también de las discusiones entre los jóvenes bomberos que no dejaban de lanzar diatribas, insultos o improperios contra los gobernantes y rezaban sus letanías de: ¡Muera el mal gobierno! ¡Viva la democracia! Causando euforias temporales mientras rivalizaban si debían dar muerte a todos los traidores de la patria o si bastaría con incautarles todos los bienes y mandarlos al exilio. Marco Antonio se acomodaba de nuevo en el banco, evitando que se le durmiera la pierna y escuchaba atentamente los debates, quizá no con la intención de participar en ellos, sino de construir un plan, de encontrar una fórmula, como lo hizo siempre su amigo de la infancia y juventud, Jacinto Tomás Viveros; no una química, pero sí un método, una estrategia viable con la que pudiera mejorar la vida nacional. Como lo hicieron en otros tiempos los héroes, él enfocaba sus ideas directo al objetivo. Sus sueños por las noches no dejaban de buscar, ni mientras fumaba el cigarro dentro del baño o dejaba caer el agua durante la ducha, en las juntas para planear los atentados que ejecutarían al amanecer; sus neuronas intercambiaban impulsos eléctricos urdiendo procedimientos para finiquitar la revolución.

Probablemente parecería sencillo invitar al pueblo a levantarse en armas con tantos adeptos, hartos de los toques de queda, asqueados de los mercados clandestinos de armas, aterrorizados de tanta violencia, inquietos con tantos anarquistas como Uriel y los suyos, bombazos al ritmo del viento, sed de justicia, alimentos racionados y bolsillos vacíos. Robos, abusos, allanamientos en empresas y casas, trasporte público caótico, ineficiente e insuficiente, además de caro. Cualquiera se animaría a unirse en torno a un buen plan, pero no había uno que convenciera. Temían perder no sólo lo poco que tenían, también les aterraba morir. No todos en el pueblo eran valientes, ni se daban cuenta de lo perjudicial que resultaba para el país y las futuras generaciones, dejar en manos de otros, el control nacional, el gobierno, pese a tantos años de lecciones sociales, de guerras, de hambre y desesperación. Ya ni siquiera era fácil tener una bicicleta. Todas terminaban sustraídas y vendidas en otros mercados de objetos robados. Obtener dinero implicaba mucho esfuerzo, trabajos inhumanos, abusivos; la prostitución era una vía más fácil, pero pocos podían pagar bien, y era menester soportar la vejación en habitaciones desaseadas por unas cuantas monedas con personas altamente desagradables, alcoholizadas y sucias, que sembraban una larga lista de enfermedades a su paso por los prostíbulos. Porque no todos tenían el privilegio de acceder a mejores zonas protegidas del país, en donde se desarrollaba un comercio más sano, una vida ampliamente distinta a las mayorías. Sitios protegidos por seguridad privada, donde los más ricos se acomodaron para continuar medianamente con sus privilegios y compraron voluntad para resguardarse de las balas, de las luchas sociales, de las revueltas, los atentados; allí había bancos, escuelas y universidades, empresas pujantes y hasta gobiernos establecidos y con régimen de justicia implantado, aunque no fuera del todo perfecto, permitía la sonrisa de muchos. Eran, sin embargo, sitios inaccesibles para millones; esos que no contaban con documentos, viviendo en la clandestinidad, en zonas altamente densas, donde el caos se desayunaba, comía y cenaba como única alternativa del menú. Los mercados eran verdaderos centros del crimen. En esos recintos se intercambiaban todo tipo de mercancías: armas, municiones, herramientas, piezas de vehículos robados y motocicletas o bicicletas, alimentos, importaciones varias. Frecuentemente sufrían también redadas del gobierno para decomisar los productos que luego repartían a los militares y policías o a los aliados del estado en turno.

Los hijos de Marco Antonio Báez, Sansón, en esas semanas, se involucraron en un movimiento guerrillero en el que destacaron desde su ingreso, especialmente porque se inventaban historias sobre Jacinto Tomás Viveros, al que conocieron en persona durante un frustrado viaje a su cabaña en la montaña, pero fantaseaban presumiendo a otros jóvenes, que él les capacitó en la lucha social y la disidencia organizada. Si sabían algo de rebeldía no fue por Jacinto; eso lo aprendieron de su propio padre, Marco Antonio, quien desde niños, les enseñó a vivir en la clandestinidad, a golpear las instancias de gobierno para causar caos o para obtener recursos de pelea en sus guerras. Su pasión por el país y defensa de los valores nacionales que Jacinto también heredó de Sansón, resultaron vitales para cohesionar los ideales del grupo guerrillero dándoles cobijo y poniéndoles como principales líderes. Decían que Jacinto seguía en pie de guerra, en defensa de la nueva democracia, esa que derrocaron con Germán Álvarez a la cabeza. El pueblo entero conocía la historia y los consideraba héroes nacionales; se les buscaba, tenían los valores necesarios para rescatar el mando ciudadano anhelado por muchos millones. Durante el gobierno democrático que Jacinto logró con un arma química, la gente se dio cuenta de los abusos y engaños que el gobierno dictatorial hizo por décadas, tuvieron un periodo en el que la educación mejoró considerablemente y, como nunca, se abrieron nuevos negocios que aportaban gran cantidad de impuestos al estado y pagaban con gusto, no eran abusivos; además, su destino era transparente a los ciudadanos, pero la dictadura militar que llegó después de derrocar a Álvarez y su equipo, desgració todo. Escasearon los alimentos, la educación se militarizó y nuevamente la volvieron homogénea en todo el país; los toques de queda por las noches fueron muy duros, se obligó a la gente a pagar más impuestos e incluso con penas muy severas, castigos ejemplares en las plazas públicas, cárcel, incautación de bienes y mucho más. Tres años después terminó el régimen militar; sin embargo, organizaron una elección fraudulenta en la que impusieron a un civil de nombre Domingo Nochebuena. No pasó ni dos meses en el poder porque fue asesinado por un anarquista de apellido Fernández en una ciudad del sur, quien por cierto se pudo dar a la fuga y lo mataron una semana después. Entonces, hubo tres presidentes con carácter de interinos que nunca lograron el armisticio; por el contrario, los intereses de Estados Unidos y de sus enemigos, armaron a la población metiendo de contrabando cualquier cantidad de rifles, pistolas, cañones y bazucas para dominar a los ciudadanos del país en sus respectivas ideologías. Al imperio americano le interesaba mantener el caos para sus intereses: adueñarse de una parte del territorio nacional. El retorno de la dictadura disfrazada de democracia no fue tampoco la solución; de hecho, sucedió todo lo contrario: un enorme problema, porque la población se enojó tanto que empezó a cosechar planes de guerra en el territorio entero, el que quedaba; y todos contra el mismo enemigo: el gobierno. Diferentes estados locales, específicamente los controlados por la oposición, que eran más de la mitad, no sólo no apoyaban al nuevo presidente, títere de Cervantes, sino que alentaban y patrocinaban grupos rebeldes contra él y su equipo. Cualquiera que representara los intereses de la ideología de la familia Cervantes era un enemigo claro a atacar, derrocar, matar o menospreciar. Gastaban millones en panfletos de colores con caricaturas que no sirvieron de nada a sus fines; nadie creía en el nuevo presidente. Una buena parte de la población estaba, desgraciadamente, entusiasmada con las pantallas de televisión que el gobierno regalaba y trabajaban intensamente en reestablecer la señal de las televisoras nacionales para volver a imponer el imperio a través de la manipulación mediática y el lavado de cerebros a la población, para que aceptaran las falsas verdades que difundirían por ahí, como lo hicieron siempre.

Un par de horas antes de amanecer, ya estaban todos en sus puestos. La adrenalina se podía respirar como el aire. Y todo lo que hacía falta era esperar que los dispositivos cumplieran su función. Los prisioneros tendrían el camino libre para salir por un gran boquete en los muros y la acción coordinada con ellos, justo a la hora que se acercaran al comedor para desayunar. Fueron, en general, bastante previsores en todos los detalles, tuvieron también a un responsable de estar atento a las noticias previas, por si fuera necesario abortar la misión y, desde luego, lo que se pudiera captar en los medios como noticia. Ese mismo monitorista revisaba las frecuencias policiacas que ellos conocían. Apenas llegó la luz y se recibió la noticia desde dentro del penal de las flores, que había ocurrido ya la llamada al comedor, inició la hecatombe. Con bastante buena sincronización, todas las bombas explotaron como si fuera un enorme contenedor de gas. El muro principal del penal se vino abajo en todo un flanco, los escombros ni parecían dejar espacio para la fuga. Los puentes cayeron como estuvo calculado provocando el caos en las avenidas de la ciudad desde el primer momento, pese a que aún muchos no salían de casa. Pasados unos 10 minutos, dos helicópteros se aproximaron y recibieron un fuerte ataque desde dos puntos, no se acercaron como pretendían, pero dispararon a sus atacantes con ferocidad y mataron a un par de muchachos del grupo y dejaron malherido a Cali. Y en otro lapso igual, los prisioneros iniciaron la fuga desde el penal. Cuando finalmente el ejército se acercó a la zona, los reos se hallaban repartidos por toda la ciudad y los bomberos celebraron en la finca, todos menos Cali y los dos que murieron. La ciudad entera estaba sitiada por fuerzas públicas. El ejército allanaba moradas en busca de los responsables y detuvieron a cientos de personas que se negaban a abrir la puerta de sus casas. En poco tiempo, pudieron sentarse a evaluar los daños. Como si hubiese ganado la selección nacional, la gente festejó el golpe certero que significó al penal de las flores, porque supieron bien que varios demócratas como Lauro Torreblanca fueron liberados.

Uriel llegó primero a la finca para comunicarse con sus compañeros. La mayoría respondió sin novedades; sin embargo, el grupo de la torre que contraatacaba a los helicópteros no respondía. Llamó a Marco Antonio para informarle y ambos acudieron rápido a la zona, pero no pudieron acercarse. El edificio ya estaba rodeado por policías y militares. Convocaron por radio para reunir a la mayor cantidad posible de bomberos al sitio, en especial necesitaban a alguno con un vehículo. Llegaron las dos jóvenes a auxiliar. Todos ellos, permanecieron observando a una calle de distancia para no comprometerse. En pocos minutos llegó una ambulancia y Uriel junto con Marco Antonio la siguieron en el auto hasta una clínica; los heridos iban custodiados por gran cantidad de vehículos oficiales, entre motocicletas, autos de la policía, camionetas del gobierno y más. Uriel conocía el hospital y Marco Antonio la estrategia suficiente para rescatar a Cali, aunque ellos no sabían a quién buscaban de los tres que cubrieron ese edificio para atacar helicópteros. Tampoco conocían el fatal destino de dos de ellos; en un momento llegaron a pensar que fueron tomados como prisioneros de la guerra. Marco Antonio ideó el asalto por la azotea de la clínica que era como una gran casa de cuatro pisos. Temían que el gobierno les diera el tiro de gracia a sus amigos y debían actuar rápido. No daba tiempo para angustias especiales, ni para reflexionar si tres minutos después podrían estar muertos; Cali navegaba en el limbo estando en las manos enemigas. Así son las guerras, un cúmulo de momentos estresantes que siempre apremian, y que sólo quienes están dispuestos a todo por un ideal, son capaces de afrontar los más grandes peligros. Apagaron sus radios, subieron a la azotea de un edificio contiguo y saltaron hasta el nosocomio. En un tinaco se lavaron bien la cara y las manos e ingresaron. Amagaron al primer enfermero que encontraron en uno de los pasillos y lo encerraron en un cuarto de blancos; era el último piso del hospital, no como uno cualquiera, sino un sitio con mucho movimiento, especialmente en las primeras plantas del edificio; allí arriba tenían la suerte de contar con cierta privacidad, observando que, de vez en cuando, el pasillo se hallaba sin personas. Tomaron una camilla y Uriel, que no llevaba la bata blanca, iba encima recostado, cubierto con la sábana. Pasearon lo que pudieron para hallar el lugar donde tenían a Cali y a sus otros compañeros, bajando un par de pisos. No les fue difícil ubicarlo, porque había dos guardias en la entrada.

Marco Antonio, pasando por médico, intentó ingresar la camilla pero uno de los policías le detuvo: ¿A dónde va? Tenemos poco espacio en la clínica, hay muchos heridos; necesito colocar a este enfermo en algún cuarto. Y sin mayor problema, para suerte de ellos, debido a que la sábana que llevaban estaba manchada de sangre, pudieron ingresar al cuarto. Ahí vieron a Cali, solo y sumamente ensangrentado. No lo estaban atendiendo, tampoco hallaron señales de los otros dos amigos. De inmediato cambiaron a Uriel por Cali y Marco Antonio salió de nuevo con la camilla. Este muchacho tiene severas infecciones, refiriéndose al que quedaba dentro. No puedo dejar a este aquí, se va a contagiar en pocos minutos. Los guardias sospecharon. Uno de ellos ingresó al cuarto y vio la misma escena que dejó antes, permitiendo a Marco Antonio y Cali, que se fueran. Sólo que pronto se vieron seguidos por el segundo guardia, para saber quiénes eran ellos. La clínica estaba saturada realmente, era difícil que les pudiera perseguir por mucho tiempo y fueron las habilidades de Marco Antonio la mejor estrategia de astucia que confundió al final al guardia. Ahora debía subirlo a la azotea y sacarlo por el otro edificio, pero cuando pasó por el pasillo, se topó con el enfermero, a quien amagó antes, y otra enfermera. Ellos empezaron a perseguirlo con todo y camilla. En poco tiempo estuvieron atrapados en una habitación junto a un viejo que agonizaba y su anciana esposa que le acompañaba. Ahí estaban los seis. Cali ni cuenta se dio. El cuarto piso de la clínica, a un paso de la azotea, donde también pasaban médicos por los pasillos quienes, debido a la emergencia que dejaron los bombazos, subían y bajaban estresados. Ellos son, el encamillado está fingiendo; explicó el enfermero a la compañera que de inmediato se prestó a revisar al enfermo. Este muchacho está grave, ¿a dónde lo lleva? Me indicaron abajo que debía traerlo a este piso al cuarto 401. Lo imaginó, desde luego, porque en el cuarto de ese anciano la puerta decía 416. Y el enfermero, defendiendo su postura, señaló: ¿por qué me quitó mi bata?, mire, tiene mi nombre; explicaba a la enfermera que parecía ser su superiora. O me dice qué hace aquí y qué está buscando o mando llamar a la policía; abajo hay muchos ahora mismo. Está bien, le voy a explicar: los policías hirieron a mi amigo, este que está aquí y vine a rescatarlo. Lamento haberle golpeado, joven Roberto; supo su nombre por la bata. ¿Dónde está el otro? Se ha quedado en lugar de mi amigo. Señaló a Cali en la camilla. Entonces vamos a ayudarlos a escapar. La anciana se emocionó. Se daba cuenta que ellos eran de los héroes que estaban peleando contra el gobierno y con alegría se acercó a darle un efusivo abrazo a Marco Antonio. Preferiría no pasar por donde están los policías. No se preocupe. Roberto, llévalos a la clínica 2 y acompáñalos hasta su casa para que atiendas las heridas de este muchacho; luego vienes a buscarme para llevar el medicamento y a un doctor. Quiero pedirle un favor más, mi otro amigo, llamado Uriel, se encuentra abajo y buscará a otros dos amigos, si sabe de ellos, le agradeceré mucho su apoyo. La enfermera aceptó la tarea. Al final de un pasillo dieron vuelta y salieron a un edificio diferente, que conectaba a otra calle. En cuanto estuvieron a la vista de la salida, Marco Antonio se dio cuenta que de ese lado también había policías y se lo hizo notar al enfermero Roberto, y con sus piernas flacas y escuálidas, su camisa de cuadros malgastada y los pantalones blancos, indicó a Marco Antonio que podían salir por el estacionamiento de los doctores. Nuevamente recorrieron varios pasillos para comunicarse con el siguiente edificio de la izquierda. Robaron un vehículo y escaparon sin mayor problema.

En la finca lo recostaron y vieron que su herida era demasiado grave; tenía los intestinos fuera y una enorme lesión en el hombro izquierdo. El brazo estaba cambiando ya de color a morado. Muy probablemente tendrían que amputarlo, según lo que explicó Roberto. Le hizo la mayor cantidad de curaciones posibles, deteniendo las hemorragias que aún quedaban y procuró que su brazo se mantuviera debajo del nivel del cuerpo, para que la poca sangre que llegaba a él, tuviera el camino libre. Al poco rato llegó Uriel que consiguió algunas medicinas del hospital, luego que había visto la condición de su amigo. Se escapó sin mayor problema del cuarto de la clínica, pero no encontró a los otros dos. No sabían mucho de medicamentos y Marco Antonio pidió un teléfono para hablar con el gordito José Cinco Patrón. En cuanto el peludo llegó con un médico, pudieron atenderle, sólo que ya era demasiado tarde. Cali perdió mucha sangre y al cirujano le fue muy complicado reanimarlo para que pudiera hablar. Esa noche conversó con su amigo Uriel, a quien le pidió perdón por no cuidar su propia vida. Dijo que le hubiera gustado ver libre a la patria para que sus dos hermanos fueran felices. Uriel insistía en que la vería, lucharían juntos y él mismo iría a darles la buena noticia a sus hermanos. Todos lloraban sin consuelo, y fue peor cuando les dijo que los otros dos amigos murieron tras los disparos del helicóptero. La otra torre que disparaba tuvo más suerte pero estaban lejos de donde atacaron a Cali y sus dos compañeros. Cuando murió, cerca de las ocho de la noche, todos estaban ahí. El llanto fue amargo, pese a las buenas noticias que llegaron poco antes: localizaron el escondite de Lauro Torreblanca y diez de sus compañeros de la cárcel. El gordito no pudo decirles que estaban muy locos con el destrozo que armaron; entendía el duelo por su amigo. Pensaba que quizá no debió permitirles ese plan; ya era demasiado tarde. Podía, en cambio, aportar ideas para acciones más inteligentes en el futuro. Reflexionó mientras los miraba llorar a todos ellos, que no convenía darle pretextos al gobierno para tener sitiada a la ciudad y hacer morir a gente inocente, como Cali que siempre defendía a los civiles en todas las planeaciones. Con una bandera envolvieron el cuerpo y lo enterraron en los campos de la finca. Ninguno de ellos sabía hacer oraciones celestiales, pero Marco Antonio se atrevió a decir una especie de efemérides por el nuevo héroe que tenía la patria, atinando a explicar el valor de su noble corazón, de su inflamada esperanza, de su solidaridad y entrega; el mundo entero debía tener al menos a un amigo como él en su caminar por esta vida; uno que fuera capaz de dejar a su propia familia por seguir los altos ideales de la nación y todos sus habitantes.

El martes por la noche se reunieron en el tugurio del infierno. El gordito peludo estuvo ahí, con ellos, mientras el resto de la ciudad sufría un toque de queda asfixiante. Marco Antonio lo sobrellevaba porque él era un experto en evadir al gobierno, lo mismo que Torreblanca y sus aliados, quienes lo aprendieron de Jacinto Tomás Viveros doce años antes. Quiero informarte que fui con mi familia a ver a Jacinto al sitio que me indicaste, pero no pretende seguir en la guerra, por eso decidí junto con mi amigo, se llama José, liberarte para que nos ayudes a derrocar de nuevo al gobierno. Omitió dar sus apellidos, como era costumbre de ese sitio de mala muerte, hablaba del gordito peludo. ¿Qué te dijo Jacinto? ¿Ya no quiere pelear? Palabras más o menos, nos dejó claro que ya estaba cansado y que no quería dejar su vida actual. Pues vamos a requerir apoyo de muchos otros que todavía pelean por el país; tendremos que hacer una gira en busca de aliados, sólo que yo no puedo moverme, el gobierno me tiene fichado; y por cierto, muchachos, muchas gracias por su valentía, por rescatarnos y lamento profundamente la muerte de sus amigos. Algunos de ellos se abrazaron entre sí, sus lágrimas no cesaban todavía. Lo sucedido con Cali y los otros dos amigos ahora lo conocía todo el bar secreto y la gran mayoría estaba dispuesta a participar con ellos; claro, la presencia en el tugurio de quien fuera el brazo derecho del expresidente Germán Álvarez, Lauro Torreblanca, no era un asunto menor. José Cinco Patrón, el gordito, preguntó: ¿Cómo vamos a convencer a los otros grupos del país?, porque déjenme decirles que yo quiero apoyar con recursos económicos, pero eso no es suficiente para los rebeldes. Gracias José; cuando empezó la primera guerra, teníamos un arma muy poderosa, y la vamos a usar ahora para ganar adeptos. ¿Esa que desmaya gente? Sí; sólo voy a necesitar algunos químicos. Tenemos escondida, por todo el país, otra parte de la fórmula para completarla. Demostraremos a los grupos subversivos cómo actuamos y se unirán a nosotros de inmediato.

Uno de los hombres que escuchaban a un lado y que pertenecían al grupo de rescatados de la cárcel, se acercó para decir: temo darles esta noticia, pero el gobierno actual cuenta con esa arma; lo leí en un panfleto esta mañana. No lo creo, hace muchos años la usamos y fuimos muy cuidadosos de no liberar la fórmula. ¿Cómo crees que lograron volver al poder? Se impusieron de nuevo usando el arma de Jacinto; insistió el hombre. Pero te digo que nadie tiene la fórmula más que dos personas, él y yo, porque Germán Álvarez murió. ¿Y no crees que el gobierno ya logró igualarla? Sería terrible, esa arma en las manos equivocadas desataría el apocalipsis en el mundo. No exageres, Lauro, las armas químicas existen y las han usado muchas veces; no por ello el mundo se ha acabado. Dios te oiga, José; el problema es que esta arma es realmente accesible para cualquiera, es una fórmula química biológica que se puede producir con muy poco dinero y con químicos muy comunes, mientras que las armas químicas no están al alcance de la población, no sé si me explico. Está claro, el gobierno del títere este, podría tener el arma; ojalá Jacinto vuelva a la lucha porque lo vamos a necesitar.

No pasó mucho tiempo antes de tenerlos en camino hacia los frentes más importantes del país para reunir a los líderes y convencerlos de formar un solo frente. Usaban vehículos particulares y camionetas. Ocasionalmente pasaron retenes del ejército o la policía, pero en general tuvieron el éxito esperado. Dos heroicas mujeres fueron reclutadas para el movimiento en la región central de la meseta, un lugar de fuertes vientos, donde la gente vivía prácticamente en las ruinas de lo que fue una floreciente ciudad cosmopolita, al norte del distrito, se encontraron con que el temido holocausto había empezado. ¡Doce personas en total! Una ciudad que tuvo millones de habitantes, quedó reducida a 12. El comité, formado por el gordito peludo, Uriel, sus dos amigos mayores del grupo y otros cinco del salón del infierno que se anexaron, llegó al sitio en busca de los líderes para reunirlos con Lauro Torreblanca; pero se sorprendieron por lo que vieron. Primero encontraron a un pequeño grupo de tres que no emitían una sola palabra. Llenos de polvo en cuerpo y rostros, con un físico escuálido de hambre, morían de miedo al toparse con ellos. Se escondían entre las ruinas de una casona. No respondían, no señalaban alguna dirección o ruta; y los exploradores tuvieron que seguir su recorrido por la ciudad, siempre con el cuidado de no toparse con algún militar. Por la tarde, luego de inspeccionar casi toda la ciudad, lamentando la terrible desgracia de la que eran testigos, localizaron a dos mujeres y ellas explicaron lo sucedido. La batalla que tuvo lugar en la meseta sucedió cuando el retorno del partido se consumó, trayendo de vuelta a Cervantes, un par de años antes. Murió mucha gente, como se podía apreciar a lo largo y ancho de la ciudad, pero entonces todavía se podía vivir. Igual que estaban muchas ciudades del país, iban a la escuela y hacían sus vidas más o menos con normalidad. En esos momentos, había muchos sitios destruidos y los militares realizaban sus rondines por las noches. ¿Qué fue lo que pasó aquí después? Esa ciudad lucía peor que Hiroshima después de la bomba atómica. Las dos jóvenes mujeres explicaron que una noche llegó un comando militar cubierto con máscaras y soltó un químico; pasaban por las calles como si fumigaran. La gente caía al suelo inmediatamente. En camiones subieron los cuerpos como reses, amontonados; luego destruyeron todo a cañonazos. Todavía dos semanas antes a su visita, la ciudad despedía un olor fétido por tanto muerto que quedó en las ruinas. Ahora sólo los animales carroñeros servían de alimento. Las mujeres entonces, pidieron agua.

¿Por qué no han huido? Ellas se preguntaban ¿a dónde?, pues creían que el mundo entero estaba igual.

En la cabeza de los expedicionarios que buscaban líderes retumbaba la terrorífica idea de que el gobierno en realidad quisiera fumigar con químicos a la población. ¿Por qué hicieron tal masacre? ¿En realidad estaban muertos o se los llevaron a otra ciudad para esclavizarlos? ¿Querían usar el destino de la meseta como ejemplo para sembrar el miedo? ¿Por qué destruyeron una ciudad tan importante? ¿Acaso ahí hubo demasiados rebeldes? Sus rostros lucían consternados y sus mentes no hallaban respuesta a tantas preguntas; temían lo peor. El país llevaba años sin telefonía, al menos en muchas ciudades no contaban con ella. Tampoco llegaba la señal de televisión, salvo a unas cuantas comunidades y eso fue durante el cuartelazo del General González Vivanco, no de él, sino de sus enemigos que se dedicaron a destrozar todas las torres de telecomunicación del país para evitar su propaganda mediática.

Convencieron a las dos mujeres y a otros más de unirse al movimiento. Les llevaron a una ciudad más al norte para darles de comer y bañarles. Necesitaban evitar al ejército por lo que reorganizaron la ruta y volvieron finalmente a la finca del gordito. Los principales líderes tuvieron una comida; entre ellos José Cinco Patrón, Uriel y sus dos amigos, Lauro Torreblanca, Marco Antonio y otro par de ex presidiarios, las dos mujeres que recogieron en la meseta. Mientras tanto, como lo indicó el principal de todos ellos, Lauro, los demás fueron remitidos al salón del infierno, para evitar aglomeraciones que llamaran la atención de las autoridades. Platicaron sobre el resultado de la gira por el país en el último mes, contactando a otros líderes. En general contaban con muchos grupos rebeldes. Lauro no estaba convencido aún de qué hacer; por más que discutían un plan, siempre salían "peros" y peligros incalculables. La situación del país distaba mucho de la época en que lograron quitar a Cervantes de la silla presidencial. Prefería tener muy clara la estrategia antes de ponerla en acción; sólo que sus compañeros líderes no aportaban certezas, sino muchas dudas. ¿Qué motivó al gobierno a destruir una ciudad completa? ¿En realidad tenían el arma para dormir a la gente o la envenenaron? Y comentaba con las mujeres sus dudas para entender lo sucedido; tuvo que esperar a que ellas dejaran de llorar, porque cada vez que pensaban en la masacre de la meseta, se tornaban desconsoladas; explicaban su experiencia sin poder ver más allá. Lauro sabía que no tenía forma de conocer la información real, porque ni los periódicos, ni las bibliotecas, ni alguna persona podría decirle a ciencia cierta lo ocurrido, a menos que un detractor del gobierno quisiera contarles. Algunos medios alternativos en las redes de internet mostraban fotografías de las masacres que el gobierno realizaba desde el retorno del gobierno dictatorial, mencionaban toda la información que tenían disponible desde el extranjero, pero los rebeldes no tenían acceso a esos medios de comunicación. José Cinco Patrón, el gordito, replicó: ¿es definitivo que Jacinto Tomás Viveros no volverá a la guerra? Hubo un gran silencio, pero a todos se les iluminó el pensamiento. Si lograban convencerlo, tendrían el arma más poderosa de todas: el apoyo de la gente. Marco Antonio dijo: podríamos visitarlo nosotros y exigirle que termine lo que empezó. Si no vuelve, comentó Lauro, tampoco vamos a desistir ¿o sí? ¡No! Fue la respuesta unánime. ¿Entonces por qué no empezamos la guerra?, ya vendrá Jacinto a visitarnos cuando ganemos. Lauro podía iniciar la nueva batalla sin Jacinto y, si la gente del país les ofreció ayuda, bastaba con eso. Hagamos el intento; necesitamos una bandera como la de Jacinto para recuperar el ánimo de la gente, explicó entonces el gordito. ¡Es cierto!, fue el clamor popular.

Si no se tiene en cuenta el apoyo de muchas personas en el país, es muy difícil llevar a cabo, ya no digamos una guerra; ni siquiera se logra una manifestación. Sólo teniendo muchos recursos y poder, se podría pasar por encima de todos e inclusive convencerlos que es por su bien. Estaban atrofiados, principalmente porque temían que el régimen les respondiera con un arma letal, pues a diferencia del gobierno, ellos sí amaban al pueblo. Sucede también que muchas personas son víctimas fáciles de las falacias mediáticas. Si antes de Germán Álvarez como presidente vendían sus votos y se dejaban hipnotizar por las tarugadas que pasaban por televisión, o pensaban que llevar a sus hijos a la escuela les llevaría a mejorar sus vidas cuando en realidad les estaban lavando el cerebro. Actualmente, después de tanta inestabilidad en el país, muchos otros intereses como los Estados Unidos o los organismos internacionales, llegaban con sus patéticas promociones propagandísticas a desgastar los oídos ya reventados de la población, sembrando divisiones y jalando agua para sus molinos, como lo dice la frase, a río revuelto, ganancia de pescadores.

Héctor, el hijo mayor de Marco Antonio, por aquellos días se convirtió en el más importante líder del grupo de rebeldes en el que se apuntaron. Aseguraba que Jacinto aún estaba en la guerra y repetía los mismos ideales que le enseñó su padre contra el gobierno y en favor de la democracia. Con sus afrentas a la dictadura estaba convocando a muchos jóvenes, listos para dar su vida si fuera necesario. Ellos no lo hacían con una conciencia de seguridad como los reunidos en el oeste con Lauro y Marco Antonio. Su alma era efusiva, anárquica, con un profundo deseo de cambiar al país, pero sin un rumbo claro. Una tarde de martes, cuando terminaron un mitin convocado dentro de una universidad abandonada del distrito, se reunieron junto con otros líderes para organizar una manifestación en la plaza más importante del país; ellos trataban de conmemorar los doce años del golpe de estado que hizo Germán Álvarez a la dictadura de varias décadas. Junto con él y su hermano Carlos, había muchos estudiantes, más de cincuenta. El personaje que les inició, de nombre Manuel, a quien apodaban "el diente de oro", se acercó a Héctor para platicar con él, mientras se organizaban los demás. Hermano, debemos irnos. ¿Por qué? Porque el ejército tiene rodeada la universidad. Han detenido a muchos de los que salieron hace rato y creo que quieren encender fuego a la escuela entera. Salgamos cuanto antes. Hay un problema, si avisamos a todos nos van a disparar. ¿Entonces estás diciendo que sólo podemos salvarnos unos cuantos? Exacto, vámonos antes que esto arda como el infierno. No, amigo; nos iremos o moriremos todos. ¿Qué piensas hacer? Dame unos minutos. Llamó a su hermano Carlos y a dos de sus más allegados amigos del grupo. Luego volvió con "el diente de oro" y le dijo: convoca a cinco líderes de este grupo y diles que organicen grupos de 10, expliquen lo que sucede, se mantengan en silencio total y que esperen mis instrucciones; enseguida vuelvo. Así lo hicieron mientras Héctor volvió. Entonces se puso frente al grupo y habló: mi hermano Carlos y dos de sus amigos han logrado salir de la universidad hace unos momentos sin ser vistos. En pocos minutos miles de ciudadanos estarán rodeando a los militares. En ese momento debemos salir a unirnos y perdernos entre la gente, cúbranse el rostro con lo que puedan y no se dejen intimidar por las armas. ¿Cómo convencerán tres a miles de ciudadanos? Una de las estrategias que inventó Marco Antonio y que puso en práctica en la época de las brigadas del General González Vivanco, era la de causar revuelo entre la población, usando cadenas humanas. Héctor les explicaba que en la historia del siglo XX hubo cientos de casos en los que la población se unía para detener a las fuerzas armadas del gobierno. Por supuesto, dijo, hay una mentira de por medio, pero siempre da resultado. ¿Cuál es esa mentira? Que entre nosotros, aquí en la universidad, se encuentra Jacinto Tomás Viveros. Vendrán miles, se los aseguro. El rumor se corrió, al grupo le pareció una magnífica idea. Héctor pidió que se mantuvieran en silencio hasta confirmar la presencia de ciudadanos. ¿Sólo tres lograrán convencer a miles? En cada casa, respondió, se pedía un vocero nuevo para correr más rápido la voz; los demás deben dirigirse pronto para acá... es más fácil hacerlo en edificios donde vive mucha gente, en los multifamiliares que están cerca del centro. Si esperamos más, tendremos la garantía de salir ilesos. Justo aquí abajo está la biblioteca, vamos a llevarnos un par de libros cada quien; no quedan muchos, pero siempre valen más que un arma. Héctor les explicó que debían asegurarlos al pecho, tal vez así les servirían como antibalas, aunque fuera una idea improbable, los jóvenes lo consideraron inteligente. Por grupos de 10 bajaron a elegir libros mientras Héctor confirmaba que en el exterior se estuviera reuniendo gente. Para ese momento sólo unas pocas personas estaban cerca de los militares, pero por las esquinas a lo lejos se iban congregando de a uno en uno, cada vez más ciudadanos. Tuvieron suerte también, porque un grupo subversivo de la ciudad, dispuesto a unirse con Lauro Torreblanca en su reciente gira, supo del sitio a la universidad y acudió de inmediato a manifestarse contra el ejército que tenía rodeado al recinto educativo. Los efectivos militares iban fuertemente armados, pero no superaban los 500 elementos. Al cabo de un par de horas, la población reunida en torno a ellos superaba los 4 mil y gritaban consignas. Era en realidad para tener miedo de lo que ahí podía suceder, porque conforme más tiempo pasaba, se acercaban más y más personas, pero también más tanquetas y soldados. En la época de paz, los militares eran considerados héroes, gente de altos honores al servicio de la patria y su defensa; aunque era una construcción mediática, una idea sembrada en la población. Eso ya no sucedía. Se les reclutaba con fuertes recompensas económicas, se les enseñaba a matar civiles, preferían a tipos rudos, mercenarios que quisieran ver correr la sangre a diario. Héctor y sus amigos observaban desde distintos ángulos los sucesos de fuera para decidir en qué momento convenía hacer su salida triunfal. Eran momentos tensos, Héctor sabía bien que no sólo su vida peligraba, sino la de todos sus amigos y la población que acudió en su ayuda. Moría de miedo pero lo afrontó valientemente, pues si dejaba que el miedo se apoderara de él y sus decisiones, el riesgo sería mayor. La gente de fuera presionaba más y más a los militares, buscando espacios dónde lograran dominar y permitir que los jóvenes del interior pudieran salir. El ejército amedrentó con disparos al aire; cañonazos lanzados con la intención de espantar y replegar a la gente; pero no se iban, al contrario, se aglutinaban más y más. Y finalmente abrieron una puerta y empezaron a salir con los rostros cubiertos. La población se alegró y empujó más para abrirse camino hasta ellos. La acción fue rápida, para impedir que las órdenes superiores tomaran la decisión de atacar desde sus cómodas oficinas de gobierno. El ejército disparó contra la población y muchas personas cayeron muertas, pero los jóvenes pudieron escapar ilesos, mezclándose entre la multitud. Luego las mareas de gente se fueron alejando del ejército hasta desaparecer entre las calles.

Esa misma noche, el ejército de la ciudad en donde se encontraba el penal de las flores, empezó a rociar casa por casa, como sucedió en la meseta central. Los cuerpos eran apilados en camiones. Hasta que llegaron a la finca donde se encontraban reunidos Marco Antonio, José Cinco Patrón, Lauro Torreblanca, las dos mujeres de la meseta, Laura y Jazmín, Uriel y sus dos amigos, Leonardo y Gabino. Sólo percibieron la presencia de los militares cuando ya era demasiado tarde, pues discutían acaloradamente los asuntos del plan de ataque contra el gobierno. Sólo pudieron escapar Marco Antonio y las dos mujeres. Los demás cayeron fulminados esa noche y subidos a los camiones de redilas que vigilaban la retaguardia del ejército.

En un escondite a las afueras de la ciudad, podían ver cómo esta ardía en llamas; se escuchaban las detonaciones y las dos mujeres lloraban ininterrumpidamente. No podían creer que por segunda ocasión, el ejército destruyera por completo la ciudad y ellas fue-

217

ran testigos de la masacre. Las llamas de los incendios de las casas las duplicaban en altura. Marco Antonio pensaba para sí, que el gobierno estaba exterminando a la población. Fue el momento en que decidió correr de nuevo en busca de Jacinto Tomás Viveros, pues era el único líder de la nación entera que podía en realidad salvar a la gente de su fatal destino. ¿Así fue como destruyeron su ciudad? Desde aquí vemos lo mismo que observamos aquella noche en la meseta; ¿crees que acaben así con todo el país? Al parecer, ellos quieren exterminarnos. Tengo miedo, señaló Jazmín. Y yo, dijo Laura. No lo duden, vamos a pelear para acabar con esto; mañana temprano emprenderemos el camino en busca de la única persona que puede salvarnos. ¡Jacinto! Sí, el mismo. ¿Crees que él pueda acabar con las matanzas? No es él, es lo que la gente piensa de él. ¿Por qué? Porque lo consideran una buena persona que lucha por los ideales de la democracia. Sí, comentó Laura, pero los ideales son buenos, la lucha por ellos produce esto. ¿A qué te refieres?, indagó Marco Antonio. Todos deseamos un mundo mejor, pero para alcanzarlo, necesitamos sacrificar muchas cosas; si Jacinto y sus amigos hubieran sabido las consecuencias de sus acciones, no habrían alterado la historia del país. ¿Crees que ellos hicieron mal? No, desde luego que no; debían hacerlo, y sus actos fueron buenos. ¿Entonces? Que en la lucha por el bien, los malos toman ventaja; mira esto, señalaba a la ciudad en llamas, los hombres pueden llegar a ser muy crueles. No es culpa de los demócratas; nosotros velamos por el bien de la población, son ellos quienes engañan, roban, matan, extorsionan, manipulan; expuso Marco Antonio. La gran pregunta es, insistía Laura, con los ojos todavía llorosos y la cara sucia, en una penumbra que sólo distinguía su sombra; ¿para acabar con el gobierno, a estos infelices desgraciados, debemos matar a cada uno? ¿No nos volvemos iguales a ellos si empuñamos el arma y ejercemos una justicia de guerra? Estoy seguro que en una guerra, ambas partes se sienten propietarias de la verdad, cualquiera puede justificar sus actos de exterminio del enemigo, sea cual sea su ideal. ¿Consideras que al iniciar la guerra contra la dictadura putrefacta que gobernaba al país, Jacinto, Lauro y el expresidente Germán Álvarez, le dieron a sus enemigos la justificación para realizar estos actos de barbarie?, preguntó Jazmín. Creo que tú sabes la respuesta, respondió finalmente Marco Antonio, antes que sendos pensamientos se internaran en un profundo y triste sueño, uno en el que la patria se caía a pedazos, rodeada por monstruos apocalípticos impensables. Una revolución que en realidad apenas empezaba y que ya había cobrado millones de vidas, muchas de las cuales dolían más, porque eran de gente inocente. Marco Antonio, durante el camino, se fue enamorando cada vez más de Laura, pero sin dejar de hacerlo por Jazmín también. Recorrieron gran cantidad de kilómetros para acercarse de nuevo a la casa de retiro del héroe nacional Jacinto Tomás Viveros, en franca rebeldía contra su propio movimiento social.

Marco Antonio y su instinto casi natural de supervivencia, le permitía comer y dormir sin mayores complicaciones; a veces bien, con baño y regadera y en ocasiones de formas prácticamente insufribles. Su mente divagaba como de costumbre en ideas para sobrevivir y sueños que cumplir, metas qué alcanzar, hijos qué extrañar, amores qué olvidar, amigos a quiénes recordar, lutos interminables, odios indetenibles… A la mañana de un sábado emprendieron los once kilómetros de caminata final antes de llegar a casa de Jacinto, sin saber que a su arribo tendrían una amarga sorpresa. La cabaña hermosa que él se construyó, estaba convertida en cenizas. No podían saber cómo sucedió aquello, pues nadie cuidó el detalle de proporcionar un recado para enterarles. Parecía un incendio controlado que evitó uno forestal. No se percibía ningún tipo de ataque guerrillero. Pensar que se fugó a un diferente escondite donde pudiera evitar que fuera molestado reiteradamente por los incitadores de una nueva revuelta contra el gobierno, parecía ser la opción más viable; así que, luego de comprobar que dentro de los escombros no hubiera cadáveres y revisar que el vehículo no estaba entre las cenizas junto con el resto de cosas quemadas, emprendieron el regreso a casa de Marco Antonio. Todo indicaba que Jacinto se escondió un poco más para no sentir remordimientos con sus amigos. El corazón de Marco Antonio se encogió lo suficiente como para impulsar un nuevo infarto; su dieta de "casi no comer", sus largas caminatas y las motivaciones de derrocar al gobierno, al costo que fuera, le salvaron por el momento de ello; sin embargo, sentía una tristeza inmensa. Su amigo Jacinto le decepcionó tanto, que estuvo a punto de blasfemar contra la imagen beatificada que la población en general tenía sobre él. Se dio cuenta que debía encabezar la siguiente revolución. No le interesaba el protagonismo y mucho menos tenía edad para ello. Siempre vivió en la clandestinidad, moviéndose entre las ramas para no ser detectado por el sistema político. Debido a los últimos acontecimientos, se sintió orillado a pensar qué ahora debía comandar a los ejércitos de la población para rescatar al único movimiento democrático que conocía el país en toda su historia reciente. Sin Jacinto, ¿seguirían al nuevo líder? ¿Tenía él, el carisma que hizo famoso a su amigo?

Al llegar al distrito, Marco Antonio llevó a sus amigas a instalarse en un tallercito que usaba ocasionalmente como refugio de paz y que llevaba meses abandonado. Al ingresar notó que alguien entró ahí, porque faltaban herramientas. Les explicó cómo llegar a su casa en caso de necesitarlo y se encaminó a reencontrarse con su familia. En cuanto ingresó se enteró que ya era abuelo, pues su hija Fabiola cargaba en brazos a una pequeña niña. Gudelia, su esposa, preparaba en su reducida cocina, los alimentos para comer. Un día antes, Marco Antonio, no probó bocado, pues pasó todas las horas caminando a la cabaña de Jacinto y luego de regreso. Apenas por la noche pudieron robar un par de piezas de pan que él cedió a las mujeres que le acompañaban; así que más por el hambre que por otro asunto, apenas si vio a su hija y su nieta, corrió a la cocina a engullir cualquier sobra, un pan y hasta mordió una barra de margarina, le dio un par de tragos a la botella de cátsup y empujó un plátano pasado de maduro hasta la garganta en un solo bocado. Luego Gudelia le abrazó, al darse cuenta de la desgracia que su esposo vivió, aún sin cruzar palabras. La barba saturada de canas era de al menos seis días. El corte de cabello esperaba ya cuatro meses y su ropa necesitaba ser tirada a la basura. Su piel, pegajosa, invitaba al rechazo desde varios metros a la redonda, por lo que Gudelia le preparó el baño mientras él seguía ingiriendo todo a su paso. Tras una hora, regresó a cargar a su nieta por primera vez. ¿Y mis hijos? Se desaparecen desde temprano y no vuelvo a verles el pelo hasta que despiertan de nuevo por la mañana siguiente. Pues espero verles por la noche. ¿No sabes? ¿Qué debo saber? Que se están reuniendo con Jacinto Tomás Viveros. Su rostro se iluminó lo suficiente como para llorar de la emoción. ¿Dónde se reúnen? Al parecer en la preparatoria de los siete pinos que está cerca del parque de los héroes. Vuelvo al rato. ¿Crees que te dejen entrar?, acuérdate que la población cuida a los muchachos. Estaré dentro antes que nadie se entere. ¡Cuídate!, gritó su hija Fabiola cuando la puerta se cerró tras él.

Antes de buscar a sus hijos, pasó a una tienda a comprar algunos víveres para sus amigas; estando en casa tomó dinero de uno de sus escondites favoritos: la pata hueca de su cama; aunque como estaban las cosas, debía buscarse otras fórmulas para conservar el dinero. El distrito corría menos peligro que otras ciudades de ser masacrada, como la de Laura y Jazmín o la del gordito peludo, porque era la capital del país y vivían en ella varios millones de habitantes. Para lograrlo, el ejército debía realizar una acción terriblemente masiva para los relativamente pocos efectivos con que contaba. Los mil 500 kilómetros cuadrados de superficie no eran un blanco fácil tampoco. A pesar de ello, como sucedió cuando el cuartelazo de las brigadas del General González Vivanco, cientos de edificios y casas fueron incendiados para atemorizar a la población. Desde el extranjero, el expresidente Cervantes seguía, en aquel entonces, controlando a diversos grupos en todo el territorio nacional. La democracia que trajo al país, la presidencia de Germán Álvarez, se arraigaba día con día entre la población. Así que, en contacto con un general del ejército que conservó su puesto principal con la llegada de los Alvaristas, de nombre Federico González Vivanco, se organizó una ofensiva para derrocar a Álvarez. Primeramente, unos seis meses después del golpe de estado inicial, donde tanto el senado, la cámara de diputados y cientos de dependencias gubernamentales en todo el país cayeron al piso por un compuesto bioquímico inventado por Jacinto Tomás Viveros, González Vivanco facilitó la fuga de Cervantes de la cárcel y le consiguió un pasaje, en un barco chino, al exilio. Ya en un sitio seguro, que nadie conocía con exactitud, empezó a idear un plan que permitiera su retorno a la política nacional. Para empezar, necesitaba amedrentar a la población, mostrándoles que Germán Álvarez no podía controlar a todos los grupos sociales de su país, pese a tener un arma poderosa, como lo presumió cuando asumió el poder. Y Cervantes, desde su exilio, causó cualquier cantidad de problemas dentro del país para disminuir la popularidad de su enemigo Álvarez. Era el tiempo que Jacinto Tomás Viveros visitaba las comunidades más pobres del país para evaluar las condiciones y diseñar estrategias de gobierno acordes a su realidad. Adquirió fama porque sus visitas significaban importantes mejoras para las ciudades en las que ingresaba. Se le esperaba con tambores, grupos musicales, comilonas; ancianas, niños y campesinos querían tocar su piel, como si fuera un santo que les daría de comer para toda su vida. Ponían su retrato en todas las esquinas y eso convocaba a la gente por cientos de miles a cada paso. El gobierno de Álvarez contaba con muchos recursos económicos provenientes de la creciente confianza de progreso que existía en el país, además de las cuentas incautadas a cientos de políticos que se enriquecieron a costa de la población, motivo por el cual estalló la revolución incruenta. La nueva constitución que se discutió ampliamente un año antes de las brigadas de González Vivanco fue bienvenida por amplios sectores de la sociedad, era simple, clara y protegía a los ciudadanos; les proporcionaba espacios de discusión y poder de decisión en muchas de las acciones del gobierno.

Así fue que, ante la desesperación de la exiliada oposición, se creó un cuartelazo, que encerró por varios días a todos los militares disidentes para crear una estrategia que derrocara al gobierno de Álvarez. Comandados por González Vivanco, en el país entero impusieron el caos que permitió la caída del presidente demócrata y todo su equipo. El terror fue tal, que cuando se impuso un mando militar al país, nadie se sintió con el valor suficiente para evitarlo; lo único que se atrevieron a realizar fue la destrucción de toda la red de comunicación del país, tirando antenas repetidoras de televisión, instalaciones de radio, telefonía y periódicos, para evitar que el gobierno pudiera comunicarse con la población, y sembraron rumores que enloquecieron a muchos. La estrategia de contraofensiva surtió el efecto esperado, pues el gobierno, sin la televisión, poco podía hacer para ganarse la simpatía de la población. Del mismo modo, se interrumpió el pago de impuestos de muchísimos y el gobierno tuvo poca capacidad de maniobra. Ahí fue donde vino un tercer golpe de estado que trajo a los buenos militares. Durante un par de años, nuevamente, iniciaron la reconstrucción del país y llamaron a elecciones para que ganara un amigo del mismo general que gobernó: Domingo Nochebuena, a quien mataron unos anarquistas del sur, 2 meses después de llegar al cargo. Por toda esta inestabilidad, ningún sitio en el país era seguro para guardar dinero o bienes materiales; ni siquiera las patas de la cama en la casa de Sansón.

La emoción por ver de nuevo a Jacinto Tomás Viveros en acción, hizo que Marco Antonio cometiera varios errores al intentar ingresar a la preparatoria de los siete pinos. Un grupo de muchachos lo detuvo y lo llevó a uno de los salones dentro de la escuela. Les explicaba que él era el padre de Héctor y Carlos y amigo de Jacinto Tomás Viveros, pero sus verdugos no le creían y lo llenaron de golpes para que confesara; estuvieron a punto de hacerle sangrar y mandaron llamar a la población de la zona para que lo lincharan. Para su suerte, la noticia de que un hombre detenido en un salón que decía ser papá de Héctor y Carlos, llegó hasta los mismos vástagos. Ellos corrieron y detuvieron la golpiza. ¡En realidad era su padre! ¿Quién podía creerlo? Parecía más bien su abuelo, porque formalizó una familia pasados sus 45 años de edad. Además, lo descubrieron escondido entre los matorrales cuando acababa de saltar la verja de la preparatoria. Cualquiera podía pensar lo peor de él. Y después de aplicarle algunos paliativos a su dolor, finalmente los jóvenes podían abrazar a su padre, aunque esperaban de él un regaño, por estar metidos en una revolución sin su permiso. En cuanto pudo, les preguntó: ¿está con ustedes Jacinto Tomás Viveros? Entonces Héctor pidió a sus amigos que salieran del salón para platicar con su padre. Cuando los tres estuvieron solos, ellos, en voz baja, le hicieron saber que no. Engañan a los muchachos haciéndoles creer que Jacinto peleaba en el oeste y que pronto lograrían derrocar al gobierno. Ya tenían armas y un ejército de casi 100 mil jóvenes. Ahí en la capital pasaban los 30 mil, en distintas células que ellos organizaron. Marco Antonio, pese al dolor de los golpes, se alegró mucho y se sintió muy orgulloso de sus hijos. Les notaba distintos. Apenas unos seis meses antes dejó de verlos, pero ya parecían unos verdaderos guerrilleros. Lo mejor de todo fue saber que ellos eran los principales líderes de ese enorme movimiento; todo un batallón que salía de la nada sin esperarlo siquiera. ¿Así estaría el resto del país? Lo cierto es que el día anterior se sentía desesperanzado por la desaparición de Jacinto y luego de perder a muchos amigos en el oeste. La guerra estaba en marcha y, sin decirlo, se preocupó porque sus hijos fueran a perder la vida en los enfrentamientos que se veían venir de frente; pero ni conocer a su nieta le hizo tan feliz como ver al país dispuesto a pelear por la libertad y la justicia que toda su vida anheló, como lo hicieron Jacinto, Lauro, Germán y muchos otros.

Más tarde, volvió con sus amigas al taller abandonado a contarles lo que estaba pasando y por primera vez Laura le besó tan apasionadamente que despertó a su animal interno. Jazmín también lo deseaba, pero no sabía si Laura le permitiría hacerlo, así que les dejó solos un rato, para que tuvieran sexo. Ella salió a reconocer la zona, teniendo cuidado de no perderse por ahí. Los dos que se quedaron en el taller, apenas si pudieron pasar de unas caricias porque él estaba adolorido por los golpes. Cuando Jazmín volvió, él se retiró a su casa a descansar. Dormiría como niño chiquito hasta la hora de comer del día siguiente, sanando las heridas y recuperándose del cansancio de sus pies, que le llevaron por gran cantidad de kilómetros la última semana.

Un par de días después, se internó de nuevo en la preparatoria con las dos mujeres. Llevaba una fecha para coordinar un ataque definitivo al gobierno. Escogió el 14 de octubre para darse tiempo de comunicar a todo el país las acciones. La fecha estaba lejana aún, aunque consideró necesario realizar una gira para coordinar a los diferentes ejércitos milicianos. Entró después a un salón junto con sus hijos, Laura, Jazmín, "el diente de oro" y tres jóvenes más del grupo de liderazgo. Hablaban de cómo realizarían los ataques coordinados y la importancia de asegurar la casa presidencial y los recintos legislativos, las dependencias más representativas, así como las instalaciones militares. Alguien llamó a la puerta con insistencia. Héctor se apresuró a abrir. ¡Vengan rápido! Uno de los muchachos del grupo líder, que despedía de los poros una emoción jadeante, sudando por la gran carrera que hizo desde un lado a otro de la gran escuela, insistía de tal modo que produjo el efecto esperado: hacerlos correr. Todos salieron de inmediato y recorrieron un par de canchas deportivas, caminaron varias jardineras y llegaron a la parte posterior de la escuela preparatoria hasta donde una muchedumbre de jóvenes parecían festejar, sin saberse a ciencia cierta lo que sucedía. Héctor y Carlos se abrieron paso, entre al menos 300 de sus soldados, seguidos de los demás líderes hasta que se encontraron frente a frente con el promotor de aquel escándalo: Jacinto Tomás Viveros. Así que, al verle, corrieron a abrazarle como si vieran al mismísimo mesías. Detrás llegó su amigo Sansón, que no pudo más que llorar de la emoción. Sintió que un gran peso se le caía de encima. Las dos mujeres evitaron que cayera al suelo. Jacinto avanzó para abrazar a Marco Antonio y los gritos se escucharon a lo largo y ancho de la colonia. La revolución tomaba forma real nuevamente. Jacinto se subió a una jardinera y pidió silencio para hablar. En pocos segundos, los muchachos se acomodaron frente a él para escucharle.

El día de ayer supe algo que cambiará el futuro de nuestras acciones. Estuve en un campamento de disidentes en una pequeña población al sur de la capital. Ellos me han dado dos noticias muy importantes que quiero compartirles. Hay cinco ciudades en el país que han sido destruidas por el ejército y más de diez millones de personas fueron hechas prisioneras en campos de concentración del ejército; las han esclavizado en diferentes rancherías por todo el país. Les tienen amedrentados, matando frente a ellos a quienes se atrevan a expresar una sola palabra. Deben trabajar en diferentes tareas para beneficio del gobierno: alimentos, armamento, construcción de edificios, plantas de energía y muchas cosas más. Nuestros amigos del sur trabajan coordinando las acciones para primeramente detectar todos los campos de concentración y conocer a fondo la forma de operar. Nosotros debemos apoyar en la búsqueda de más centros de esta perversa esclavitud para que llegado el momento, podamos liberarlos. Tenemos infiltrados en el ejército que nos han comunicado de al menos tres ciudades más que pronto serán atacadas. Están usando una réplica de mi arma bioquímica para adormecer a la gente por las noches y llevarla a sus centros de detención. Luego destruyen la ciudad entera y la dejan inutilizada para que nadie pueda emplearla como refugio.

Hace unos días, supe que empezaron a talar todo el bosque donde yo viví algún tiempo. De ahí están tomando los recursos naturales que necesitan para convertir a nuestra nación en una puerta del mismísimo infierno. Y tengo que decirles que mi arma no la podremos utilizar más. El gobierno ha retirado todo el suministro de químicos que hacen falta para construirla. Apenas contamos con unos cuantos toneles que servirán para la batalla final. Por eso, me voy a dar a la tarea, junto con ustedes, de diseñar un nuevo plan, ahora desesperado, para derrocar al gobierno. Necesitamos trabajar en grupos para organizar una ofensiva efectiva que dé fin a este nuevo holocausto. También les informo que detrás de toda esta desgracia, se encuentran los países más desarrollados del mundo y sacan provecho del caos. Al menos otras diez naciones están en las mismas circunstancias que el nuestro. La humanidad hoy se encuentra destinada a la esclavitud por el grupo más poderoso que existe. Hace algunos años, cuando llegamos a gobernar, supimos de ellos y nos informamos bien. Es un grupo de magnates muy poderosos, dueños de bancos, empresas trasnacionales, institutos de investigación, la CÍA, el FBI y políticos influyentes de todo el mundo. Esa cofradía nos amenazó; exigían el pago de la deuda, querían que firmáramos convenios que sumieran a nuestros compatriotas en una cadena de consumismo y esclavitud financiera. Así que llamamos a varios politólogos de confianza para que nos informaran sobre la capacidad de este club que se denomina Bilderberg. Han de saber que nos espantamos mucho. Todo nuestro país estaba bajo su control. No eran los políticos quienes gobernaban, sino ellos. Y son precisamente ellos quienes nos están esclavizando por la fuerza ahora; lo hacen a través de un aliado: el expresidente Cervantes y sus compinches, quienes nos vendieron por unas monedas. El expresidente Germán Álvarez tomó entonces la acertada decisión de nacionalizar industrias, bancos y empresas energéticas para cerrar las fronteras a su influencia macabra. Desgraciadamente, eso sirvió de pretexto a muchos para criticar sus acciones y hacerlo blanco de insultos. La única ventaja fue que la población no se dejaba engañar. La educación y la libertad de expresión en los medios de comunicación, permitieron fortalecer al país por un par de años; hoy se recuerda aquel gobierno como el único que realmente se preocupó por todos los ciudadanos y es hoy la principal fuerza que tenemos para actuar.

Así que vamos a luchar por la libertad de nuestro país y le vamos a dar un ejemplo a las demás naciones de que es la población la que debe tomar las riendas de su país, y no unos cuantos políticos corruptos. Lo haremos por el amor a nuestra patria, por sus hijos, por el futuro y por la justicia. ¿Están conmigo? ¡Sí!, respondieron todos emocionados y terminó el discurso.

Acordaron en una reunión que tuvieron en el salón de sus acostumbradas juntas, llevar a Jacinto a un lugar más seguro. "El diente de oro" le facilitó el acceso a un motel de su tío. Sólo un par de ellos sabía dónde era. Les quedó claro que la preparatoria ya no era un sitio secreto; desmembraron las células en distintos espacios y los líderes se reunirían en edificios diferentes cada semana mientras terminaban la planeación general. Jacinto escribió un documento que luego reimprimieron para hacerlo llegar a todo el movimiento disidente del país. En una de esas primeras juntas de los líderes, Jacinto les hablaba con la experiencia que adquirió durante toda su lucha.

Estoy muy preocupado. La gente confía demasiado en mí, y no soy quién para lograr la transición de nuestro país, sino ellos mismos. Se aglutinan en torno a un héroe hecho de papel. Puede haber una persona que llame al cambio, como aquel que dispone los llamados a luchar; es la voluntad de cada uno la verdadera fuerza de acción, sin ellos, de nada sirve invitarlos a un mitin, o a bloquear las calles o a detener las actividades económicas por uno o varios días o exigir mejor educación o disminución de las comisiones bancarias o reducir el papeleo burocrático o evitar que se aprueben leyes abusivas y perversas para la sociedad. Uno puede convocar, pero es la suma de las voluntades la que permite el verdadero cambio. Creen que la democracia se instaura con órdenes dictatoriales de un solo hombre. La esclavitud se impone dividiendo a las personas, creando diferentes ideologías, sembrando el rencor. ¿Sabían que la homosexualidad fue aceptada en todo occidente a partir del ataque a un bar gay en Nueva York? Fue en el año de 1969 cuando la policía reprimió y asesinó a muchos jóvenes que frecuentaban ese bar llamado Stonewall, que curiosamente pertenecía a un miembro destacado del club Bilderberg. Siglos de represión a esa preferencia sexual terminó en menos de 40 años. Para antes de acabar el siglo XX, la moda masculina era estrafalaria, uso de colores, faldas y aretes y la moda femenina usaba corbatas, sacos y pantalones. Y sepan que respeto profundamente cualquier preferencia sexual, lo que detesto infinitamente es la manipulación de los poderosos a la población. Para las cofradías, imponer ideologías, modas y divisiones es fácil, incluso cuentan con un instituto en Londres denominado Tavistok para estudiar a la gente psicológicamente e imponerles una manera de pensar. Cuando tienen a su candidato presidencial favorito, usan todo tipo de manipulaciones y destrozan al enemigo dividiendo las opiniones. No es nada nuevo, ustedes lo saben bien. El problema radica en que la gente cree que no debe debatir, ni discutir, se recluyen en su individualidad para evitar confrontaciones; porque defender las opiniones está mal visto, porque temen a los radicales, porque el miedo es una herramienta sutil que las personas aceptan. Porque ser valiente es correr peligros... todo eso lo siembra la maquinaria del estado a través de los medios masivos. Para ser honesto, yo le tengo más miedo a una televisora que a un ataque de cañón, porque prefiero morir en la lucha que terminar de esclavo de un sistema que ideologiza.

Jacinto se hallaba acompañado de tres químicos, compañeros de su lucha dispuestos a colaborar para inventar una nueva arma que diera el golpe letal a sus enemigos; dos de ellas eran mujeres. Varios jóvenes del ejército creado por "el diente de oro", Héctor, Carlos y otros líderes, estaban a su disposición para comprar en distintas droguerías diferentes sustancias que poco a poco surtían el nuevo laboratorio. También los jóvenes viajaban a otras colonias de la ciudad en donde todavía tenían conexión a internet, para investigar sobre bombas, reacciones químicas, solventes y otras armas que sirvieran al equipo para completar la misión. Jacinto recibía a Marco Antonio de vez en cuando en su laboratorio para platicar con él. Sansón le contaba las novedades de su lucha y Jacinto sobre sus ideas para atacar. Se daban cuenta de lo apremiante que resultaba tener una herramienta eficaz de asalto, porque las ciudades seguían siendo atacadas por el ejército, como les informaron. Al mismo tiempo, varias células de milicianos eran embestidas, cada vez con mayor fiereza. Viajar resultaba cada vez más mortífero. El gobierno estaba asfixiándolos.

Una tarde de esas, resultó ser el día de la patria que no se celebraba más, por prohibición de los gobiernos militares que precedieron a ese. Pero Gudelia, la esposa de Marco Antonio, organizó en casa una fiesta. Lo curioso de ella es que sólo hubo mujeres. Casi todas las adultas que asistieron, tenían lejos a sus esposos o ya eran viudas; sus hijos no las querían acompañar y las hijas forma-

El nuevo holocausto

ban círculos muy cerrados de amistades que terminaron integrando al grupo de mamás. Ahí cantaron y se embriagaron ante el panorama sombrío que vivía el país. Las chicas jóvenes se encerraron en un cuarto y las mayores a discutir, al calor de las copas, la desgracia que vivía el país. Gudelia, como esposa de Marco Antonio y madre de dos jóvenes revolucionarios, defendía las acciones ciudadanas, pero la mayoría de mujeres moría de miedo; hasta parecía una fiesta de Halloween; invadidas por el terror, argumentaban que era mejor ser esclavizadas que muertas. El valor de su gente estaba primero. Gudelia insistía: Estoy de acuerdo con ustedes, nuestras vidas están en peligro y son muy valiosas; pero les pregunto, ¿quieren que nuestros hijos sean esclavos toda su vida? Porque si se vuelven esclavas del nuevo gobierno, ¿qué más da? Ustedes ya hicieron un camino, lo disfrutaron, pero sus hijos pasarán décadas sumidos en el peor de los sufrimientos; obedientes por la fuerza de un látigo a cumplir duras tareas bajo el sol. ¿Están seguras que quieren eso? Las palabras de Gudelia también retumbaron hondo en el corazón de sus amigas. Sólo que esa noche, Gudelia, se sumió en una depresión ciclónica; nunca antes se sintió tan mal. La gente seguía siendo víctima de un sistema político perverso, controlador, divisionista y manipulador que sembraba miedo entre los pobladores para tenerlos sumidos en la ignorancia, aterrorizados con la amenaza de quitarle a las personas la poca tranquilidad que les quedaba. Un par de días antes de esa fiesta, ella se encontró con el dueño de una tienda de supermercado que era su compañero de la primaria. Le había visto un par de ocasiones desde entonces, por lo que no fue difícil entablar una charla amena al principio, que luego se tornó en un debate complicado. Luego de los abrazos y parabienes de rigor, discutieron sobre la situación del país. ¡Pinche revolución!, sólo nos ha traído problemas, señaló Gabriel, el empresario. ¿Estás loco?, esta lucha es por nuestra libertad. ¿Libertad?, esto no es libertad, es un manicomio. Claro, ahora, le contestó ella,

231

pero deja que termine la guerra y seremos libres. ¿Tú también te crees eso de que estaremos mejor?, ¿cuándo van a entenderlo?, nunca habrá libertad; este país les pertenece a ellos y jamás van a cejar su intento por dominarlo, más nos vale que lo entendamos o nos exterminarán a todos. Creo que quienes deben entenderlo son ellos, nosotros somos los ciudadanos, somos más, somos inteligentes, tenemos valores, criamos a los niños y decidimos el futuro; ellos son simples empleados rateros que deben ir a la cárcel por corruptos, cobardes y asesinos; además son pocos, apenas unos cuantos; no va a ser una minoría quienes definan el futuro de nuestro país. Eso que dices es tonto, siempre debe haber un líder que dirija a la nación, un grupo de iluminados capaces de conducir el destino del resto de borregos ignorantes. ¡Pero si somos ignorantes es porque ellos así lo quieren!, les conviene mantenernos como estúpidos para no exigir nuestros derechos, nuestro título de propiedad de este país, nuestros recursos naturales, nuestra tierra; y por eso muchos piensan como tú, por ignorantes, borregos y dejados de la mano de Dios, obedientes a las reglas de injusticia que ellos imponen, cabezas huecas; lo menos que podría llamarles es esclavos, sumisos, cobardes; para ustedes es justo que les pase esto, por miedosos, tímidos y apocados. Ahí terminó la amistad; Gudelia decidió que era mejor no volver por ese supermercado, donde llenó el carro con las botanas de su fiesta pero lo abandonó para salir corriendo sin llevar nada. Y luego sus amigas que resultaron iguales a él, le hundieron en la depresión, la agonía de pensar que probablemente su familia podría morir tratando de resolverle la vida a gente tan temerosa y asustadiza. ¿Vale la pena sacrificarse por ellos? ¿Merecen tener héroes como Jacinto Tomás Viveros? Era una enorme pena pensar que no se valoraba todo el esfuerzo que algunos hacían por defender a la patria mientras que otros se desgastaban criticándoles, acusándoles de revoltosos, considerándoles desestabilizadores. Y como en toda guerra, unos piensan que están en lo correcto y los de enfrente tienen la misma creencia. Era un asunto de relatividad de los valores. El único consuelo de Gudelia entre cada dosis de lágrimas y calma, era que se sentía parte importante del grupo mayoritario, de amigos nobles y sinceros que no traicionaban sus ideales, que no mataban gente como animales, vivían con la verdad por delante, sabían amar y perdonar; todas ellas, características que los enemigos no tenían. Esos gobiernos se aprovechaban de la gente, le escupían en la cara con mañas represivas, monigotes insaciables que se enriquecían a costa de los ciudadanos, cínicos asesinos, represores, malandrines cobardes, dictadores, seres viles sin escrúpulos, capaces de azotar el látigo contra los indefensos. Cuando asiste la mayoría de la población y la nobleza dentro del corazón, no se puede estar tan equivocado.

Cuando el país aún se encontraba hundido en el caos que trajeron varias sucesiones presidenciales continuas, tres meses antes que se cumplieran diez años de la llegada de Germán Álvarez a la presidencia del país, Lauro Torreblanca localizó a su amigo en una granja al norte de la ciudad de París, en Francia. Por más de seis años, el expresidente Álvarez, cambiaba de residencia para evitar ser aprehendido por quienes gobernaban en ese momento, pues le declararon enemigo, usurpador, revolucionario y cualquier otro calificativo despectivo que ameritaba su detención policiaca para ser juzgado por las leyes de su país. Lauro le invitó a terminar lo que empezaron. Dado que el último presidente, Jairo del Monte, mostraba actitudes de apertura democrática, en busca de la reconciliación nacional. Luego de cumplirse una serie de elementos de seguridad para permitir el ingreso de Germán Álvarez de forma segura al país, sin el conocimiento de las autoridades, desde luego, Lauro logró convencerlo de arribar en un aeropuerto clandestino que usaban unos empresarios comprometidos con la causa democrática y por ahí llegó, en una ciudad al norte del país. Más tarde hubo que trasladarle por tierra de forma coordinada para evitar los retenes

militares y policiacos que usaba el gobierno para amedrentar a la
población. Porque a mayor reclamo civil, se justifica más el uso de
la fuerza pública estatal y dadas las condiciones caóticas en las que
se encontraba todo el territorio, se requería un milagro para no ser
sorprendidos por un operativo de seguridad en las carreteras. Era
necesario tener viajando a muchos por la zona para saber por dónde era conveniente atravesar el país sin ser detenidos. Lauro contaba con muchos adeptos y llevaba años realizando esos ejercicios
para evitar su propia aprehensión. Finalmente se hospedaron en
una casa cómoda en una zona de clase media en el corazón del
distrito, la capital del país. Luego del abrazo que se dieron en el
aeropuerto de llegada, no se encontraron durante el camino hasta
que llegaron a la casa que llamaban marina, por la decoración de su
fachada con olas de dos colores: blanco y beige. Su arribo fue casi
simultáneo y finalmente entonces pudieron platicar. Poco faltó
para que no viniera. ¿Por qué? Mi familia supo de mi viaje y tuvieron miedo; acabo de ser abuelo. ¡Muchas felicidades, hermano!
¿Cómo están todos por allá?, seguro que no quieren saber nada de
mi después que Jacinto y yo te involucramos en todo este asunto.
Al contrario, son muy felices; ellos me recriminaron cuando me
vieron de presidente del País por la televisión aquel glorioso 9 de
enero, pero no fue porque me descubrieron como revoltoso, sino
por no contar con ellos para los planes de derrocar al gobierno;
peor aún, hermano, como nunca les dejé involucrarse, los mantuve
fuera todo el tiempo y no les dejé ser parte de la familia presidencial. A la larga resultó una buena decisión; quizá no hubiésemos
podido huir con tanta gente que nos ataba el corazón. Eso mismo
pienso yo. Y mientras charlaban, Lauro le solicitó a la servidumbre, una señora muy atenta y notablemente generosa que esperaba
en la cocina cualquier instrucción del patrón a su llegada, de unos
45 años de edad, uniformada y pulcra, quien sirvió los vasos de
agua de jamaica y la llevó a la sala donde platicaban los dos próce-

res de la nueva independencia del país; entonces liberado del engaño, la injusticia y los abusos de una casta política enferma. Ambos,
en su momento, agradecieron el servicio y la mujer, de nombre
Concepción, se retiró de nuevo a la cocina. Al tiempo que platicaban, Germán se iba haciendo consciente de los detalles que le rodeaban, las figurillas de cristal cortado sobre la mesa rectangular
del centro, los pormenores de una loza fina de color cobrizo en el
suelo de toda la planta baja, con tonos claros y obscuros que relu-
cían y daban un ambiente cálido a las estancias. Bellos cuadros de
pintura al óleo, aunque fueran en algunos casos, piezas realizadas
por aprendices de artistas pero que en su conjunto enseñoreaban
las paredes. Hemos corrido con suerte. Ni dudarlo, respondió Lauro. Mira que a pesar del golpe de estado militar que nos hicieron,
estar todos con vida es un verdadero milagro, no entiendo cómo
esos idiotas no pudieron dar, ni el día ni posteriormente, con uno
solo de los jefes es, por decir lo menos, sorprendente. Teníamos a
nuestro favor el verdadero poder, la gente. ¡Obviamente! De no ser
porque el país entero nos apoyaba, habríamos sido traicionados
uno por uno. Incluso salí del país con aplausos. ¿Cómo? En una
garita del sur, los mismos agentes aduanales querían tomarse fotos
conmigo, mientras los ciudadanos aplaudían y me abrían paso,
agradeciéndome en cada momento mis lecciones de gobierno libre
al servicio del pueblo. Creo, sin temor a equivocarme, que hasta el
presidente Jairo del Monte, es uno de los nuestros y desea, con
ansias, que tú vuelvas a la presidencia. Pues no vine para eso. Ya lo
sé, no podemos fiarnos de nadie. Estoy aquí para apoyarte a que
seas tú, el nuevo presidente del país. Ni hablar, te traje para que
juntos logremos dar el paso definitivo hacia la democracia y desde
luego, buscando la estabilización final del país; en ningún momento he pensado que nuestra presencia en las altas esferas de gobierno
sea indispensable, cuento con muchísima gente valiosa dispuesta a
luchar por los ideales, pero nadie se fía ya de alguien; esta durísima

etapa en la que el país ha mostrado su inexperiencia para valorar la democracia, ha costado mucha sangre, gigantescas decepciones y, de paso, los malditos dictadores han desvirtuado la lucha, causando indiferencia en millones y dudando incluso de los más fieles y valientes partidarios de la libertad y la justicia que tú pregonaste. Lo hicimos todos, ¿recuerdas que hasta Jacinto anduvo por todas las plazas sirviendo al país sin retirar un peso del sueldo que tenía en su cuenta?, preguntó Germán a Lauro. Las lámparas del techo eran muy bonitas, aunque sencillas, elegidas con buen gusto y por momentos resultaba necesario encenderlas dado que el cielo se nublaba y despejaba a capricho, costumbre que tiene desde que el mundo es mundo. ¿Qué es de Jacinto?, porque en tu carta sólo me indicaste que se retiró de la lucha, mas no especificaste los detalles. Hace un par de meses estuve con él en su cabaña; no lo dudes ni un segundo, ha sido más difícil dar con él, que contigo. Entiendo, nuestros escondites son cada vez más difíciles de preservar; la gente nos conoce y, siendo enemigos públicos del gobierno, no podemos dormirnos en nuestros laureles. Él vive en las faldas de una montaña al sur del distrito, se dedica a tallar madera y cuidar su hermoso jardín; está solo y se siente decepcionado. ¿Por qué? Pues porque la gente, aunque le admira y le trata como héroe nacional en cualquier sitio, no es capaz de tomar las riendas de la revolución. Hay que reconocer que no es sencillo dar la cara por la gente cuando se pone en riesgo a la familia, no todos tienen la sangre fría y las ideas claras. Efectivamente, puntualizó Lauro, por eso es que, pese a nuestra renuncia, es imprescindible que ellos, el pueblo, sepan que estamos detrás de los nuevos líderes, que les apoyamos, que confiamos en ellos; bastaría con eso para darle bríos a la población y levantarse de nuevo contra el gobierno. Pero dices que este presidente Jairo del Monte es de nuestro equipo. Cierto, sin embargo, le tienen atado de pies y manos. Los nuevos partidos políticos son una réplica de los anteriores, los militares son en realidad quienes controlan al país, y los legisladores le están limitando el poder con las leyes absurdas que aprueban pero que no hacen públicas en los medios de comunicación, que, como sabes, no tienen la difusión de antes porque no hay televisión. Y, por lo que tengo entendido, el país está en ruinas. Algo así, cientos de edificios están abandonados después de las quemazones de unos y otros, la gasolina escasea, los automóviles por millares están abandonados y saqueados en las calles; impera el caos. Pues manos a la obra, ¿cuál es tu plan? Tú permanecerás aquí, llegado el momento te reuniré con diversos líderes para que platiques con ellos y se definan las estrategias; este lugar es muy seguro, especialmente porque nadie sospecharía de él. ¿Las reuniones serán aquí? No; contamos con unas bodegas muy cercanas a donde puedes llegar por unos túneles en casas contiguas a esta. Al contactar con Germán Álvarez, Lauro preparó toda la mecánica de forma meticulosa, acostumbrado a vivir bajo la clandestinidad, conocía las estrategias para caminar por el país sin ser detectado por las esferas gubernamentales. Incluso llegó a infiltrar ciudadanos en las fuerzas militares para conocer sus movimientos. Miles de empresarios, sin haberle visto siquiera, financiaban al único prócer activo del país: Lauro Torreblanca y, entre las peticiones más importantes que reiteraban, era la de reunir a Jacinto y Germán para impulsar el ánimo social. Los vasos de agua de jamaica estaban a punto de agotarse cuando ambos caminaron hacia las escaleras con destino a la segunda planta, dejando un tiempo de reposo al viajero en su habitación; un balcón daba al jardín y la cama, de tamaño matrimonial, vestida con un edredón grueso y sedoso, apenas si ocupaba una quinta parte de la recámara. Un clóset amplio con puertas de madera y persianas barnizadas en un café claro. El piso seguía siendo de cerámica cobriza, como en el resto de la vivienda, salvo en el baño, cuyo piso era de un color más fresco y claro, de tonos azulados y con cenefas de bellos diseños de viñetas florales. El lavabo en mármol con un mueble de

madera en la parte inferior para guardar enseres. El área de la regadera tenía su cancel para evitar la humedad durante el baño al resto
del espacio y la habitación que lucía desde el ingreso un ostentoso
tocador, ligeramente disparejo al resto de la decoración porque su
barniz era distinto; ello no restaba su lúcida presencia ni apocaba
la distinción de la recámara en cada centímetro. El verdadero con-
traste, en definitiva, era el de la casa toda con millones de vivien-
das en el país que yacían bajo el manto gris de guerra que le cubría
desde el primer golpe militar que derrocó a Germán Álvarez. El
cuarto también tenía burós junto a la cama, cada uno de ellos con
preciosas lámparas de figuras angelicales moldeadas en cobre alea-
do y patinado para resaltar sus formas. Descansa, amigo, ¿te parece
si te llamo para la cena? De acuerdo, muchas gracias por tu hospi-
talidad, es un enorme placer verte. Sin duda el orgullo es mío, te
veo más tarde y bienvenido. Lauro también se enfiló a su habitación, más que para dormir, para darse un baño después del soleado
y sudoroso viaje. Su mente, en cambio, seguía recorriendo carreteras e imágenes apocalípticas de lo que se pudo ver en el camino: la
desgracia de aquellas ciudades prósperas de antaño, derruidas,
abandonadas o convertidas en mercados de miseria y dolor. Él sabía, y repetía cada mañana desde que el caos se apoderó de las calles, que su tarea fue buena. No se reprochaba, no se angustiaba por
haber sido pieza importante de ese caos, porque él no lo generó. La
parte que él y sus compañeros de lucha hicieron, fue cuidadosa,
organizada, de fuertes ideales, solidarios; llenos de una enorme voluntad fraterna y cuando tomaron el poder, no se enfermaron con
él. Gracias a su huésped, Germán Álvarez, impusieron un servicio
público real, atento, servicial. Previeron que los antiguos gobernantes, los de la dictadura inicial, no se quedarían con los brazos
cruzados, pelearían, revolverían su orden, ambicionarían de nuevo
el poder y lo hicieron: cuidaron gran cantidad de flancos peligrosos
para no permitir que los políticos abusivos se sublevaran. No con-

taban con el ejército y la amañada colusión con los vestigios del poder pasado. No todas las autoridades castrenses vendieron los ideales al mejor postor, fueron sólo unos cuántos mandos que con engaños aterrizaron en un golpe de estado y, yendo en busca de intereses mezquinos, vendieron su lealtad, mataron el sueño de un país verdaderamente próspero, educado, equitativo y justo. Sobretodo libre. Era necesario recuperarlo, y reestablecer el orden, la paz social y la reconstrucción de las comunidades, antes que muriera más gente. Les gustara o no, los héroes nacionales debían terminar de una vez y para siempre, la tarea inconclusa, implantar un estado fuerte pero siempre al servicio de la ciudadanía, capaz de dialogar y decidido a la lucha en defensa de la democracia, la verdadera, con el costo que fuera. Lauro se dio un baño con agua caliente que disfrutó por largo rato. Esa era su casa desde que uno de sus hijos, que ya estaba mayor para decidir, quiso ir a vivir con su padre por un tiempo, un par de años atrás. Terminó independizándose porque su padre solía reprenderle por la conducta desordenada típica de un joven, más proviniendo de una familia separada y en constante pugna. Un tiempo después, como suele ocurrir, el hijo y el padre tendrían un reencuentro fraternal; no era aún tiempo de ello. El joven Lauro, mientras eso ocurría, vivía fuertes experiencias en un mundo infernal, depravado, convenenciero, plagado de violencia y traición; aprendía en la calle las lecciones de la vida. Mientras que la habitación contigua era testigo del sueño profundo del expresidente Álvarez, imaginando nuevamente una escena trágica, quizá premonitoria, del fin de sus días. Su cuerpo sudaba tras las implacables torturas que le imponían sus enemigos al atraparle. Su subconsciente mostraba en la pesadilla, el temor de verse de nuevo en peligro de muerte, siendo obligado a traicionar a sus correligionarios milicianos, presionado a revelar sus localizaciones, los planes de subversión. Aunque algunos no lo crean, el cuerpo también descansa con estos terroríficos encuentros con la mente mientras se duerme. Especialmente cuando se despierta y nos damos cuenta que todo fue un sueño y nos ayuda a prever con mayor cuidado los peligros a los que nos enfrentamos. Germán Álvarez despertó de súbito para vislumbrar que la noche estaba encima y que la lámpara de su izquierda en el buró permitía ubicarle en la casa de Lauro, sin mayores riesgos a su vida. Como cualquiera, se preguntaba si lograría derrocar de nuevo al gobierno; su vida, obviamente, en riesgo extremo, si alguien en todo el grupo rebelde extendido por la nación entera, corría peligro, sin duda, era él. ¿Fue imprescindible ponerse al alcance de sus enemigos para renovar la revolución? Se daba cuenta que sí. La nación carecía de infraestructura de comunicación, pero eso pasaba incluso en la primera revuelta, pues entonces los medios masivos eran parte del sistema de control. Se requería, como antaño, sublevarse a pie, visitando comunidades, creando grupos clandestinos y contando con un arma que permitiera descabezar al enemigo sin mayores riesgos para los rebeldes. ¿Era posible eliminar de nuevo a los enemigos con un arma como la que inventó Jacinto? ¿Se podría confiar en que el presidente Jairo del Monte perteneciera a las filas revolucionarias de la democracia? ¿No le tenía eso en peligro de muerte dadas las condiciones en las que el ejército es su enemigo, no le apoya y le desafía contundente? Cavilar después de una pesadilla suele resolver incógnitas que traen luz al resto de la vida cotidiana. Poco después, Lauro llamó a su puerta y bajaron a cenar. Ya en la mesa, puesta, con panes en la cesta y una jarra de chocolate caliente, se acercó Concepción desde la cocina entregando a Lauro su cámara y le dijo: ¿recuerda cuando volvió de ver a Don Jacinto en la montaña? Usted se quejó de no tener una fotografía del Señor Germán. ¿Por qué no aprovecha para hacerle un retrato ahora? Germán se quejó de inmediato: ¿así? No estoy ni peinado; mejor mañana ¿no les parece? Es cierto, gracias Concepción, mañana por la mañana nos tomaremos unas fotos en el jardín. Ella les ofreció diversos platillos para completar el chocolate con pan, pero ambos se negaron; estaban satisfechos con eso. Lauro, durante el día, acostumbraba a visitar el centro de reuniones cerca de ahí, donde respondía llamadas telefónicas o se comunicaba por internet con algunos líderes, según el proyecto que estuvieran ejecutando para organizarse. Lo más difícil de su tarea era coordinar acciones para recibir el apoyo económico a través de distintas cuentas bancarias en poder y a nombre de algunos de los adeptos. Lo más conveniente era pactar con cada uno de ellos un encuentro en diversos sitios seguros para obtener el dinero, lo que implicaba usar un disfraz o pedir a otro de sus aliados que lo hiciera por él, para evitar encuentros indeseables con las fuerzas públicas. Pese a todo, la capital seguía siendo el sitio más seguro para confundirse entre la gente, siendo la ciudad más poblada del país y en donde difícilmente detectarían sus pasos. Conocía, además, la ubicación de las cámaras para evadirse de ellas. Usaba un mentón artificial cuando se disfrazaba para que su apariencia no despertara sospechas, incluso entre sus allegados, quienes antes le sorprendían por la calle esperando de él consejos o ayuda.

En pocos días, después de la llegada de Germán, el gobierno anunció la realización de elecciones para que el país pudiera determinar quién sería el nuevo presidente y los legisladores. Ello precipitaba los planes de Lauro porque si se llegaba a consolidar un nuevo gobierno similar al de la dictadura, legitimado por unas elecciones fraudulentas, como era la costumbre, terminarían imponiendo su verdad en la población y volviendo a las andadas, el saqueo, la represión y la instauración obligada de un régimen corrupto. Por la mañana, como lo pactaron, Concepción fotografió a los dos amigos en el jardín y de inmediato, Lauro quiso unas ampliaciones para colgar un cuadro en su sala, junto a las pinturas que la decoraban. Solicitó así la ayuda de un colaborador para crear el cuadro a partir de la memoria de su cámara. La tarea, desde luego, no era fácil, pues pocos sitios conservaban el servicio de revelado en el país; fue gracias a la empresa de uno de los patrocinadores del movimiento que lograron la estampa. En un par de días tuvieron el cuadro que Lauro colgó personalmente en un sitio central de su sala. Germán se sintió agradecido y conmemoró el suceso con otra fotografía de ambos junto al cuadro. Más tarde, esa imagen pensaban usarla para mostrar a los rebeldes y conminar al pueblo a reunirse en torno a los líderes en una renovada misión de tomar el poder del país.

Poco a poco, Germán se encontró con diferentes grupos rebeldes para calcular primero el tamaño del movimiento y las posibilidades reales de impactar la historia con un nuevo presidente. Al salir, recorría de nuevo un túnel para llegar a la casa colindante con la de Lauro, también custodiada por voluntarios capaces de dar su vida por la libertad de la nación y la instauración de la verdadera democracia. Pasado el primer periodo que duró un mes, siempre volviendo a casa por el túnel, llegó el momento de visitar ciudades. No conviene hacer rutas, explicaba Germán, el país no está en condiciones de realizar visitas mesiánicas a la población; terminarían por matarnos. Coincido contigo, pero, ¿qué hacemos entonces? Envíales fotografías de nosotros y citemos a la resistencia civil en una fecha determinada, antes de la elección. Por momentos parecía que Lauro no estaba de acuerdo con esa decisión, pero si en alguien confiaba ciegamente era en Germán y no puso objeción a su plan. ¿Podemos visitar a Jacinto? ¿Qué tan lejos está? Vive como a una hora y media de aquí. A ese sí que deseo verle, si puedo convencerlo, nuestra fuerza será imparable; si no, al menos tendremos una fotografía de los tres para mostrar a los ciudadanos, con los mismos resultados. Antes de salir, prepararon un plan para llegar, custodiados y en distintos vehículos para evitar los retenes militares. La mañana fría de un martes, esperando que la población se enrolara en sus quehaceres cotidianos, partieron en busca de Jacinto. Lauro viajaba en una camioneta, con su correspondiente disfraz, a la vanguardia. Monitoreaba por radio los resultados de la investigación de los retenes policíacos y militares para elegir la ruta de las camionetas y vehículos sencillos. Germán, igualmente oculto para evitar que le reconocieran, viajaba en un automóvil sedán junto con otros tres milicianos. Observaba con estupor las calles que se sucedían unas a otras en interminables escenas dramáticas de destrucción, abandono y pobreza extrema. Por la radio del copiloto, se escuchó una voz de alerta que orilló al conductor a girar de improviso la ruta y acelerar escandalosamente. Se internó por barrios, calles y, finalmente, en un despoblado, hallaron otro vehículo que el chofer arrancó de inmediato, usando la conexión de los cables de ignición. Los compañeros conminaron a Germán para que abordara el vehículo robado y, sin cuestionar cómo un auto abandonado tenía gasolina, siguió las instrucciones para cambiarse. El copiloto tomó la conducción del recién adquirido transporte y se separaron del chofer, quien hizo una pirueta escandalosa con el volante al hacer rechinar los neumáticos y partió de regreso por el mismo camino que llegaron todos. Germán y los otros dos avanzaron por la misma carretera hasta perderse en un terreno agreste y sin pavimento. Ahí, sin miramientos, le obligaron a bajar y caminar hacia los árboles más cercanos donde cayó, fulminado por la espalda, con la pistola de uno de ellos. El gobierno había infiltrado las filas rebeldes; para los empoderados enemigos del estado no era difícil seguir el rastro del dinero, pese a los cuidados que tenían los empresarios y los revolucionarios, usando el chantaje o los registros de comunicación, aunque tuvieran claves, tarde o temprano, lograban hacerse pasar por colaboradores de la revolución y destruirla.

Para cuando Germán Álvarez murió a traición en un campo, Lauro tuvo mejor suerte y logró, después de una larga espera a su amigo, volver a casa, acompañado por más de diez amigos suyos, con quienes no quiso volver a los centros de reunión hasta no conocer el paradero del expresidente Germán Álvarez. Lauro temía lo peor, además de una jaqueca que le incomodaba, sabía que la vida de Germán podía estar en serio peligro; pero nunca se imaginó la terrible noticia de la que se enteró hasta un par de meses después, cuando la prensa divulgó las fotografías de su cadáver, hallado por unos jornaleros en las faldas de un cerro al sur del Distrito. Esa primera tarde, pasó horas pensando en el destino de su amigo: si lo tenían secuestrado, si tuvo un accidente, si se perdieron y no entendía cómo se fraguó la traición, los tres comandantes que le acompañaban tenían varios meses trabajando para el ejército miliciano. Sufría de antemano la recriminación de la familia de Germán, pero le dolía mucho más perder a su amigo y peor aún, empezar nuevamente de cero la organización de un golpe de estado, sin Jacinto y sin Germán. Dadas las once de la noche, mientras dialogaban en la sala Lauro y otro de sus compañeros de lucha, de nombre Ismael Aguilar, sobre los acontecimientos de la mañana, fueron sorprendidos por una redada policiaca que terminó deteniendo a todos los habitantes de la casa, incluida Concepción. Con el pasar de los días, Lauro terminó recluido en un penal al oeste del país y los demás, corriendo la misma suerte que él, en otros centros penitenciarios. Se aterrorizaba, como lo hizo varios años antes en otra cárcel similar, por los peligros que ahí sufrió, las torturas y la zozobra de que cualquier día le dieran una puñalada por la espalda, real o metafórica. Desde la cárcel se enteró de la muerte de Germán una mañana, en el comedor. Su compañero de celda, que ya le conocía bien, supo por unos guardias y fue a contarle cuando desayunaba. Lauro Torreblanca sintió un dolor ciclónico y desgarrador. Cayó en la trampa del gobierno, recibiendo grandes cantidades de dinero de empresarios que fingieron por meses apoyar el renacimiento de la lucha, la reorganización de la revolución; se ilusionó con la llegada de muchos adeptos y todos ellos esperaban el momento oportuno para eliminar a Álvarez y quizá le hubieran matado a él también. Lauro vivió una tremenda desilusión al haber puesto en charola de plata a su gran amigo, al héroe, al más importante cerebro del primer golpe de estado ciudadano de la historia del país, al primer presidente con inteligencia social, en manos de sus enemigos. Lauro se sintió usado, traicionado, sobajado y herido. No le dolía tanto estar en la cárcel con un futuro lúgubre y siniestro, como haber facilitado a sus enemigos la cabeza de Germán. Por varios días se arrinconó, castigándose, repasó a cada uno de quienes le traicionaron y engañaron, haciéndose pasar por milicianos, humillándole y fingiendo ser partidarios de la democracia. Las condiciones dentro de esa cárcel eran peores que cuando estuvo con Jacinto, porque además le daban un trato muy distinto: se le consideraba enemigo acérrimo del sistema político y lo menos que le hacían era dejarle sin comer. Le quitaban sus cobijas o lo asoleaban por horas. Le vigilaban personalmente día y noche. No recibía visitas, no tuvo juicio, ni abogados. No hablaba con otros por temor a que fueran soplones, enemigos traidores capaces de venderse al gobierno. En su estancia dentro de ese penal se enteró también cómo terminó imponiéndose de nuevo el régimen del expresidente Cervantes, a través de unas amañadas elecciones presidenciales, colocando en el poder a un esclavo servil del régimen político que un día derrocaron Álvarez y los demás.

¡Debemos matarlos de una vez!, invitaba su compañero del laboratorio de química. ¡Eso no!, le respondió Jacinto. En primer lugar no somos asesinos, ni queremos que se nos recuerde como tales; yo al menos no quiero que se me compare con ellos. Durante años he trabajado con ahínco para encontrar la fórmula perfecta que permita cambiar al país, con el menor daño posible. Reconozco que algunas personas han muerto por mis armas, pero siempre intenté cambiar esos resultados. En segundo lugar, no les vamos a librar de la penitencia; los malditos han hecho tanto daño que deben pagarlo con justicia. Deben ser encarcelados y humillados lo suficiente o pagar por sus actos criminales. Y por último, piensa que los ojos del mundo están puestos en lo que aquí sucede. Seremos ejemplo para miles de millones de ciudadanos en el mundo que van a imitar nuestras acciones. Los hijos de nuestra nación aprenderán de nosotros, ¿quieres que ellos se vuelvan igualmente salvajes? Porque yo al menos tengo la esperanza de un futuro más humano, libre de guerras, capaz de aprender de sus errores, comprometido con su presente y con las nuevas generaciones, responsable, autosuficiente, consciente de que puede destruirlo todo o preservarlo intacto, o mejorarlo en la medida de sus posibilidades. No vamos a matar a nadie si no es estrictamente indispensable. Usaremos las islas como cárceles si resulta necesario. Y escúchame bien, a la gente que piense como tú cuando esto haya acabado, le daremos importantes lecciones obligatorias de respeto a la vida y a la dignidad de las personas o los enviamos a la cárcel por representar un peligro para la sociedad.

Cualquier otro que hubiera escuchado a Jacinto en ese discurso, probablemente le habría discutido que se estaba comportando como un dictador. Se puede entender que una persona está convencida de un ideal, como lo estaba Jacinto, pero imponer sus ideas a los demás, resultaba ciertamente rayado en la intolerancia. Su propia historia, la de su país, las condiciones en las que el mundo y la humanidad estaban, empero, requerían también una mano firme para exigir a quienes se desvían por el camino que hace más daño que beneficio, una corrección inmediata de su concepción del mundo, como lo hizo Gudelia con el empresario que un día fue su compañero en la escuela primaria. Especialmente si se trata de poner en riesgo al futuro de la humanidad. El país ya rebasaba las masacres de medio oriente en sus peores tiempos y no se estaba en condición de negociar ciertas virtudes del grupo que podía resolver para bien, y de forma duradera, el conflicto nacional. Quizá en momentos de paz, con una educación de calidad, libre de ataduras sistémicas, con una población más comprometida, los regaños de ese tipo serían innecesarios o inadecuados. Mientras no se estableciera un sistema de justicia eficiente, mientras los corruptos manejen al país, es conveniente ser rígidos en la consecución de los ideales de respeto a la vida, principalmente.

Y ante esa discusión, la mente de Jacinto Tomás Viveros empezó a producir cientos de ideas que aceleraran la resolución definitiva de su problema. Tuvo que comer más, dormir menos y repasar los cientos de documentos que leyó para entender las reacciones químicas y biológicas con las que llegó a inventar su fórmula para desmayar personas. Hasta que una mañana, después de incómodas vueltas en su cama del motel, despertó con una inquietud que terminó por probar en el laboratorio. El arma estaba lista, y la bautizó como oro rojo. Cuando mezcló dos componentes con un poco de tierra, por poco y se queda ciego con la humareda. Luego llegaron sus compañeros y se asustaron por ver aquella nube gris que picaba en los ojos como si fuera chile. Entonces abrió las ventanas y lo probó de nuevo, con el mismo resultado. Preparó una pequeña bolsa que contenía los polvos del oro rojo y le pidió a sus compañeros que le siguieran a un parque cercano. En cuanto se internaron en una zona donde podían pasar desapercibidos por la gente, Jacinto metió el puño en su bolsa y les dijo: prepárense para atacarme. Las dos mujeres y el hombre se pusieron en línea, en espera de la instrucción. ¡Ahora! Y los tres se encaminaron sobre Jacinto. Este soltó el polvo, dando un paso hacia atrás. La reacción química de inmediato encendió una nube de humo gris a partir de la tierra debajo del pasto aquel. La tierra no cesaba de echar humo y era imposible atravesar la barrera. Y mientras más humo echaba, la tierra se tornaba rojiza como ladrillo, lo que le daba el nombre a su invento. Los ojos se cegaban de tanta picazón, pues era un humo muy dañino. Finalmente la pequeña dosis terminó su polución y los tres compañeros se hallaban atolondrados por haber sido expuestos a ella. Volvieron al laboratorio y diluyeron el polvo, también rojo, en agua, colocándolo en un rociador. Repitieron la prueba con el mismo éxito. El vehículo para su fórmula estaba completado. Les hacía falta el antídoto y las pruebas con máscaras de gas. Estaban tan contentos que llamaron a Marco Antonio para mostrarle su descubrimiento. ¡Es ideal! Pero necesitaremos armas para detener a los soldados después de eso. ¿No podrían quitarles sus propias armas mientras estén atontados con el humo? Sí, pero es muy riesgoso. De acuerdo, dame un día más para pensar en algo. Y Jacinto se reunió de nuevo con la almohada, maquinando una estrategia de enfrentamiento con militares. Dormía plácidamente, cuando dos de sus neuronas se comunicaron para intentar un pequeño aditivo para la fórmula y de paso, obtener su antídoto. Así que al despertar, después de darle un "sana-sana" a su dedo meñique que golpeó contra la pata de la cama, recibió un comunicado de su subconsciente que le informaba la solución a su problema. Mientras se bañaba, repasaba las posibilidades reales del remedio final. Tenía un frigo bar en el que guardaba víveres y desayunó con calma y una sonrisa de oreja a oreja. Caminó tres calles a su laboratorio, con su respectivo disfraz, y esperó a que llegaran sus compañeros. El primero fue Teófilo, el otro químico que le ayudaba. Enseguida le pidió que fuera a una farmacia por un medicamento específico, sin explicarle para qué era. Luego llegaron sus dos colaboradoras, Adriana y Camila; ellas no supieron nada hasta que volvió Teófilo y le entregó el medicamento. Jacinto tomó la bolsa, sacó la caja, liberó una decena de pastillas y las machacó sobre un trozo de papel aluminio. Luego mezcló ese polvo blanco con el polvo rojo que provocaba humo al contacto con la tierra. Lo combinó con agua y le pidió a sus compañeros Teófilo, Adriana y Camila que fueran con él al parque nuevamente. También repitió la instrucción de prepararse para atacarle. Volvieron a correr sobre de él y roció sobre la tierra su fórmula adicionada con pastillas en polvo de un medicamento. Al mismo tiempo él, se puso una máscara para no respirar el humo. Ahora provocaba a quienes lo respiraran una serie de calambres que terminaban inmovilizando el cuerpo al cabo de un par de segundos. Era una solución perfecta para sus intereses. En ningún momento perdían la conciencia, pero una vez detenidos, se les podía aislar de los demás para que no pudieran prevenirles. Le hubiera gustado que al igual que el virus bioquímico del primer golpe de estado, las víctimas perdieran el conocimiento, pero como era un plan desesperado para salvar a millones de habitantes, esa solución resultaba suficiente. Pidió a Teófilo que fuera en busca de Marco Antonio para darle la noticia, mientras Jacinto y las dos mujeres volvieron al laboratorio, todavía cojeando por los calambres que poco antes les atacaron. Probaron el rocío restante en la botella sobre árboles, concreto, pavimento y carrocerías de automóvil, comprobando que su efecto sólo se causaba en combinación con la tierra. El humo resultante era proporcional a la cantidad de polvo rociado, por 5 mil veces; es decir, un puñado de polvo podía crear una nube de humo del tamaño de una casa de 200 metros cuadrados de construcción y muy densa, siempre que hubiera suficiente tierra para causar la reacción.

Esa mañana se redactó un documento que llamaba a todos los grupos disidentes del país a realizar las acciones de liberación de los ciudadanos en los campos de concentración utilizando el arma en forma de polvo que le entregarían sus líderes con las instrucciones precisas para aplicarla. Fue necesario hacerles entender que sólo unos cuantos conocieran los detalles de la conspiración, para evitar que el gobierno se enterara de la mecánica y fuera a defenderse. Al mismo tiempo, debían organizar la toma de los edificios públicos de muchas ciudades, imposible pensar que este nuevo plan abarcara tantos pueblos como 12 años antes, por la urgencia de liberar a más de 10 millones de personas esclavizadas en al menos 5 rancherías. Por el momento, el territorio tomado por los estadounidenses no sería parte de la revolución, y tampoco los del área independizada en el este del país. El principal problema era la liberación de los campos de concentración evitando las masacres. En el distrito se configuró el ataque a la Presidencia, los medios de comunicación y los edificios legislativos y de justicia, el aeropuerto, las aduanas y las otras dependencias tanto del nivel federal como del local. Jacinto entonces recordó a Lorena, quien le acompañó en el pasado durante el mismo procedimiento del golpe de estado. También echó de menos a Lauro y a Germán. Ahora no tenían un presidente sustituto, así que temporalmente se impondría él mismo; era imposible detenerse a elegir a un ciudadano que estuviera completamente consciente de la tarea de gobernar un país, y mucho menos en el estado de sitio que se vivía. Ahora no había un ejército disciplinado como lo hubo entonces; de hecho, la mayoría de los militares y la fuerza aérea, estaban siendo detenidos por los disidentes con una nube de humo tóxica llamada oro rojo. ¿Quién era capaz de prever los problemas de la frontera? ¿Quién sabría cómo controlar a los partidarios del gobierno? ¿Había alguien con la capacidad de reconstruir al país contando con el apoyo incondicional de la población? Nadie objetó su decisión; por el contrario. Así que también preparó su discurso e invitó en cuanto pudo a Sansón para escucharlo. Su amigo se sentó en la única silla de la recámara y Jacinto lo hizo al borde de la cama. Primero la leyó de corrido y luego Marco Antonio le pidió que la leyera de nuevo para hacerle cambios que consideró prudentes, para esa segunda vuelta cambiaron de lugares, para realizar las correcciones sobre la mesa. Las pocas palabras que su amigo le sugirió cambiar no dejaron satisfecho a Jacinto, porque notó a leguas que él no estaba preparado. Extrañó la perspicacia y preparación que tenía Germán Álvarez para ello. No contaba que pronto tendría a Lauro Torreblanca a su lado. Así que decidió viajar al sur de la capital, con el primer grupo que se reunió cuando quemó su cabaña, como alguna vez lo hizo Alejandro Magno al incendiar sus barcos o Hernán Cortés al hundirlos, símbolo del "no retorno". Mientras llegaba la ya próxima fecha que no hubo de otra más que esperar, del 14 de octubre, Jacinto se reunió con un grupo de líderes en una importante capital a un par de horas de ahí, donde un par de meses atrás, dejó su automóvil con algunas de sus más preciadas pertenencias, entre otras, el retrato de Germán Álvarez; sólo que caminando le llevó 2 días y medio. No estaba dispuesto a ser aprehendido en un retén del ejército. Pidió hablar con 5 de ellos en un lugar privado, para que nadie más supiera que él andaba de gira y se encerraron en una casa, propiedad de uno de ellos. El dueño se llamaba Hilario y, sus amigos, eran tipos muy inteligentes; pertenecían a una escuela pública de las pocas que se mantenían en pie tras tantos movimientos armados, aunque no estaban libres de constantes ataques. Les platicó sus planes y solicitó su apoyo para terminar el documento que pensaba usar como el primer discurso frente a la nación. Jacinto pudo descansar su mente; esos amigos le dieron algo más que seguridad en sí mismo; sabía que si la empresa tenía éxito, podía contar con ellos para realizar la tarea de reconstruir al país. Su cerebro, como profesional de la química, siempre experimentaba idea tras idea, muchas veces desechándolas cuando los experimentos fracasaban; no quería que su proyecto de gobierno fuera una prueba más para descartar, deseaba que esa fórmula fuera precisa y confiable, pero ¿cómo saberlo? Hilario le explicó cómo: Supongamos que vas a cocinar un platillo; los gobernantes del mal, usan ingredientes sucios: manipulación mediática, extorsión, robo, corrupción. Tú, en cambio, tienes al menos algunas garantías de que tu receta es buena: educación, participación social, transparencia en las acciones, lucha genuina contra la corrupción, etc. Si todos los ingredientes son buenos, el platillo resultante no puede ser tan malo; sólo cuida que no se queme, evita que caigan a la olla productos que le cambien el sabor o le alteren su química. Jacinto dormía placenteramente en esa casa. Como en los tiempos que se quedaba a dormir con Lorena, él no se preocupaba por lo que fuera a suceder después; igualmente podía dejarlo todo por quedarse eternamente ahí. Ahora debía volver. Luego de un par de días de discusiones, riendo y hermanándose, produjeron un plan más preciso. Decidieron eliminar gran parte del discurso original de Jacinto. Según lo conversado, evitaron mensajes de triunfo como el de Germán Álvarez en el primero de los golpes de estado. Deseaban incitar a los enemigos que todavía estaban sueltos a reclamar el derecho de exigir un lugar dentro del nuevo gobierno. Les tenderían una trampa para una especie de armisticio que resultaría en detención de todos ellos. Ya llegaría el momento de celebrar cuando eso sucediera. Por otra parte, la población debía ser llamada al servicio de la nación, como en un reclutamiento para crear un ejército limpio y confiable; un servicio militar casi obligado para la reconstrucción del país y la defensa de los dos territorios perdidos.

Jacinto, caminando de regreso al distrito, a la capital del país, iba reflexionando sobre lo acontecido en la casa de Hilario los días previos. Lejos de sus amigos regresaba la inseguridad, sentía que algo no andaba bien. Estaba perfectamente de acuerdo con tenderle una trampa a los traidores de la patria, para limpiar al territorio de peligrosos enemigos, pero no se sentía satisfecho con la parte de imponer obligatoriedad a las tareas de reconstrucción. Pensaba que los esclavos de los campos de concentración, liberados por sus propios conciudadanos, por los milicianos que peleaban contra el gobierno actual, estarían tan agradecidos con sus compatriotas que con gusto sudarían la camiseta por reconstruir las ciudades que una vez les pertenecieron. Seguramente serían necesarios grandes refugios para alimentarles mientras lograban valerse por ellos mismos y tuvo, mientras disfrutaba el hermoso espectáculo de las estrellas en una noche silenciosa de la montaña, una idea que él consideró perfecta. En los mismos campos de concentración se edificaban enormes galeras para los militares. Ahora les pertenecerían a ellos, y los campos, la siembra, las herramientas y hasta las armas, podían servirles para defenderse y reconstruir sus vidas, antes que sus ciudades. Apostaría por la propia naturaleza humana de progresar, antes que imponer un orden rector o una legalidad que le comparara a él con uno de los dictadores anteriores. Su primera prioridad era la seguridad personal y nacional, y con ello, la alimentación y supervivencia de la población. Lo demás debería ir creándose en comunidades, promoviendo el desarrollo autónomo y sustentable, aprovechando la desgracia nacional actual. Si una lección se podía dar a los países víctimas del mismo problema, era la disminución del aparato de estado; estrictamente el necesario, eso permitiría florecer a una democracia más real. Un estado vigilante y no uno intervencionista. Gobiernos austeros, aunque con un poder suficiente para detener a los abusivos, a los mañosos, a los imperialistas monopólicos, a los prestamistas o bancos usureros, a los saqueadores de la riqueza nacional. Los impuestos serían en su mayoría para el desarrollo local y el poder nacional cimentaría su fortaleza en las policías locales al servicio de las comunidades y no de un círculo privilegiado de clase política ineficiente, abusiva y corrupta, como sucedió en muchos países del mundo, incluido el nuestro. Aprovecharía, además, el apoyo moral de la comunidad internacional y los tratados firmados previamente, para acusar el intervencionismo, para defenderse de fuerzas militares extranjeras. Ese momento era como una iluminación que le permitió ver un mejor futuro, en el que se desconcentraba el poder y volvía a manos de la gente. Era tiempo de dar luz, con la ciencia y la conciencia, a través de una educación abierta y propositiva, para que renaciera el humanismo, dando fin al consumismo trepidante, a la acumulación enfermiza de riquezas, rompiendo los vicios de ideologías pervertidas, contrapuestas y globales. Abriéndose a nuevas propuestas de organización social en la que no hubiera un amo y muchos esclavos, sino un mecanismo social de integración total de sus miembros, cada grupo adecuado a sus necesidades, permitiendo el intercambio para el aprendizaje, pero no para que unos saquen provecho de otros.

Y esa noche también cayó en la cuenta que un ciento de países en el mundo aún no llegaban a la crisis que vivieron aquí y se aterrorizó con la idea de pensar en las próximas masacres humanas. Juró pensar en un plan para que ellos derrocaran a sus abusivos y controladores gobiernos o simplemente que los transformaran pacíficamente. ¿Podrían lograrlo sin sangre? Nadie en el mundo mejor que Jacinto Tomás Viveros para asegurar contundentemente que la única fuerza verdaderamente legítima de un país es su ciudadanía, desde luego, ilustrada, conocedora, entendida, no manipulada, no reprimida, no engañada, más bien educada, leída, valiente y decidida a hacer valer sus derechos por encima de cualquier otro poder sobre la tierra. Era un neo renacimiento, libre de ataduras, explicado, consciente y con alcances espaciales, característica de esta época de tecnología y en el que la ciencia ha logrado tanto.

Ya dentro de su tienda de campaña para pernoctar, estuvo pensando en Lorena, quien fuera su mujer por varios años; y no podía dejar de pensar en el daño que le ocasionó y cómo terminaron su relación para siempre. Ella le acompañaba a la gira que Jacinto realizaba por el país, en una caravana de camionetas pagadas por el gobierno en el que todos ellos trabajaban. En los pueblos se detenían a realizar encuentros con la gente. Ellos y el grupo de guardias que le acompañaban forjaron una amistad que se notaba en la calidad de los eventos que organizaban. Jacinto y Lorena dormían en la misma habitación de los hoteles que visitaban. En una ciudad del norte, cerca de la frontera, tuvieron un percance con una camioneta y se detuvieron a mitad del trayecto. Lo ideal habría sido que el resto siguiera su camino, pero Lorena insistió en que debían ser una familia, y discutía que era peligroso dejar solos a dos de sus amigos en el despoblado, especialmente tan cerca de la frontera. Su relación, debido a las constantes reflexiones de Jacinto que le separaban del resto del grupo, encerrándose en su habitación por muchas horas, fue mermando el cariño que se tenían; ella se divertía mucho con el grupo, jugando cartas, contando chistes, hablando de los problemas del país y compartiendo una amistad muy fuerte, que creció con los meses, y sólo faltaban gotas para derramar el vaso. Jacinto, sin embargo, sentía urgencia por llegar al pueblo siguiente para atender a las personas que ya les esperaban. Discutieron, tal vez por el calor extremo o quizá por el cansancio de la gira, el hecho es que él le recriminó si tenía interés por alguno de los guardias, si estaba enamorada de uno de ellos, con quien ella platicaba mucho durante los mítines para matar el tiempo. Esa discusión que se volvió acalorada y prolongada, llevó al rompimiento de la pareja y ella abordó un avión en la primera oportunidad. Posteriormente, Jacinto interrumpió la gira para reanudarla varios meses después, cuando dio por terminado su duelo.

Jacinto durmió como rey esa noche, en medio del bosque, cerca de la montaña en la que vivió varios años. Despertó con ganas de hacer pipí y abrió rápidamente su *sleeping bag*, se amarró las botas y se cubrió con una cobija para protegerse del frío mañanero. Abrió la tienda de campaña y sólo hasta que todo su cuerpo estuvo fuera de ella, se dio cuenta que estaba rodeado por seis tipos que le miraban desde diferentes ángulos, sentados en piedras o troncos y usaban ropa de buena calidad, como civiles. Unos fumaban, otros rumiaban tabaco y el que parecía ser jefe de todos ellos, masticaba un trozo de rama verde, moviéndola con la mano como si la usara de mondadientes. ¡Buenos días don Jacinto! Enunció el jefe, ese que juzgando por su acento, denotaba su nacionalidad estadounidense y su buen ánimo por encontrarse en un paraje tan hermoso, haber hallado a su objetivo y tener un sartén sostenido por el mango, metafóricamente. Jacinto, obviamente nervioso por la sorpresa,

de inmediato se puso a cavilar sobre la visita. Su enfermedad crónica le exigía vaciar la vejiga cuanto antes, así que tuvo un pretexto para disculparse con los inesperados visitantes, mientras iba al
mejor árbol para descargar su alma, cual confesión, de los pecados
naturales del cuerpo. Permítanme, en un momento los atiendo, me
urge ir al baño; vuelvo enseguida. ¡No se preocupe, don Jacinto!,
cumpla con sus deberes, aquí le esperamos. Mientras él veía la
corteza del árbol al que regaba, y una vez que alcanzó la tranquilidad que le daba la descarga, pensó en las posibilidades de aquel
encuentro. No sería algo bueno, de eso podía estar más que seguro.
¿Qué querían esos gringos? ¿Cómo supieron dónde estaba? ¿Afec-
tarían sus planes para el 14 de octubre? ¿Lo iban a matar por órdenes del expresidente Cervantes o de su marioneta al cargo de la
Presidencia del país? ¿Pasaría sus últimos días en una prisión obscura? Terminó su inaplazable tarea, subió el cierre, frotó la cobija
en sus brazos para disminuir la congelación y regresó al campamento. Los americanos ya reavivaban el fuego que él usó la noche
anterior para calentar café. Mientras se frotaba las canas para que
se acomodaran un poco y con la franela retiraba las lagañas de los
ojos, se paró frente al jefe y le dijo: ¿En qué puedo servirles? Muchas gracias, don Jacinto, ¿nos permite prepararle un desayuno?
¿En verdad?, qué bueno, porque no tengo suficiente para invitarles.
Ni se preocupe, aquí nosotros traemos un verdadero banquete, considerando las pobres opciones que nos rodean, desde luego. Adelante, pues; que las tripas rugen. ¿Perdón?, no le entiendo. Quiero
decir que ya tengo hambre. Explíqueme eso de "las *tripass rue-
gen*"? Las tripas rugen, sí, que los intestinos suenan porque tienen
gran apetito. ¡Oh! Eso quiere decir. Así es, amigo, y ¿a qué debo el
honor de que me visiten desde tan lejos? No se apresure, don Jacinto, tenemos todo el día para charlar. Bueno, ustedes tienen todo el
día, yo no. Debo llegar a casa mañana y me falta mucho por recorrer. Por eso no se preocupe, buen hombre, nosotros podemos lle-

varlo en nuestros vehículos. Mmm… no, prefiero caminar. Tenga por seguro que en nuestras manos, usted no corre ningún peligro; los retenes militares nos abren paso sin revisión. ¿A qué se debe ese privilegio? Somos americanos, don Jacinto, el gobierno de este país tiene importantes convenios con el nuestro; le aseguro que con nosotros, usted viaja más seguro que a pie. Bien, si es así, entonces podemos platicar todo el día. ¡Excelente!, le ofrezco mi amistad. Muchas gracias, pero no la quiero, porque está condicionada a que yo acepte sus términos. Tranquilo, don Jacinto; independientemente de la negociación que mi país quiere hacer con usted y su gente, personalmente deseo contar con su amistad; difícilmente uno se encuentra personas tan valiosas como usted. Muchas gracias. En serio, don, su heroísmo lo conocen en Corea, Sudáfrica, Irlanda y en todos los rincones del orbe; dígame quién, en su sano juicio, no desearía conocerle y sentirse orgulloso por contar con su amistad. No sabía que me conocían fuera de las fronteras de mi país. Obviamente, Jacinto sabía de su fama, dejó salir en ese momento una dosis de humildad, casi obligada. ¿Bromea?, usted ya aparece en los libros de historia de otros países. Pues han de ser puros cuentos. Ni tanto; reconozco que algunos documentos le consideran una persona *non grata*, pero la gran mayoría le tienen en buena estima; valoran su heroísmo, reconocen su popularidad y la nobleza de su espíritu; ya hay una imagen que le ha convertido en símbolo de lucha genuina por los derechos civiles. Pues agradezco la reseña, en lo personal, me siento orgulloso de lograr un cambio significativo en mi país, pero no es sólo mi esfuerzo. ¿Lo ve?, además es un hombre humilde. No se fíe de lo que dicen por ahí, soy una persona sencilla, sin mayores aspiraciones que la de dejar paz y justicia a mi país. ¿Sólo eso?, es una gran hazaña, pero, no me negará que usted quiere ser el presidente de este país. No lo deseo, se lo aseguro. Quitémonos ya el velo, don Jacinto, usted está planeando un golpe de estado el próximo 14 de octubre. ¿Quiénes son ustedes?

Joe Barcala

Jacinto se sintió profundamente intimidado. Nos envía la C.I.A. con órdenes explícitas de apoyarle en todo lo que necesite para cambiar el destino y colocarle como presidente de su país; el gobierno de los Estados Unidos está dispuesto a colaborar para liberar a todos los ciudadanos que el ejército tiene prisioneros en campos de concentración. Suena bien, ¿a cambio de qué? Tranquilo, no se precipite, don Jacinto; sabemos que usted es una persona inteligente, capaz de influir en millones de ciudadanos y que le interesa la paz y la justicia para sus connacionales. Sí, eso es cierto, pero repito ¿a cambio de qué? No sé, qué le parece si lo vamos negociando con calma y desayunamos de una vez. ¿Qué pedirían los estadounidenses para apoyar al movimiento? Porque Jacinto sabía perfectamente que ellos serían capaces de anunciar al ejército sus planes y echar a perder el golpe de estado y la liberación de los esclavos en los campos de concentración; eso quería decir que no era una simple negociación, sino una extorsión con todas sus letras, un maldito chantaje para sacar raja política, colaboraciones económicas, una nueva esclavitud de cuello blanco. Dejarse matar por ellos tampoco solucionaba la situación; vendrían con todo, pasando por encima de quien se interpusiera en su camino. Si bien sabía él que no sólo debía pelear por su país, sino por toda la humanidad; la élite mundial era el enemigo a vencer y no sólo a Cervantes con todo y su mafia. Jacinto se puso a pensar si esa misma presión estadounidense obligó a Germán Álvarez a cambiar la fecha del golpe de estado ciudadano del 7 al 9 de enero cuando derrocaron al presidente 12 años antes.

Mientras los otros cocinaron, Jacinto y el jefe siguieron la charla. Lo primero que salió del fuego fue un chocolate caliente que les descongeló los músculos y les devolvió la vitalidad perdida durante la noche. El común denominador de los visitantes eran los ojos verdes, la tez blanca, los cabellos rubios, los cuerpos fornidos de gimnasio, la ropa nueva y colorida y algún tatuaje; un par de ellos, además, usaban *pearcing* en las orejas. Prepararon unos huevos revueltos con jamón y los acompañaron con bollos de bolsa. Luego trajeron también de su vehículo un garrafón de agua para lavarse las manos. Mientras ello sucedía, Jacinto tomó su cantimplora para beber un poco de agua y el resto lo roció sobre su cabeza para asearse, sacó una toalla y se secó, tendiéndola luego en los tensores de la tienda de campaña. Unos perros se acercaron y los americanos les dieron las sobras de la comida. Al terminar, sacaron unas galletas y las repartieron como postre. Cada paquete tenía ocho galletas que fueron comiendo durante la charla. ¿Qué es lo que pide tu gobierno a cambio del apoyo? Nada del otro mundo, don Jacinto, colaboración y buena vecindad; su gobierno se ha vuelto loco y a mi país no le conviene un socio destruido. ¿Sólo eso? Bueno, hay algo más. ¿Qué es? Queremos que se formalice el territorio del noroeste como un estado independiente de su país. ¡Ni hablar!, no está en venta. En serio, don Jacinto, es lo que más le conviene a su país en estos momentos; hay millones de personas sufriendo de esclavitud y por ellos bien vale la pena un sacrificio, que, por otra parte, lleva años como independiente y podrían preferir estar separados que unidos a su país.

Jacinto sabía que nunca cedería su territorio a los americanos, pero pensó en las consecuencias de negarlo por mucho tiempo. Si no cedía, los estadounidenses, con la mano en la cintura, bloquearían todas las demás opciones, no lograría liberar al país de la esclavitud y de la mafia corrupta que lo gobernaba. En cambio, si les daba esperanzas, podía al menos ganar tiempo para mover otro tipo de hilos, por ejemplo con los rusos o la comunidad internacional. Si él rompía relaciones con los gringos, podía estar muerto para la noche de ese mismo día. El jefe americano, de apellido Workdale, exponía sus ideas para convencerle, mientras Jacinto daba vueltas en círculo, pensando sus opciones; de las palabras que dijera, podía arrepentirse después, así que se tomó mucho tiempo para dar la primera señal. ¿Qué le parece si le doy tres opciones para negociar? O.K., le escucho. Primero, una vez establecida la nueva república, los habitantes del territorio del norte, que conforman dos estados de nuestra unión, solicitan formalmente la independencia a nuestro país y al pleno de las Naciones Unidas, siempre que sus ciudadanos estén de acuerdo con ello por medio de un plebiscito de anexión o separación. La segunda opción es que ya como presidente de mi país, convoque a una consulta nacional para lo mismo, incluido el territorio independiente y facilitarle, en caso de que sea aceptado por toda la nación, su proceso de separación e independencia. Tercero, ustedes los americanos nos ayudan a terminar con esta masacre nacional y mi país se compromete por medio de la firma de un acuerdo a pagar el capital y los intereses de su apoyo, sin reserva territorial alguna; la única garantía será el petróleo de extracción sólo hasta finiquitar la deuda y sus intereses. ¿Qué opción le apetece? No me agradan sus opciones, pero me gusta que usted esté abierto a la negociación. Y el jefe Workdale se levantó de su tronco y, copiando el estilo de Jacinto, comenzó a dar vueltas para pensar sus opciones. Pasados varios minutos, se sinceró: me han enviado para llevarle conmigo si no accede a la única demanda viable que es la firma del convenio donde cede el territorio del norte a los Estados Unidos de América a cambio de la reconstrucción de su país y el restablecimiento de la democracia; la firma debe suceder en cuanto se legalice su constitución como gobierno legítimo. Si eso no ocurre, temo decirle que su país será invadido por fuerzas militares estadounidenses y estallará una guerra donde podrían perder todo su territorio en pocos años y las consecuencias serán desastrosas para sus ciudadanos.

Jacinto no perdió la ecuanimidad; dentro de él estaba la tranquilidad de contar con millones de compatriotas dispuestos a defender heroicamente sus tierras. No obstante, sopesó la amenaza. Por un lado, si daba por terminada su carrera política antes de que empezara, de nada iba a servir para salvaguardar la integridad de la nación y sus habitantes. Por el otro, el único camino que le dejaban libre era asentir en favor de los americanos, tomando el tiempo restante para renegociar en mejores condiciones, solicitar apoyo internacional, conseguir aliados, influir ideológicamente en los habitantes del territorio para que se negaran a formar parte de la comunidad americana, entre otros posibles derroteros de solución al conflicto. Jacinto, preparado como lo estaba, pidió al jefe Workdale que le acompañara a caminar por el bosque. Sabía que asentir frente a todos era suicidarse, porque ellos seguramente estaban grabando la conversación desde su transporte o con los celulares de los otros americanos. Si se veía obligado a decir que sí, frente a esos dispositivos, el país entero se lo iba a reprochar. Por eso se llevó al jefe lejos del campamento para acordar con él la viabilidad del proyecto de cesión del territorio en la intimidad del bosque, sin evidencias, sin testigos. Jacinto se cuidó mucho de las palabras que emitía, por si el jefe tenía el micrófono. Lo orilló a preguntar y sólo asintió, sin usar la palabra "sí" ni los términos: "estoy de acuerdo" o frases similares. Sólo convino con la cabeza; y regresaron después de un rato al campamento. Ahora sí le interesaba que esos seis personajes le consideraran su amigo; se dio cuenta que si lo conocían mejor, quizá ganaría de ellos el respeto, por el amor a su gente, a su tierra, a sus ideales. Si los americanos veían en él a una persona noble al mismo tiempo que inteligente y con astucia, podía generar en ellos un respeto, un trato especial que beneficiara el buen desempeño de las relaciones. Así que se liberó de ataduras demagógicas, exponiendo su enorme capacidad de fraternizar con ellos. Finalmente los escuchó hablar y divertirse por largo rato y luego de unas horas, levantaron el campamento para emprender el regreso. En la camioneta fingió tener sueño para no hablar con ellos, evitando cualquier tipo de dispositivo que le comprometiera, como cámaras o micrófonos.

Al menos logró que el plan de liberar a las personas esclavizadas se garantizara como exitoso. Lo demás, aún estaba en camino
de solución o podía complicarse de formas insospechadas. Debía
ser prudente con lo sucedido en la montaña ese día. Si Sansón su
amigo supiera, podría enojarse tanto que daría al traste con todo el
trabajo de inteligencia que Jacinto logró, pues liberó a su pueblo de
un maldito gobierno represor y esclavizador, mientras fraguaba
una estrategia para contrarrestar la presión de los americanos. Ahora tenía una nueva tarea: crear un arma mucho más letal que pudiera contener la invasión estadounidense a su país. Era el precio por
una autonomía que se debía pagar, pues no hay amo que libere sin
costo a sus esclavos. Pasaron sin complicaciones un par de retenes
militares, justo como los americanos predijeron. Se sentía mal,
como es natural, no sólo por el precio que debería pagar por la libertad de su pueblo, sino por las implicaciones en la vida de la
gente; así fue como se arrepintió de haber quemado su cabaña,
donde no pasaba preocupaciones. También se angustiaba por parecer un traicionero de la patria, de los ideales que Germán Álvarez
y Lauro Torreblanca un día juraron, esa promesa de ser siempre
fieles a los principios de respeto a la autodeterminación de los pueblos. Cada vez que lo pensaba se juraba corregir el rumbo que tomaron los acontecimientos aquel día. Se consolaba sabiendo que
tenía muchas opciones para defender el territorio y la soberanía de
la nación. No le importaba mucho si la gente y los libros un día
dijeran que fue un vende patrias, en lugar de un vende mugres,
pero no podía tranquilizarse si todo ello llevaba a una nueva esclavitud a lo que representan los Estados Unidos, a su sistema imperialista que invade la economía, que convierte en dependientes de
una eterna deuda externa a los pueblos, que orilla a la población a
amarrarse a créditos que terminan robándoles los sueños, los terrenos o las casas, obligando a los negocios a rendirse ante los están-
dares de la calidad que se importaban desde allá, que les presionan

a vender barato, como los agiotistas que siempre han sido. Cuando llegó al motel, se sentó en la cama y se puso a llorar. No soportó el dolor que le provocaba la traición, aunque hubiera sido obligado a ella, a pesar de jurarse que daría su vida por cambiar las consecuencias de ese hecho, con todo y la seguridad que le daba el pueblo con su apoyo y precisamente por eso, peor sufría. Entonces sintió necesitar la compañía de Lorena. ¿Qué habría sido de ella?

¿Dónde estaban todos los amigos, secretarios de gobierno, los que le acompañaron en el primer golpe de estado como Andrés Acosta, el de las cámaras de seguridad? ¿Estaban todos ellos vivos? ¿Peleaban en alguna de las células del país? Lo cierto es que Jacinto se vio invadido por un enorme sentimiento de melancolía; les necesitó como nunca antes. Sintió arrastrarse como animal de tierra. Y seguía llorando. No se consideraba digno de representar a sus hermanos ciudadanos. Al cabo de un rato, sin tranquilizarse, se metió a la regadera para darse un baño y tratando de calmar su tristeza, entonó el himno nacional, pero en lugar de sentirse mejor, le causó más lágrimas y no pudo terminarlo. Él producía más agua con sus ojos que la regadera. Se secó el cuerpo, no así sus lágrimas que siguieron drenando la amargura. Ahora que los americanos se hallaban lejos de él, quiso deshacer el trato. Se sabía vigilado, pero no le importó. Poco podían hacer los americanos por tranquilizarle, ellos ya tenían lo que querían: un trato. Si desde alguna computadora veían cómo él derramaba sus lágrimas, Jacinto lo sabía, no se tentarían ni viéndole suicidarse; es una prueba de la piedra que llevan como corazón.

Faltaban pocos días para el ataque final. Cada ciudad fue informada de la mecánica para liberar prisioneros con el arma de polvo que inventó Jacinto. También tenían detectadas las dependencias a las que iban a controlar. Los problemas empezaron en una ciudad costera del este. A cargo se hallaba una mujer de nombre Verónica y sus dos hijos mayores. Se reunían en una fábrica de plásticos con unos 30 organizadores más. Entre otros puntos de ataque, debían tomar y controlar la aduana del puerto carguero. Llegaron temprano una mañana, soleada como siempre, apenas había amanecido e ingresaron casi todos. Tenían una sala de juntas en donde se preparaban el café y guardaban sus alimentos en el refrigerador. Besos por aquí y por allá para saludarse, entre palmadas y "buen día" pasaban el rato. La instrucción de las autoridades federales impedía eliminarlos, sino detenerlos para interrogarles y obtener más información sobre su plan de sublevación; e ingresaron por la puerta principal, sin descuidar otros posibles flancos de escape. 17 camionetas de policía cercaban toda la zona. Les llevaron a un lugar desconocido, pero se encontraba bajo tierra, entrando por un edificio abandonado, que a leguas se notaba el sitio preferido de torturas de la policía porque, además del calor infernal, la humedad de las paredes y el suelo de cemento enmohecido, verdoso y de olor astringente, combinado con notorias manchas de sangre, como en un matadero. La luz artificial encandecía todos los rincones, como en una sala de autopsias, sin el aseo requerido para ello. A todos les desnudaron totalmente, cual gueto nazi y les tendieron sobre los camastros de suelo frío. Cabían hasta tres por plancha. Los que quedaron sin lugar fueron apartados a una pared del fondo. Los verdugos se armaron con sus macanas para golpearlos, primero en las piernas, luego en las costillas. ¡No les hicieron una sola pregunta! Apenas les estaban preparando para que cantaran. Los gritos emulaban el infierno mismo, con incontables quejidos en toda la gama de tonos auditivos. Más de 50 efectivos policiacos golpeando a 27 rebeldes, casi dos por cada uno. A más de uno le rompieron los huesos o les descalabraron dejando un charco rojo junto a sus cabezas, y las manos ya no sabían si protegerse el cráneo, los genitales o las piernas. 8 eran mujeres y una de ellas murió sin saber el final de la historia. Uno a uno les llevaron a un separo donde les amenazaban con ácido; para que se animaran a confesar sobre el movimiento, les goteaban sobre un dedo del pie. Como este les empezara a quemar y con la amenaza de bañarles la cabeza, no había uno que se negara a cantar la versión alterna, ese acuerdo al que llegaron si eran descubiertos y que resulta una trampa para los policías. De cualquier modo sabían que perderían la vida, lo malo es que el veneno que llevaban para suicidarse les fue retirado con sus ropas. Una de las valientes mujeres de ese grupo, de nombre Margarita, logró terminar pronto con la tortura de sus verdugos. Ella, desnuda como todos, sufría el escarnio de los golpes y acumulaba huesos rotos en tres partes de su cuerpo. Por un lado, pensaba en sus tres hijos; siempre soñó con dejarles un país mejor y por eso se unió a los grupos milicianos, no con la trágica visión de verse acribillada en las trincheras de la guerra, sí con la intención de impulsar de nuevo al país hacia la democracia al estilo de Jacinto Tomás Viveros, actuando con inteligencia para cambiar dramáticamente el futuro. Nunca antes de ese día pensó que moriría. Aterrorizada como estaba por ser presa de los enemigos, sudaba frío y su mente era un remolino que se deshojaba cual margarita que era, con la desesperanza. Fue arrastrada de un brazo por la fuerza hacia el cuarto de tortura individual donde les amenazaban con ácido. El olor penetrante quemaba las fosas nasales y, combinado con los residuos de carne quemada de otros compañeros que pasaron antes, estuvo a punto de hacerle desmayar. Aunque su estómago estaba vacío, ella deseaba vomitar los ácidos estomacales que le escaldaban el esófago. Era tal el semblante de su palidecido rostro, que su verdugo se conmiseró de ella, dejándole descansar de la paliza sobre una silla de aluminio helado en lugar de amenazarle con el químico cáustico. En la cabeza de aquel servidor público miserable, sin embargo, llegaron pervertidas imágenes al ver los senos de Margarita y consintió por unos minutos la posibilidad de violarla. Le miraba las curvas, el vientre y las finas cualidades de su piel con la lascivia propia de un cerdo maleante. De tener los instrumentos adecuados, se habría podido ver cómo emanaba de sus cabellos una candencia humeante, provocada por su calentura. Nuevamente fue su rostro, con lágrimas acumuladas por varias horas, lo que le salvó de un nuevo peligro. Luego de varios minutos, ingresó otro guardia al cuarto trayendo a otro prisionero al que estuvieron a punto de castrar para orillarlo a contar más verdades sobre el movimiento miliciano. Luego de trece horas continuas de tortura, los policías armaron un operativo. Los milicianos confesaron que en un rancho llamado "Los cuacos", en un pueblo cercano, se encontraba el centro de mando de la disidencia. Ahora 40 patrullas y un total de doscientos efectivos rodearon el rancho de 20 hectáreas. No tenían por qué saber que se trataba de una trampa. Muchos de los prisioneros rebeldes coincidieron sus confesiones de que ese lugar era la guarida de la revolución. A las 11 de la noche ingresaron por todas las esquinas a peinar el terreno; ya lo habían estudiado con equipo especial de localización satelital, tecnología que sólo el gobierno poseía en todo el territorio nacional. Desde que se supo dentro de las células rebeldes de la detención de sus amigos, el sitio fue vigilado por sus colegas. No era la única trampa sembrada. Ninguno declaró que se trataba de una revolución nacional. Los uniformados peinaron todo el rancho hasta encontrar la casa del centro y la de servicio. Ingresaron para constatar que nadie había ahí. Revisaron debajo de las camas, en los armarios y hasta en el sifón de la chimenea. Fuera, entre los árboles y veredas, en los establos y chiqueros, no vieron señal de vida, ni siquiera animal. Varios de ellos habían reportado que el sitio estaba abandonado por los radios. Un dispositivo, previamente activado por los rebeldes, indicó el momento y las explosiones borraron del mapa cada una de las hectáreas, convirtiendo aquello en un cementerio de más de 150 policías y 13 heridos de gravedad. La guerra apenas empezaba. Con el coraje de sus compañeros, una vez que vieron la masacre y pidieron refuerzos, dejaron sólo a siete guardias en el sótano del edificio. Aun lastimados por la paliza de todo el día, sabían que su único escape con vida sería en cuanto los radios de los guardias se volvieran locos. Los 26 que aún vivían se abalanzaron contra ellos y los desarmaron de sus macanas y pistolas. Los mataron a todos; algunos se quitaron las esposas con las llaves de los policías caídos y salieron completamente desnudos de ahí, resbalándose a cada minuto; cuando llegaron a la calle, pararon una camioneta y se subieron todos, dejando ahí al conductor que salió corriendo tras ellos. Iban tan apretados que los cuerpos de unos se juntaban con los otros por cualquier parte. Los de la orilla viajaban casi congelados; así, llegaron a otra guarida donde fueron auxiliados por un pequeño grupo de compañeros. Consiguieron ropa y se movilizaron por toda la ciudad en diferentes rutas para desaparecer un par de días. Rabiosos, los policías inspeccionaron cada rincón del edificio donde los encontraron por primera vez. Luego de llevarse las pruebas del delito rociaron de gasolina y le prendieron un fuego que parecía alcanzar las nubes.

Situaciones similares, unas con mayor y otras con menor éxito, se sucedieron los días siguientes por todo el país. El gobierno estaba al tanto de la revolución y no renunciaría a su gallina de los huevos de oro; si no lo hizo en tiempos de paz, mucho menos lo haría ahora que la apuesta era mayor. Usando toda la inteligencia y tecnología de que disponía, reforzó la seguridad de sus instalaciones militares y las dependencias. La batalla sería a muerte. El país, durante toda esa década, perdió la tercera parte de sus habitantes con tanta guerra; no se esperaba que la nueva incursión para retomar el poder fuera incruenta como en la primera ocasión, mucho menos si se trataba de liberar de la esclavitud a varios millones de habitantes en los campos de concentración.

Por la mañana del 14 de octubre, un miércoles como muchos otros, permanecieron en silencio; nada que pudiera llamar la atención del gobierno, expectantes de las noticias, de las formas de caminar de los políticos para ver si demostraban nerviosismo o caras largas de preocupación. La llamada al ataque era a las 7 de la noche, en cuanto se dejaran ver las estrellas, como parte de las tácticas. En el gueto más grande, en una ciudad importante, a tres horas de la capital viajando al suroeste, Marco Antonio se unió al grupo estratégico de liberación; sus hijos estarían con Jacinto en el Palacio Nacional de Gobierno. Cada uno de los guerreros llevaba su dosis de polvo para rociar y también cargaban su pequeño bulto de tierra por si requerían atacar en zonas construidas sin acceso a ella. Por muchos siglos, los niños estudiarían las batallas del oro rojo como un importante hito en los libros de la escuela, así como los nombres de muchos líderes que comandaron los ejércitos de liberación. En los salones de comer se hallaban enfilados los hombres, mujeres, niños y ancianos, en espera de su cena. La luz artificial era tenue en todo el campo. Tras aprehender a algunos militares que se cegaban y paralizaban en la guardia del contorno, incendiaron un par de torres de vigilancia, lo que encendió las alarmas. Los militares se atrincheraron en espera de los refuerzos que en grupos grandes se aproximaban a auxiliar, sufriendo la misma suerte que sus compañeros. El humo les sofocaba de inmediato; les acalambraba las extremidades y terminaban tendidos en el campo. Los rebeldes les amarraban y continuaban su camino, convocando a más soldados que empezaron a llegar hacia el invisible grupo que atacaba. Lanzaban bengalas para iluminar el campo y conocer la ubicación de los milicianos, pero llegaban de todas partes. Haciendo uso de sus armas, disparan con muy poca eficiencia en los resultados, acaso unos cuantos heridos. Una bomba de humo les cae del cielo, lanzada con una resortera improvisada para dominar al grupo más numeroso de soldados. Es entonces cuando los esclavos empiezan a liberarse de las ataduras con algunas herramientas que encontraron en la cocina. Ahí amagaron al personal de ayuda y desarmaron a un par de soldados de la sala, pues los demás salieron al ataque. Para ese momento se generaron los avisos a otras zonas militares invadidas en todo el país, pero igualmente estaban siendo golpeados por enormes grupos de pobladores con la misma táctica. Y en muchos lugares seguían llegando rebeldes y soldados. En el sur, el rancho era enorme, tenían más de 40 mil esclavos en unas mil hectáreas, controlados por grupos de 2 o 3 mil militares. Muchos de los primeros esclavos liberados se unieron al grupo invasor, dando santo y seña de las otras instalaciones más al interior. Pudieron pasar dos camionetas que les acompañaban lentamente para surtirles de polvo; viajaban sin luces, y las linternas que cada uno de ellos llevaba, no las usaban; la luna estaba en su apogeo, a punto de ser llena. Eso le daba también una ventaja a los soldados, pero caminaban al costado de las edificaciones, entre los árboles y fueron internándose a una nueva batalla, y luego otra. Marco Antonio caminaba entre unos matorrales en la parte trasera de la galera que usaban para dar de comer a los esclavos. Junto a él, al menos cinco milicianos avanzaban, cinco o diez metros más para allá, alejados de la galera. Vieron a un soldado que venía rápidamente, luego de saber sobre los ataques, pretendía sorprender a los milicianos. Marco Antonio le puso oro rojo cuando se acercó y lo dejó inmovilizado. Luego de recoger su arma y tomar de su cinturón una granada, le amarró. Siguió su avance, secundado por los otros. Buscaba la otra salida, de donde vino el soldado. Al dar vuelta sobre el flanco trasero de la galera pudo ver la entrada como a cincuenta metros. Manteniéndose alejado de la galera unos diez metros, caminó entre los arbustos y los árboles poco a poco. Le estorbaba el sudor sobre los ojos y mientras pasaba el brazo por la frente, pensaba en sus hijos, Héctor y Carlos que podían estar corriendo los mismos peligros que él. Esa pequeña distracción, no le permitió ver a un soldado que se internó en la maleza desde la entrada a la galera. Él siguió avanzando, tratando de observar quiénes quedaban dentro desde la entrada y volteando a verificar que sus compañeros le siguieran los pasos poco más internados en la maleza. A lo lejos se escuchaban los disparos de los soldados contra los grupos milicianos y se encendió una sirena que usaban para llamar a los esclavos, como en los guetos nazis; señales de la alerta para convocar a los militares que estuvieran lejos a repeler a los intrusos. El escándalo daba escalofríos, pero les permitía avanzar más rápido entre los matorrales porque ya no se escuchaban las ramas al tronar. Justo frente a la puerta, Sansón pudo observar que los prisioneros ya peleaban contra sus opresores, ganando la batalla, pero justo cuando él intentaba ingresar para unirse a la lucha contra cocineros y soldados, su agresor llegó por detrás y le clavó un cuchillo por la espalda. De inmediato, los milicianos se le abalanzaron a golpes mientras uno de ellos rescataba a Marco Antonio, tomó el arma que llevaba y le dio al atacante el tiro de gracia. Marco Antonio estaba mal herido. El cuchillo atravesó un pulmón y se desangraba rápidamente. Como pudieron, taparon su herida y lo trasladaron cargado de regreso hasta alguna de las camionetas. Los problemas se incrementaron cuando innumerables efectivos del ejército nacional fueron llegando a los cuarteles, convocados por los principales generales del ejército, salidos de todas partes, dispuestos a acabar con los milicianos. Aviones, helicópteros, cañones, tanques, bombas, granadas de mano y más en camino de cada campamento de prisioneros, durante las primeras horas se trasladaron; conforme alcanzaron los diferentes guetos, empezaron a atacar con fiereza. Los milicianos, en su mayoría jóvenes, con una simple arma de humo, se vieron superados fácilmente. Por miles caían muertos. También se veía a algunos soldados sobre los camiones del ejército, retorciéndose gracias al oro rojo, pero los milicianos no podían darse abasto con tantos y el polvo empezó a escasear. Pidieron refuerzos casi desde el principio y en algunos casos, gracias a los arsenales recuperados, pudieron enviar ayuda.

La ventaja fue que millones habían sido liberados y una vez completadas las tareas, muchos milicianos se disiparon. En algunos campamentos se logró detener a cientos de soldados. Para el amanecer, en más de la mitad de los campos de concentración, los pocos soldados que quedaban libres ya habían emprendido la huida. Usando una barraca, encerraron ahí a muchos de los nuevos prisioneros ya desarmados y con las manos y pies amarrados. En la otra parte, donde el ejército triunfó, la mayoría de los esclavos habían sido liberados y los milicianos huyeron sin tomar soldados como prisioneros. Los grupos invasores eran de casi 10 mil en el peor de los casos, así que en el país entero se lograron las liberaciones aunque quedaban muchos militares armados rondando. Unos días después, pasada la transición del gobierno, se hallaron tres centros más donde los militares, tras saber las noticias, huyeron escondiéndose entre la población, dejando a su suerte a todos los esclavos que caminaron luego de liberarse, a la ciudad más cercana, y la población reportó su aparición.

El caos más grande se dio en las instalaciones del aeropuerto, porque muchos civiles se pusieron nerviosos. Un gran grupo ni siquiera sabía que el gobierno sería reemplazado esa fecha. Quienes podían volar eran empresarios con suerte, generalmente asociados de alguna manera con el gobierno, por ese motivo no tenían idea de la caída de Cervantes y su títere, el presidente. Otros que volaban eran militares de alto rango, burócratas, legisladores, extranjeros de todo tipo y unos cuantos ciudadanos comunes. Había, eso sí, mucha gente que al verse rodeada por un gran grupo de rebeldes echando humo, quedaban atolondrados indistintamente. Las máscaras y tapabocas permitían avanzar rápidamente, pero al llegar a los filtros de seguridad, los encontraron completamente bloqueados con sillas, cadenas sobre los cerrojos de las puertas o con maletas de los mismos viajeros. Dependían del grupo que se internó por las vallas que rodeaban al aeropuerto y que daban a los patios de maniobras. Allá la batalla fue más campal. Escondidos desde los aviones o desde las salas de espera, los milicianos se vieron acribillados fácilmente. Luego de un rato, los de adentro lograron romper las barreras, una a una, ingresando en las diferentes salas, viendo cómo la población se había replegado en baños, negocios y hasta en el suelo, esperando no ser atacados por alguno de los dos bandos; pero finalmente escaparon todos los guardias de seguridad corriendo a través de las pistas hasta el otro lado. El grupo que atacó en las dos torres de control ingresó rápidamente y notificó a todos los vuelos que el aeropuerto permanecería cerrado por un día, debían volver a sus ciudades de origen o solicitar permiso de aterrizaje en otras pistas. El plan de controlar aeropuertos provenía de una oficina gubernamental que también fue fuertemente atacada por los rebeldes. Una vez que se tomara el control del país desde el palacio, las diferentes áreas de gobierno irían reanudando sus cauces normales. Sin ejército, el país estaba vulnerable, corría muchos peligros, por eso, desarmados los militares en diferentes partes, los milicianos quedaron provistos por armas más convencionales y fueron siguiendo las instrucciones para reanudar cada una de las actividades de vigilancia y gobierno. Los equipos de radiocomunicación también les servían para coordinar sus esfuerzos, con el peligro de estar expuestos al enemigo a través de las mismas frecuencias, pero resultó eficiente para detalles menores y asustar con órdenes falsas o invasiones inexistentes. Esa coordinación era el resultado de varios meses de esfuerzo, juntas, reuniones y sepulturas como las recientes, al ser descubiertos, en la ciudad costera del este. Allá mismo, se recuperaron muy rápido porque solicitaron refuerzos y la aduana quedo cerrada también por un día. Toda esa estrategia la impuso Jacinto cuando volvió, repitiendo los sucesos de 12 años atrás. ¿Y dónde estuvieron los americanos cuando se les necesitaba? Jacinto, esa noche, ya en posesión del nuevo cargo de presidente por golpe de estado social, se preguntaba si los estadounidenses apoyaron a sus ejércitos o simplemente daban permiso de hacerlo, y por eso se sentían con derecho de adjudicarse una buena parte del territorio nacional; porque ninguna de sus tropas reportó que la C.I.A. o cierta fuerza similar se mostrara por ahí.

El ataque al Palacio Nacional de Gobierno, los edificios legislativos, las pocas empresas mediáticas y la residencia oficial se efectuaron con la misma bomba química que dormía a los presentes, dando un acceso inmediato y sin peligro a todos los invasores; sólo que cuando ya estaban dentro, paseando por los pasillos amarrando al personal y a los políticos, Héctor y Carlos, los hijos de Sansón, revisaban todos los salones, baños, el teatro, los patios, las salas de conferencia, oficinas y demás sitios, avanzando; en una de esas revisiones, Héctor asomó por un balcón y un francotirador del ejército que pronto se colocaba en posición para defender el Palacio, prácticamente asegurado, recibió un balazo justo en el corazón. Cayó muerto al instante. El mismo Jacinto llegó hasta el lugar para ver la desgracia mientras que varios milicianos corrieron a activar bombas químicas por toda la plaza para someter al ejército en poco menos de una hora. La tragedia había llegado ya, con la muerte de Héctor cerca de las 5 de la mañana. Carlos, su hermano, lloraba desconsolado la primera media hora. Luego se le vio sentado por horas en un sofá de piel, absorto en la desgracia. Nublada estaba su alegría por recuperar el control de la patria, ya no podría compartir con él una vida de libertad, viendo crecer a sus hijos. En su mente estaban tantas imágenes de él, luchando por construir una patria mejor, cuando le instruyó en la universidad que fuera a buscar a la población para salvarles del ejército o cuando le enseñó a fumar mariguana en la azotea del edificio donde vivían. Más tarde llegó Gudelia; la acompañaban su hija y nieta, convocadas por Carlos, para trasladar el cuerpo a una funeraria. Ella, como su madre, no podía creerlo. Me mataron a mi muchacho, repetía a todos los que la abrazaban, apretando su dolido corazón que no le perdonaba haber apoyado a su hijo con la revolución, ahora que lo había perdido para siempre. Repasó por horas también los recuerdos de su infancia, su etapa rebelde que culminó cuando, como todo un hombre, resolvió luchar por los demás, pelear contra el maldito gobierno que mataba y desaparecía gente y causaba el mismo jodido dolor a miles de familias que la muerte de Héctor a su hermano Carlos, a su hermana María Eugenia, y a su madre.

La bomba química de Jacinto se usó también en varias zonas militares del país, para evitar enfrentamientos sangrientos y desarmando de inmediato a todos los integrantes, que fueron recluidos en prisiones reales, liberando a los detenidos que no fueran homicidas, hasta que cada uno de ellos accediera a nuevos juicios o se apegaran a programas de reintegración social. Salvo algunos casos aislados, los soldados dejaron abandonados los tanques, aviones y helicópteros una vez que supieron que Jacinto Tomás Viveros era el nuevo presidente; lo preferían a él como jefe que a los mandos anteriores. Unos cuantos se precipitaron al ataque de las zonas militares, a causar pánico entre la población o atrincherándose en los campamentos donde antes tuvieron esclavos. No pasaron muchos días cuando el nuevo regimiento acudió a esos sitios para pelear contra ellos las batallas finales que, con el arma de Jacinto, se ganaron sin mayor complicación.

El discurso del nuevo presidente se postergó hasta pasadas las 13 horas del 15 de octubre, una vez que recibieron noticias de la pacificación de varias zonas, en especial de los centros de esclavitud. Como lo acordó con sus compañeros del sur, su disertación daba esperanza a los enemigos para que se confiaran y pudieran ser aprehendidos. Era un discurso que se transmitió en algunas estaciones de radio, por no haber televisión en la mayor parte del país, pero pronto se supo en cada esquina y ciudad del mundo, que el disidente Jacinto Tomás Viveros era el nuevo presidente de este pueblo. En el Palacio y la Residencia, el caudillo tenía acceso a la televisión de otras naciones y estuvo atento a las noticias que se regaban por todas partes. El internet mandó su imagen icónica más conocida a los *trending topics*. La emoción de millones de personas alrededor del mundo se volcó a las calles también para celebrar el triunfo de los ciudadanos sobre el poder de un estado sumamente corrupto y esclavizador. Cervantes y su títere, así como todos los miembros del gabinete, legisladores y jueces se vieron privados de la libertad de forma inmediata. A los más peligrosos se les recluyó en la prisión dentro de la zona militar, ahora en control de los más importantes líderes del movimiento. De inmediato, Jacinto empezó a nombrar un gabinete y repartir los cargos más importantes con carácter de provisional poner en marcha de nuevo al país, mientras hacía los nombramientos oficiales y anunció que se pondría en vigencia la misma Constitución de la transición que promulgó Germán Álvarez 12 años antes. Su idea de conservar la autonomía de cada región debía tomar forma en la nueva carta magna democrática que no se pudo terminar debido al segundo golpe de estado contra Germán Álvarez. Y día tras día recordaba la amenaza de los americanos que le visitaban constantemente para respaldarle, sin olvidar puntualizar su abusivo trato.

Como sucedió con el expresidente Germán Álvarez, Jacinto dedicó todo su esfuerzo a sentar las bases de un engranaje educativo; aquel de su amigo sería el precedente. Localizaron en la biblioteca de la universidad nacional el plan y lo replicaron, con muchas dificultades técnicas, porque no tenían escuelas para todos. La acción de muchos grupos de padres de familia fue habilitar parques, salones y edificios abandonados como escuelas temporales para que ningún niño o joven se quedara sin estudios. La labor de cientos de miles de ciudadanos fue impresionante; imprimieron libros y los regalaron. Era mágico. La gente lloraba emocionada al ver las loables acciones de muchos por reconstruir al país; gente que con grandes esfuerzos y sin remuneración, se ofrecía a ayudar.

Apenas un día después del discurso, caminando hasta el Palacio, donde Jacinto resolvía los pormenores de la transición, algo alterado de los nervios, pero sonriendo como nunca antes lo hizo, se presentó ante los guardias de la nueva policía nacional, aún incipiente, quien fuera reconocido de inmediato: Lauro E. Torreblanca Specia. Fue conducido hasta la mismísima sala presidencial, interrumpiendo la junta que se llevaba a cabo con un grupo de empresarios, para darle la bienvenida con un aplauso largo y emotivo. El presidente Jacinto Tomás Viveros corrió hacia él, quedando grabado en diferentes dispositivos electrónicos, el hecho que se reproduciría en películas y documentales: el reencuentro en Palacio de dos célebres amigos. Los revolucionarios más famosos del siglo XXI en toda la historia de la humanidad. Con lágrimas en los ojos, el presidente habló para los presentes y la posteridad:

A la memoria del expresidente Germán Álvarez, saludo y recibo con honores a Lauro Torreblanca, a quien nombro desde este momento, el Vicepresidente interino de esta gran nación. Nuestro país, legalmente, no tenía un Vicepresidente, pero les aseguro que, si él lo ordena, tendrá todo mi respaldo. Aquí o en cualquier país del mundo. Hermano, te doy la bienvenida y me alegro de tu regreso. Sufrí cada día tu ausencia pero hoy, damos una vuelta a la página y caminamos al futuro con optimismo. También quiero hablarles de mi otro amigo, Marco Antonio Báez; esta mañana supe que se recupera de un ataque por la espalda, en un hospital al sur; en cuanto se reestablezca, también estará con nosotros en el equipo de la Presidencia.

Luego que terminaron los aplausos, le preguntó si deseaba sentarse a la mesa o si prefería descansar unos días. Lauro aceptó la segunda opción, y se retiró, tomando una escolta para su seguridad y servicio; ahora él era una importante autoridad y el estado mayor del presidente le cuidaría a donde fuera. Pocos días después se integró al gabinete y se encargó personalmente de reclutar a los principales mandos del nuevo ejército, observando cuidadosamente su lealtad a la República y los ideales del movimiento que encabezaba el presidente Jacinto Tomás Viveros. Esa labor le ocupó varios meses. Y le tocó enfrentar la crisis con Estados Unidos. También aparecieron uno a uno otros miembros de la primera democracia: Andrés Acosta, Manuel Flores, Juventino Orestes, Gabriel Astudillo y varios más, que venían de pelear en diferentes grupos o estuvieron esclavizados en los guetos.

Las nuevas leyes debían aplicarse a todo el país, incluidos los estados que se hallaban separados; pero las circunstancias se estaban complicando, especialmente por la presión de los americanos. Jacinto y una comisión especial de legisladores, jueces y ciudadanos convocaron a una reunión con los dirigentes de los estados del este. Los vecinos llegaron a un punto intermedio en la frontera entre ambos territorios, pues no querían dejarlos pasar. Ellos aprobaron una Constitución para su propio país independiente, por lo que tenían otro presidente. El acuerdo logrado fue dar dos años para mantener la separación mientras se recuperaba la infraestructura, no deseaban perturbar a los ciudadanos de aquel otro temporal país un cambio que les afectara dramáticamente; pero demostraron su interés por volver a pertenecer al país completo. Fue lo más que se pudo lograr, pese a los esfuerzos de los negociadores, pero era una ganancia también y se esperaba que con los estados del norte se lograra un trato parecido. Los detalles del asunto no eran tan fáciles, pues las nuevas leyes aprobadas en el centro no eran acordes al modelo de país que diseñaron en el oeste, que instauró una república parecida a la que gobernó durante décadas al territorio unido. Pero con Jacinto se lograron gran cantidad de mejoras en el país, porque no lo hacía él en realidad, permitía que la ciudadanía guiara su propio progreso, sin el saqueo y el abuso de un gobierno centralizado que malgastaba los recursos y facilitaba la corrupción, el robo, los acuerdos que beneficiaban a ciertos grupos económicos; aquella enfermiza situación, él la padeció por años.

Acordó hacer una gira internacional para conseguir apoyo que le permitiera recuperar los territorios del norte; le interesaba conversar con potencias que no estuvieran comprometidas con los Estados Unidos, pero sus asesores en política exterior no le dieron buenas noticias; casi todos debían atenerse a las reglas del juego que imponía el país imperialista. Temía que la única fórmula para resolver el conflicto fuera una guerra. Instruyó a un grupo de científicos trabajar en armas parecidas a la suya que permitieran defender al país de una invasión, si fuera necesario. La paz se estaba construyendo con enormes esfuerzos. Además, Jacinto Tomás Viveros se sentía cada vez más viejo y cansado, sus médicos le cuidaban la dieta para mejorar su vitalidad, pero ya rebasaba los 67 años cuando los americanos le dieron un ultimátum. De hecho tenían demasiado control sobre aquellos dos estados independizados en el oeste. Les abrió las fronteras a los ciudadanos y negoció con ellos la instalación de diferentes inversiones al estilo americano: puertos marítimos, infraestructura turística, vuelos, franquicias. Impuso también su moneda que era lo más complicado de resolver.

Jacinto se tomó unas vacaciones para descansar, y ahí fue donde se puso grave. Sus riñones ya no funcionaban. La ventaja de ser el presidente era la de ser atendido por los mejores médicos y recibir un órgano de reemplazo sin mayores complicaciones. Se veía, sin embargo, más imperiosa la necesidad de que renunciara al cargo. La gente quería que Lauro se postulara, pero también se sentía viejo. Igualmente estaba cansado para realizar esa labor. Aún no se celebraban elecciones, pero el marco jurídico creado permitía que los diferentes estados postularan candidatos para la Presidencia con segunda vuelta para los tres más avanzados. Años más tarde tuvieron que cambiar esa metodología porque los estados con más población terminaban imponiendo a su candidato. Y mejoraron mucho después su democracia con personas siempre muy preparadas, con honestidad comprobada; lo mejor de ese método era que los poderes se limitaban con la voluntad de los ciudadanos, siempre participativos. Lauro murió muy viejo, solo, arrumbado en una habitación al fondo de la casa de su exesposa, Helena; los hijos no podían atenderle con los importantes asuntos de negocio que lograron con la herencia en vida que les dio su padre. Ser, además, un Torreblanca, les implicaba importantes relaciones sociales que no podían abandonar. Sobrevivió a todos los demás héroes por más de una década.

Todavía con Jacinto como presidente se empezó a reestablecer la comunicación en todo el país; surgieron programas de radio y televisión recreando las condiciones de los prisioneros en los campos militares y la destrucción de las ciudades por el propio estado. Las desgarradoras historias de familias enteras esclavizadas por el criminal gobierno, separadas o viendo frente a frente la aniquilación de un integrante, un hijo, un padre o una madre. Igualmente tristes eran los documentales sobre la destrucción de las ciudades; en Hollywood se filmaron más de 10 películas con ese tema como marco de sus historias y los sobrevivientes como Laura y Jazmín que explicaron frente a las cámaras, con lujo de detalles, las aberraciones de esas tragedias.

Carlos, el hijo de Marco Antonio aspiraba ganar la elección como legislador y luego como gobernador del distrito, para influir en la política del país que amaba; un día se casó y formó una familia. Se reconocía popularmente el esfuerzo de muchos como ellos que arriesgaron sus vidas por el bien de la nación.

Así fue que pocos meses antes de morir, Jacinto Tomás Viveros renunció a la Presidencia y Lauro ocupó el cargo de presidente de forma interina para convocar a las elecciones. El ganador, para esa primera contienda, contando con la bendición de Jacinto, fue el empresario Hilario Bonilla, quien lo hospedó en su casa antes de conocer a los americanos en el bosque. Estuvo al tanto del trato que Jacinto hizo con ellos y antes de terminar su periodo presidencial, resolvió el conflicto con los estadounidenses, conformando al país nuevamente a su tamaño previo a los golpes de estado y sin guerras ni castigos económicos; fue una defensa inteligente de la soberanía apoyada por los ciudadanos de todo el país y por infinidad de países del orbe que se declararon finalmente en defensa de esta importante nación, que dio el ejemplo a otras latitudes de un amor férreo por vivir felices en comunidad y defendiendo los valores, la tierra y pertenencias de quienes lo habitan.

Un día Marco Antonio también murió, pero en el lecho de muerte, su hijo Carlos le recordó una promesa de confesar cuál sería la mejor táctica para salvar no sólo a su país, sino a muchas otras naciones, cuando salieron de la casa de campo que tenía Jacinto en la montaña. El padre le dijo: la mejor manera de salvar a un país de una guerra como la que vivió el nuestro, es el compromiso de todos por aprender, usar el conocimiento, leer, no dejarse engañar, investigar, no dejar que el gobierno se apropie de las tareas de administración de una nación, porque es un quehacer obligado para todos; los medios de comunicación no son los únicos responsables de investigar lo que sucede; no sólo en ellos hay personas afectadas por la corrupción, sino cada uno. Por eso no permitas, hijo, que nuestro país vuelva a ser sometido a la manipulación y el engaño. Deseo que puedas llegar a presidente y entregar lo mejor de ti a las personas y permite el autogobierno, como lo tenemos ahora, en donde todos somos partícipes de las decisiones que se toman.

Pero Jacinto murió mucho antes que Sansón, su amigo. El presidente Hilario organizó un homenaje de Estado para Jacinto Tomás Viveros, el prócer de la democracia. Acudieron a su funeral más de cien Jefes de Estado del mundo entero y millones lloraron su partida. Cornelia, madre la única hija conocida del prócer Jacinto nunca quiso acercarse después de saber que él estaba en el gobierno pero acumuló por años los recortes del periódico donde él salía. Jacinta, su hija, a los 62 años de edad, cuando su madre murió, donó a un museo todas las páginas antiguas de periódicos que hablaban del héroe nacional, que fue, como ya lo adivinaba desde mucho antes, su padre. El químico y vende mugres tenía un lugar en la historia de la democracia en el mundo. Porque él fue el lector de los domingos, porque nunca cejó en su intento de salvar al país, porque buscaba hasta encontrar una solución, porque en su corazón no podía haber paz hasta que esta fuera real para todos los demás también. Porque la justicia es la que produce paz y si el reparto económico es injusto, si sólo algunos pueden comer bien mientras millones mueren de hambre, no hay justicia y mucho menos paz. La libertad del ser humano se compra si unos cuantos acaparan a la economía del mundo. Eso es esclavitud y Jacinto Tomás Viveros siempre lo tuvo claro. Sus enseñanzas documentadas en cientos de escritos, que los biógrafos, historiadores, sociólogos y antropólogos de varias universidades del mundo recogieron y propagaron. Su sueño se volvió el ideal de muchos líderes sociales del mundo y pronto pudieron permearlo a sus conciudadanos, no todos con éxito, desde luego, porque los sueños humanos pueden cumplirse, por la buena o por la mala, quien lo desea con la tenacidad de Jacinto, aunque fuera con medios ciertamente poco ortodoxos, empujó el cambio y en la amistad forjó el camino que le llevó a ser el que derrocó al gobierno corrupto, asesino y malicioso de esta noble y gran nación.

Lorena llegó al funeral. Se abrió paso entre muchos asistentes y logró fácilmente atravesar los cercos militares; muchos aún le recordaban como parte del equipo de Jacinto en la primera presidencia democrática de Germán Álvarez. Lloraba a cada paso. Llevaba en sus manos una imagen de él, enmarcada y una rosa roja que le simbolizaba en el corazón esa pasión que un día vivió con él. Muy cerca ya del féretro, causando un silencio sepulcral entre todos los presentes al verle en la pantalla gigante que se colocó para la transmisión de ese evento multitudinario, y que mostró el rostro de la mujer amada del héroe muerto, bañado en lágrimas y al mismo tiempo recordando los momentos que vivió con él por varios años, reconociendo como todos que la patria perdía a un hombre sin igual, terminó sus pasos hasta que estuvo frente para verle la cara. No pudo mirar los ojos de su amado, se conformó con recordarlos en momentos de gran felicidad, como cuando le liberó de la prisión, cuando se amaron tiernamente por tres días, cuando llegaba a casa con su botella de vino e incluso pensó en el día que le conoció, tropezando con sus piernas y haciendo su mejor esfuerzo por conquistarla. Lorena se daba cuenta de forma superficial que era el foco de atención de millones de personas; no se dejó distraer con ello y prefirió concentrarse en el homenaje a su hombre, a su amante, confidente y amigo, el padre de su hijo adolescente que le acompañaba varios pasos atrás, su héroe... su Jacinto Tomás Viveros.

Este libro se terminó de imprimir el 21 de junio de 2016 en los talleres de Bunegit S. A. de C. V. ubicados en la avenida 35 poniente 2324 Col. Benito Juárez. Tiraje: 1000 ejemplares.

www.JoeBarcala.com

www.ingramcontent.com/pod-product-compliance
Lightning Source LLC
Chambersburg PA
CBHW071119170626
46809CB00002B/425